高等职业院校城市轨道交通系列教材

U0663144

城市轨道交通
信号及通信电源系统维护

张仕雄　主　编

张国侯　卢凯霞　副主编

电子工业出版社

Publishing House of Electronics Industry

北京·BEIJING

内 容 简 介

本书基于城市轨道交通信号及通信系统对电源的要求，系统阐述城市轨道交通信号电源系统的基本概念、基本原理、基本知识和基本维护技能，并简要介绍通信电源的相关知识。具体包括城市轨道交通信号及通信电源系统认知、信号电源基础设备维护、信号电源屏维护、信号智能电源屏维护、蓄电池及 UPS 维护、防雷及接地装置维护等。

本书主要作为职业院校城市轨道交通通信及信号技术专业的教材，也可作为成人教育、现场工程技术人员和信号维修岗位人员的培训教材或参考资料。

图书在版编目（CIP）数据

城市轨道交通信号及通信电源系统维护 / 张仕雄主编. —北京：电子工业出版社，2019.6

ISBN 978-7-121-34820-4

Ⅰ．①城… Ⅱ．①张… Ⅲ．①城市铁路—铁路信号—信号系统—维修—高等学校—教材②电信设备—电源—维修—高等学校—教材 Ⅳ．①U239.5②TN86

中国版本图书馆 CIP 数据核字（2018）第 174278 号

策划编辑：程超群

责任编辑：程超群　　　文字编辑：裴　杰
印　　刷：北京虎彩文化传播有限公司
装　　订：北京虎彩文化传播有限公司
出版发行：电子工业出版社
　　　　　北京市海淀区万寿路 173 信箱　邮编　100036
开　　本：787×1 092　1/16　印张：12.25　字数：349 千字　插页：6
版　　次：2019 年 6 月第 1 版
印　　次：2024 年 7 月第 8 次印刷
定　　价：39.00 元

前　言

交通拥堵和环境污染是目前城市化问题最为突出的矛盾点之一。大力发展城市轨道交通，不仅能够缓解交通压力，更能够在空气污染、噪声、用地等方面带来较大的改善。

近年来，国内城市轨道交通行业快速发展，新运营里程持续扩大。据统计，截至 2018 年年底，中国内地 35 个城市开通并运营城市轨道交通共计 185 条线路，运营线路总长度达 5761.4km。城市轨道交通已成为国家综合交通运输体系和交通强国的重要组成部分。

城市轨道交通信号系统是实现行车指挥、列车运行监控和管理所需技术措施及配套装备的集合体。通信系统是轨道交通运营指挥、运营管理、公共安全治理、服务乘客的网络平台，它是轨道交通正常运转的神经系统，为列车运行的快捷、安全、准点提供了基本通信保障。

城市轨道交通中的信号、通信系统是重要的一级负荷。电源系统应安全、可靠地向各信号及通信设备不间断地供电。随着计算机技术和网络技术的发展，越来越多的电子产品应用于城市轨道交通信号及通信系统。鉴于电子产品抗冲击能力低、集中程度高、容易遭受雷害影响，电源的防雷及接地则显得尤为重要。

为传播轨道交通知识，为交通强国提供高技能专业人才支持，特编写本书。

本书基于信号及通信系统对电源的要求，注重电源相关基础知识及关键技术的介绍。考虑到篇幅，本书主要围绕信号电源基本知识及基本技能进行编写，而对通信电源则给出简单介绍。

本书由武汉铁路职业技术学院张仕雄老师担任主编，南京铁道职业技术学院张国侯老师和武汉铁路职业技术学院卢凯霞老师担任副主编，武汉铁路职业技术学院聂荐老师也参与了编写。其中，项目 1、项目 5、项目 6 由张仕雄执笔，项目 2 由张国侯、聂荐执笔，项目 3、项目 4 由卢凯霞执笔，全书由张仕雄负责统稿及审核。

本书借鉴和参考了相关教材、文献资料及案例，在此对相关作者深表感谢。

由于编者的水平有限，资料收集不全，且编写时间仓促，书中难免存在疏漏、不妥之处，恳请各院校的师生及相关读者批评指正。

编　者

目　　录

项目 1　信号及通信电源系统认知

项目引导

城市轨道交通信号系统是控制列车安全运行的系统，通信系统是轨道交通的控制、联络、监控、运行的重要环节。两者对其供电电源有着更高的质量要求。

任务 1.1　信号电源系统认知

1.1.1　工作任务

认知城市轨道交通信号电源系统。

1.1.2　知识链接

城市轨道交通信号系统一般由列车检测、联锁、闭塞与列车控制等行车指挥和列车运行控制等系统设备组成。目前，国内城市轨道交通信号系统均包含 ATP（列车自动防护）子系统、ATO（列车自动运行）子系统、ATS（列车自动监控）子系统和 CI（计算机联锁）子系统等。信号系统的各种设备均以计算机等电子设备为主，系统负荷主要由计算机类负载、动力设备负载组成。《地铁运营安全评价标准》（GB/T 50438—2007）规定：信号系统供电负荷等级应为一级，设两路独立电源，并有自动切换装置，确保信号电源的不间断供电。因此，一般均设置有 UPS 供电保障及轨道交通专用电源设备，以保障信号系统的供电安全。

1. 信号设备对供电的要求

（1）对电源可靠性的要求。

可靠电源是能昼夜连续供电，因维修和事故的停电有一定限制的电源。为了保证供电可靠，按信号设备与行车的关系划分供电等级以便管理，并设置备用电源。

轨道交通对外供给的电源，按其可靠程度分为三类电源。

① 第一类电源：能取得两路可靠的独立电源，其中一路为专盘专线，或虽不能取得专用电源，但能由其他重要线路接引供电；供电容量满足信号设备的最大用电量；电压、频率的波动在允许范围之内，或电压波动虽较大但能稳压。

② 第二类电源：只能取得一路电源，但质量较好，供电容量、电压和频率的波动情况与第一类电源相同。

③ 第三类电源：不能满足第一、二类电源条件的其他电源。

独立电源是不受其他电源影响的电源。例如，一个发电机组，有专用的控制设备和馈电线路，与其他母线没有联系或虽取得联系但其他母线发生故障时能自动切断联系，就是独立电源。专盘专线是指供给信号设备 10kV 以下的不与其他负荷共用的专用配电设备和专用的配电线路。

按因事故停电所造成的后果，可将信号供电的负荷等级划分如下：

① 一旦发生停电就会造成运输秩序混乱的负荷为一级负荷；

② 偶尔短时停电不会马上扰乱行车计划，但停电时间长也会影响运输秩序的负荷为二级负荷；

③ 其他为三级负荷。

信号设备中的大站继电集中联锁、计算机联锁、自动闭塞等都是一级负荷。非自动闭塞区段的中、小站继电集中联锁为二级负荷。

一级负荷由第一类电源供电时，一般无须另设备用电源，但要求自动或手动转换两路电源时，转换的时间控制在 0.15s 以内，以免在电源转换过程中使原吸起的继电器落下而影响行车。

自动闭塞虽为一级负荷，但因相邻两变电所可互为备用，故每一变电所并不要求引入两路独立电源。然而，相邻两变电所的电源应相互独立。二级负荷可由第二类电源供电，但需设置备用电源。第三类电源原则上不用作一级负荷的电源。各种采用计算机的信号系统，为保证不中断供电，需使用 UPS。

（2）对电源稳定性的要求。

供电电源电压过高、过低，波动过大，以及频率的不稳定性都将对信号设备的工作造成影响，甚至损坏设备，对行车安全产生隐患。为此必须规定信号设备供电电压的允许波动范围及交流电源的频率波动范围。三相交流供电时各相负载应力求平衡，以提高供电效率和设备利用率，减小电压波形的畸变。

供电电压、频率的允许波动范围及允许的负荷功率因数在正常情况下应符合下列标准：

① 交流供电电压波动，一般在 380V 供电母线上为 $\pm 10\%$。

② 直流供电电压波动，一般为 $\pm 10\%$。

③ 频率波动一般为 $\pm (0.5 \sim 1)$ Hz。

④ 负荷功率因数不低于 0.85。

对于信号电源设备，因其由电网供电，负荷的变化将引起供电电压的波动，故须设有稳压装置，以保证电压稳定在规定的范围之内。

（3）对电源安全性的要求。

① 信号设备的专用低压交、直流电源都要对地绝缘，以免发生接地故障时造成电路错误动作。供电变压器的初级和次级间应用铜板隔离接地，以免初、次级间击穿漏电而影响安全。

② 信号设备的供电种类和电压等级较多，必须分路供电，并用变压器隔离，力求发生故障时缩小故障范围，避免故障扩大化。

③ 使用电缆供电时要考虑电缆芯线间分布电容形成串电的问题，必要时应分开电缆供电。

④ 一般交流电源均由架空线路供电，必须考虑防雷，防止浪涌电压影响，以及安全接地问题。

⑤ 信号设备的保安系统如采用断路器组成，断路器的容量应经计算确定，并应满足动作的选择性（即分支断路器先动作，总断路器后动作）及灵敏度的要求。

⑥ 高压（交流 380V/220V，直流 100V 以上）设备要隔离，以保证人身安全。

2．信号电源技术及其发展

20 世纪 60 年代后期，信号电源屏是信号电气集中联锁的唯一供电装置。它将变压器、稳压器、整流器等组合起来，满足信号系统所需的可靠、稳定、安全三大基本要求。

为满足计算机联锁对电源的较高要求而设计的计算机联锁电源屏，其电路结构基本与继电集中联锁用电源屏相同，只是增加了计算机所用电源。

2000 年问世的智能电源屏，采用高频逆变开关电源模块、微电子补偿式（无触点自动补偿稳压器），对各种输入、输出单元和交、直流电源进行模块化，为信号设备提供电源，并可完成对电源系统的自动监测及远程监控，提高了供电质量和可靠性。

计算机技术在铁路领域的普及和应用对供电质量提出了更高要求，不仅需要不间断供电，还要求电压稳定、频率稳定、波形无畸变。UPS 随之进入了铁路信号供电系统，与电源屏一并承担起了信号系统的计算机设备供电的重任。

城市轨道交通技术基于国铁技术并进行创新和突破，信号电源系统亦如此。

3．城市轨道交通信号电源系统的组成

信号系统的电源设备包括信号电源屏、UPS 不间断电源和蓄电池组，通过稳压、净化、隔离、变频、整流等技术，为信号设备提供优质、稳定且强大的供电保障。

信号电源系统一般由防雷系统、输入配电屏、输入稳压（隔离）器、不间断电源系统UPS、输出配电屏、隔离变压器、信号电源（交流/直流）等部分组成。

一般设备集中站信号电源系统为智能电源系统，主要包括交流输入双路自动切换单元、双 UPS、蓄电池、智能电源屏和稳压器等。设备集中站信号电源系统的架构如图 1-1 所示。

非设备集中站和车辆段（ATS 和 DCS 用）由单 UPS、蓄电池、配电柜及稳压模块组成。非设备集中站信号电源系统的架构如图 1-2 所示。

维修中心仅配置单 UPS、蓄电池和稳压模块等。

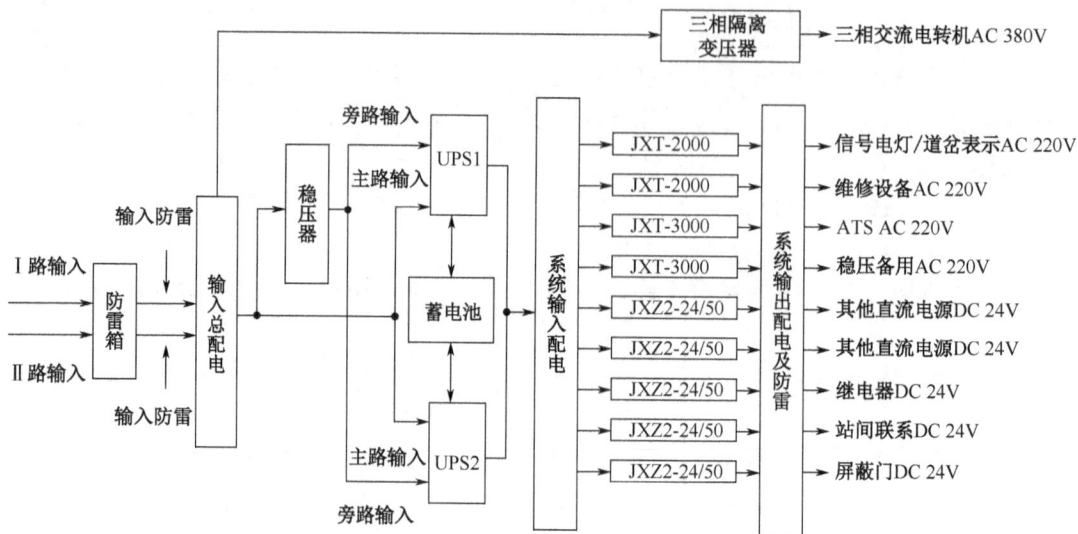

图 1-1　设备集中站信号电源系统的架构

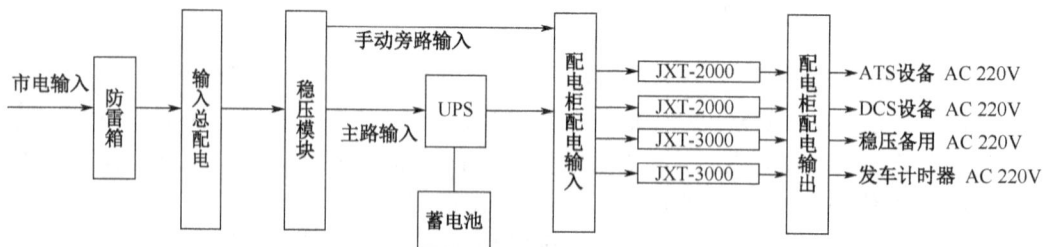

图 1-2　非设备集中站信号电源系统的架构

4．信号系统电源的设计要求

（1）双路供电。

电源系统设备应具有两路引入电源的自动转换功能，在两路引入电源自动转换或中断时，UPS 应无时间中断地从备用电池上提供后备电源。UPS 蓄电池持续供电时间应不少于 30min。

（2）高可用性。

信号智能电源系统设备包括交流输入双路自动切换装置、UPS（单机带稳压旁路）、智能信号电源屏（开关柜）等单元。以上单元应优先采用模块插拔结构，以降低现场维修的难度及缩短维修维护时间。

（3）高可靠性。

由于信号系统的重要性，考虑到电源系统中 UPS 和信号专用电源电路结构的复杂性及自身的重要性，一般信号电源均按冗余设计。其中，一般 UPS 采用"1+1"并联冗余设计。智能信号电源屏的每路输出电源，应保证两路并联冗余或 $N+M$ 冗余（$M \geq N/3$），可热插拔更换模块。

电源系统具有抗道岔转辙机启动、停止时的电流冲击能力，转辙机采用变压器进行隔离后输出，电源屏对交流转辙机交流输出电源应有相序检测，当断相/错相时监测单元切断输出，并给出报警信号。

考虑到系统中的 UPS 与稳压电源均可能发生故障，因此在稳压模块、UPS 上均设置手动维护旁路开关，方便设备故障后至维修完毕期间，信号系统能够正常供电。

（4）多层隔离。

电源系统的各种输出电源均应采用隔离供电方式，合理分束、分别供电。具有完善的隔离、净化、分配、防雷、过压和过流保护、短路保护等功能，交流、直流电源均应对地绝缘。向室外设备供电的电源电路，采取可靠的防雷措施并单独送电。

（5）智能管理。

智能信号电源屏的面板上设有工作状态表示显示屏，对所有输入/输出电压和电流进行监控和分析，对所有接触器、断路器、模块等部件的正常或故障状态进行监控和分析，可对 UPS 及蓄电池通过 RS-232/485 接口读取其工作状态并进行分析。

采用计算机及通信网络技术，对系统各输入、输出回路的电压、电流，反映电源系统内部各部分的工作状态，以及正常或故障的开关量进行全面监测、分析，并能以图像、表格、文字说明等方式在维修支持子系统上对全线电源系统进行实时动态工况的监视。当故障发生时，将产生自动声光报警。

5. 典型城市轨道交通信号电源的容量配置

一般的城市轨道交通信号系统的电源配置如表 1-1 所示。

表 1-1　城市轨道交通信号系统的电源配置

位　置	用房名称	设备总耗电量/kVA	后备时间/min	备　注
设备集中站	设备室	40	30	转辙机约占 10 kVA，UPS 负载约占 30 kVA
非设备集中站	设备室	10	30	全部由 UPS 供电
控制中心	设备室	40	30	全部由 UPS 供电
信号楼	设备室及电源室	40	30	全部由 UPS 供电
停车列检库	车载设备工区测试室	10	30	全部由 UPS 供电
试车线	设备室	20	30	全部由 UPS 供电
维修中心		10	30	全部由 UPS 供电
培训中心	培训机房	30	30	全部由 UPS 供电

1.1.3　相关规范、规程与标准

国家标准 GB/T 50438—2007《地铁运营安全评价标准》第 12 条"信号设备评价"相关条文。

任务 1.2　通信电源系统认知

1.2.1　工作任务

认知城市轨道交通通信电源系统。

1.2.2　知识链接

城市轨道交通通信系统设备是指挥列车运行、组织运营、提高效率、保证安全、传输各种信息及公务联络的重要设施。通信系统所用的电源与接地系统是在动力照明供电系统内独立的供电设备，并且具有集中监控功能。

1. 通信电源供电要求

（1）稳定、可靠和安全地向通信设备供电，供电不中断，供电质量达到规定指标的要求，电磁兼容性符合相关标准的规定。

（2）通信电源设备还应效率高、节约能源、体积小、质量轻、便于安装维护和扩容，并应智能化程度高，可以进行集中监控，实现少人或无人值守。

（3）通信设备应按一级负荷供电，通信电源系统应确保 24h 不间断运行，并且后备供电时间不少于 2h；投入运营后，不能有因电源设备故障引起失电，造成限速、降级或中断运营的事件。

（4）在全线设置 UPS 电源并提供交流"集中供电，分散配电"的功能。交流 UPS 供电电源输出电压波动范围不应大于 ±5%。

（5）通信电源设备应具有保护与告警性能。交、直流熔断器的额定电流应不大于最大负载电流的 2 倍。

2. 通信电源系统的组成

通信电源系统是对各种通信设备及建筑负荷等提供用电的设备和系统的总称，通信电源是向通信设备提供直流电能或交流电能的电源装置。通信电源系统由交流供电系统、整流模块、直流供电系统、监控系统和接地系统组成。通信电源系统的构成框图如图 1-3 所示。

（1）交流供电系统。

交流供电系统为各交流负载分配电能。当交流电源中断或电压异常（过压、欠压和缺相等）时，能自动发出相应的告警信号。交流供电系统由主用交流电源（一般为 10kV 市电）、专用变电站、备用发电机组或移动电站、市电油机转换屏、低压配电屏、交流配电屏、交流不间断电源设备（UPS）及相关的配电线路组成。

① 主用交流电源为市电，从高压电网引入。

② 专用变电站由高压配电装置和降压电力变压器（又称配电变压器）组成。

③ 备用发电机组或移动电站用于在市电停电后向交流配电屏和保证建筑负荷等供给 220V/380V 交流电。

④ 市电油机转换屏引入降压电力变压器和备用发电机组供给的三相五线制 220V/380V 交流电，对交流配电屏和保证建筑负荷进行由市电供电或备用发电机组供电的自动或手动切换，并进行供电的分配、通断控制、监测和保护。保证建筑负荷是指通信用空调设备、保证照明、消防电梯和消防水泵等。

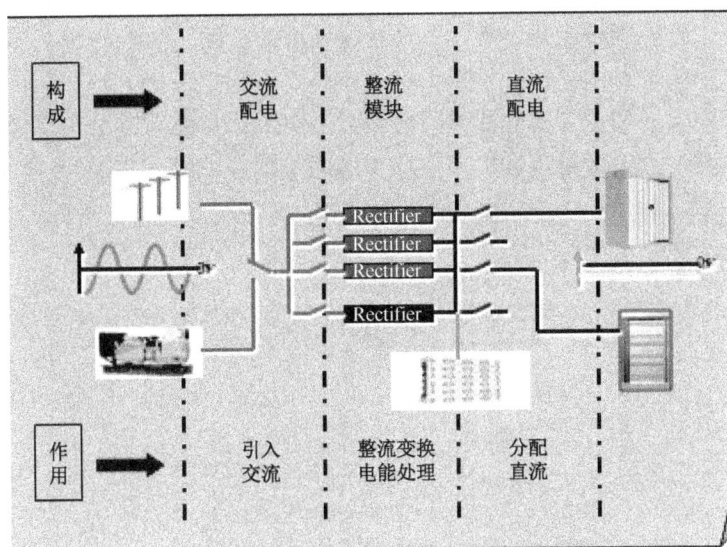

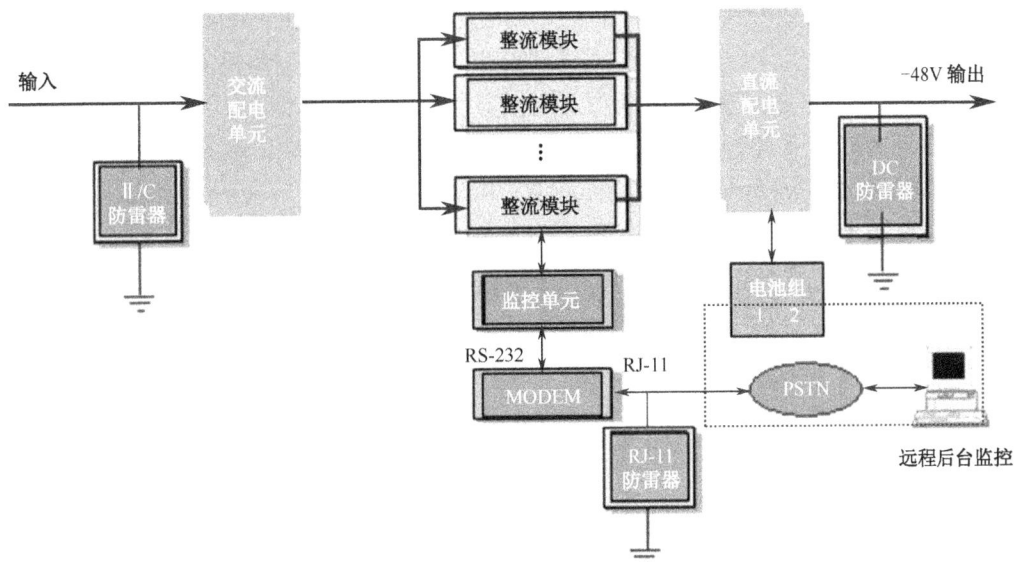

图 1-3　通信电源系统的构成框图

⑤ 低压配电屏从降压电力变压器引入三相五线制 220V/380V 市电，对一般建筑负荷进行市电供电的分配、通断控制、监测和保护。

⑥ 交流配电屏从市电油机转换屏引入三相五线制 220V/380V 交流电，对各高频开关整流器、交流不间断电源设备（UPS）等进行供电的分配、通断控制、监测、告警和保护。

⑦ 交流不间断电源设备（UPS）由整流器、蓄电池组、逆变器和转换开关等部分组成，其输入、输出均为交流电。在通信电源系统中通常采用双变换 UPS，正常情况下，不论市电是否停电，均由 UPS 中的逆变器输出稳定、纯净的正弦波交流电压（50Hz 三相 380V 或单相 220V）供给负载，供电质量高。

⑧ 交流配电设备应具有两路自动切换功能。主用交流电源有电且电压在规定的范围之内时，主用交流电源优先，通过空气开关给整流模块及其他设备供电，交流电源采样板分

别检测两路交流电源的电压信号控制接触器，从而实现两路电源的自动切换。

（2）直流供电系统。

直流供电系统向各种通信设备和逆变器等提供不间断直流电源。由整流器（AC/DC 变换器）、蓄电池、DC/DC 变换器、直流配电屏和相关的馈电线路等部分组成，如图 1-4 所示。

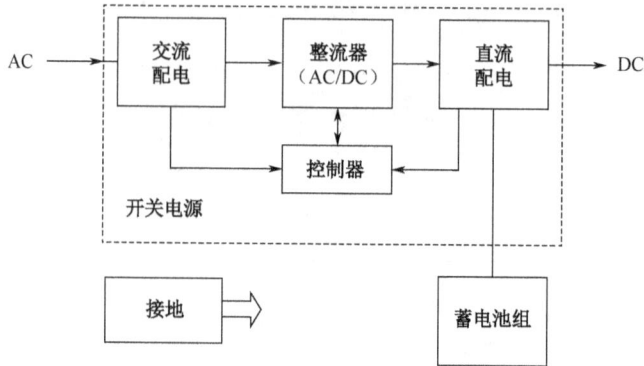

图 1-4　通信直流供电系统

高频开关电源设备由交流配电部分、整流器、直流配电部分和控制器（又称监控器或监控模块）组成，它连同蓄电池组和接地装置，构成不间断直流电源供电系统。

① 整流器把交流电变成所需的直流电。现在一般都采用高频开关整流器。在开关电源系统中，整流模块的输出电压由控制器（监控模块）控制。

② 蓄电池组是直流系统不间断供电的基础条件。

③ 直流配电部分完成直流的分配和备用电池组的接入，它对输出的直流进行分配、控制、检测告警和保护。主要有闸刀开关、自动空气断路器、接触器、低压熔断器及电工仪表告警保护等。

（3）监控系统。

通信电源监控系统包括控制中心监控设备（监控工作站）、各车站（场）监控设备。电源监控系统应具有对全线各站、车站、停车场的通信电源设备进行遥控、遥信、遥测的功能。监控系统的工作过程如图 1-5 所示。

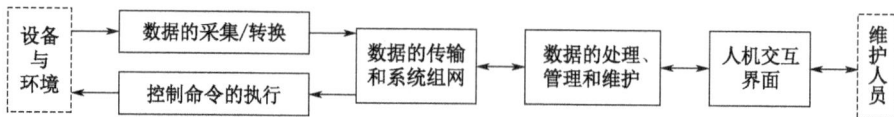

图 1-5　监控系统的工作过程

监控的工作过程是双向的：一方面，被监控的电源设备和环境量需经过采集和转换成便于传输和计算机识别的数据形式，再经过网络传输到远端的监控计算机进行处理和维护，最后可通过人机交互界面和维护人员交流；另一方面，维护人员可通过交互界面发出控制命令，经过计算机处理后，传输至现场经控制命令执行机构使电源设备及环境完成相应动作。

通信电源监控系统的功能可以分为监控功能、交互功能、管理功能、智能分析功能及帮助功能 5 个方面。

（4）接地系统。

接地系统是通信电源系统的重要组成部分，它不仅直接影响通信电源系统和通信设备的正常运行，还起到保护人身安全和设备安全的作用。

3．通信电源的分级

按功能及转换层次，可将整个电源系统划分为 3 个部分，如图 1-6 所示。

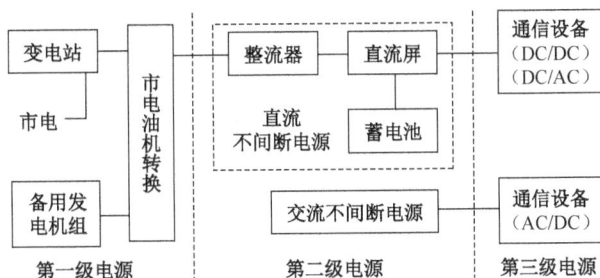

图 1-6　通信电源的分级

（1）交流市电和油机发电机组称为第一级电源，这一级是保证提供能源，但可能中断。

（2）交流不间断电源和直流不间断电源称为第二级电源，主要保证电源供电的不间断。

（3）通信设备内部的 DC/DC 变换器、DC/AC 逆变器及 AC/DC 整流器则划为第三级电源。

第三级电源主要是满足通信设备内部各种不同的交流、直流电压要求，常由插板电源或板上电源提供。板上电源又称模块电源，由于功率及体积小，可直接安装在印制板上，由通信设备制造厂商与通信设备一起提供。

1.2.3　相关规范、规程与标准

国家标准 GB 50382—2016《城市轨道交通通信工程质量验收规范》第 7 条"电源系统及接地"相关条文。

项目小结

（1）信号系统是一个融行车指挥和列车运行控制为一体的重要机电系统，为了确保控制设备正常工作，系统的电源配置也应与整个系统相适应。信号系统的电源设备包括信号电源屏、UPS（不间断电源）和蓄电池等。

（2）通信系统是轨道交通正常运转的神经系统，为列车运行的快捷、安全、准点提供了基本通信保障。通信电源是保证通信系统正常工作的必要条件，电源设备应包括高频开关电源、蓄电池组、交流不间断电源（UPS）、交流自切配电柜及配线。

（3）通信设备的供电要求有交流、直流之分，因此通信电源也有交流不间断电源和直流不间断电源两大系统。两大系统的不间断，都是靠蓄电池的储能来保证的。

复习思考题

1. 简述信号设备对供电的基本要求。
2. 简述信号电源系统的构成。
3. 简述通信设备对供电的基本要求。
4. 简述通信电源系统的组成。
5. 简述通信电源的分级。

项目2 信号电源基础设备维护

项目引导

信号电源基础设备包括变压器、低压电器、整流器、稳压器等。信号电源系统通过稳压、净化、隔离、变频、整流等技术为信号设备提供高质量的供电保障。

任务 2.1 变压器维护

2.1.1 工作任务

认知变压器的结构及工作原理，并能按要求进行维护。

2.1.2 知识链接

1. 变压器认知

（1）变压器及其运用。

变压器是一种能量传递装置，它用来将某一数值的交流电压和电流变换为同一频率另一数值的交流电压和电流。变压器利用电磁感应原理，从一个电路向另一个电路传递电能或传输信号，是电力系统中电能传递或信号传输的重要元件。

在供电系统中，变压器是一种重要的电气设备。交流电的输电、配电是离不开变压器的。在电力拖动、自动控制、无线电设备中，变压器作为能量或信号传递元件被广泛应用。在国民经济的其他部门，也大量使用变压器。在城市轨道交通信号电源设备中变压器得到了广泛应用，如信号变压器、扼流变压器、轨道变压器、道岔表示变压器等。

（2）变压器的作用。

城市轨道交通信号变压器多采用低电压、小功率的干式自冷变压器。在城市轨道交通信号电源设备中，变压器作为主要组成部件，主要用于以下4个方面。

① 隔离：通过双绕组变压器使初级与次级的电气完全绝缘，使输入和输出两回路隔离。

② 变压：根据输入和输出线圈匝数的不同可将引入的电压变换为所需要的电压数值。

③ 调压：通过自耦变压器获得连续可调的电压。

④ 测量：用电流互感器来扩大电流表的量程。

（3）变压器的分类。

变压器的分类方法很多，通常可按用途、绕组数目、相数、冷却方式、频率分类。

① 按用途分类。

a. 电力变压器：用于不同电压等级的电网之间传递电能，变压器的容量较大，不担任向用户供电的任务。

b. 配电变压器：主要用于配电网络，向各用户提供电力，一般高压可达 66kV，低压为 380V/220V、3kV、6kV、10kV。

② 按绕组数目分类。

a. 自耦变压器：高、低压共用一个绕组。

b. 双绕组变压器：每相有高、低压两个绕组。

c. 多绕组变压器：每相有 3 个以上绕组。

③ 按相数分类。

a. 单相变压器。

b. 三相变压器。

④ 按冷却方式分类。

a. 油浸式变压器：绕组和铁芯完全浸在变压器油里。

b. 干式变压器：绕组和铁芯由周围的空气直接冷却。

c. 充气式变压器：放在密封的铁箱内并充入特种气体。

⑤ 按频率分类。

a. 工频变压器：电源频率为 50Hz。

b. 高频变压器：电源频率一般都在 1kHz 以上，甚至几十千赫兹或上百千赫兹。

（4）变压器的技术参数。

变压器的技术参数是指不同类型变压器正常工作时的技术要求，技术参数一般标在变压器的铭牌上。常见的技术参数有额定容量、额定电压、额定电流、额定频率等。除此之外，变压器铭牌上还会标明温升、接线图、分接头电压等参数。

① 额定容量。

额定容量是指变压器在额定工作条件下正常运行的视在功率，用 S_e 表示，单位为 V·A 或 kV·A。初、次级绕组的额定容量一般都设计成一样大。

② 额定电压。

额定电压是指在变压器空载时在额定工作条件下初、次级绕组端电压的额定值。初级额定电压用 U_{1e} 表示，次级额定电压用 U_{2e} 表示，单位为 V 或 kV。三相变压器的额定电压指的是线电压。

③ 额定电流。

额定电流是指根据额定容量和额定电压计算出来的电流值。初、次级额定电流分别用 I_{1e}、I_{2e} 表示，单位为 A。

④ 额定频率。

我国规定：标准工业用电的频率 f_e=50Hz。

2．单相变压器

（1）单相变压器的结构。

单相变压器主要的组成部件是铁芯和绕组。

① 铁芯。

铁芯是变压器中主要的磁路部分，通常由含硅量较高，表面涂有绝缘漆的热轧或冷轧硅钢片叠装而成。铁芯和绕在其上的线圈组成完整的电磁感应系统。电源变压器传输功率的大小，取决于铁芯的材料和横截面积。铁芯由铁芯柱和铁轭两部分组成。铁芯柱上装有绕组，铁轭组成闭合磁路。铁芯的基本结构有壳式和芯式两种。壳式和芯式变压器铁芯的结构如图 2-1 所示。

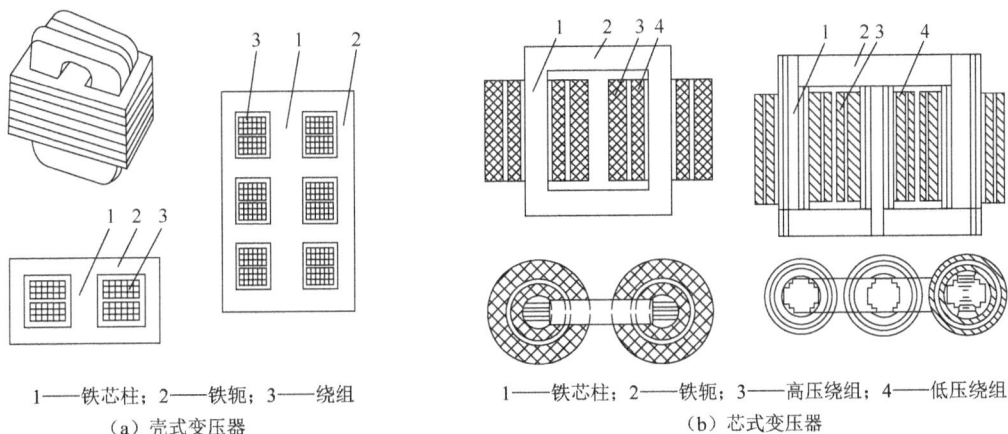

1——铁芯柱；2——铁轭；3——绕组
（a）壳式变压器

1——铁芯柱；2——铁轭；3——高压绕组；4——低压绕组
（b）芯式变压器

图 2-1　变压器铁芯的结构

铁芯由硅钢片组成，为减小涡流，片间有一定的绝缘电阻（一般仅几欧姆至几十欧姆），由于片间电容极大，在交变电场中可视为通路，因而铁芯中只需一点接地即可将整叠的铁芯叠片电位钳制在地电位。

② 绕组。

变压器的绕组即绕在铁芯上的导电金属线，是变压器的电路部分。其导线需满足以下要求：导电性能好，绝缘漆层有足够的耐热性且有一定的耐腐蚀能力。变压器的一个绕组有两个线头，还可以在绕组中间接线头出来做抽头，接在绕组中心的叫中心抽头。一个绕组由一个或多个线圈组成。

在单相双绕组变压器中，两个线圈之间没有电的联系，线圈由绝缘铜线（或铝线）绕成。一个线圈接交流电源，称为初级绕组（或一次绕组）；另一个线圈接用电器，称为次级绕组（或二次绕组）。初级、次级绕组具有不同的匝数，根据电磁感应原理，初级绕组的电能就可传递到次级绕组，使变压器输出不同的电压和电流。

（2）单相变压器的基本工作原理。

实际的变压器的工作原理是很复杂的，不可避免地存在铜损（线圈电阻发热）、铁损（铁芯发热）和漏磁（经空气闭合的磁感应线）等。为了简化讨论，这里只介绍理想变压器。下面以理想的单相双绕组变压器为例，分析其工作原理。理想变压器成立的条件是：忽略漏磁通，忽略初、次级线圈的电阻，忽略铁芯的损耗，忽略空载电流（次级线圈开路时初级线圈中的电流）。

如图 2-2 所示，当变压器的初级绕组接受交流电能（输入正弦交流电压 u_1），初级绕组中便有交变电流 i_0，铁芯中便产生交变磁通 ϕ_1，它沿着铁芯穿过初级绕组和次级绕组形成闭合的磁回路。初、次级绕组中的 ϕ 是相同的，ϕ 是简谐函数，$\phi=\phi(m)\sin(\omega t)$。由法拉第电磁感应定律可知，初、次级绕组中的感应电动势为：

$$e_1=-N_1 \mathrm{d}\phi/\mathrm{d}t$$

$$e_2=-N_2 \mathrm{d}\phi/\mathrm{d}t$$

式中，N_1、N_2 为初、次级线圈的匝数。由图 2-2 可知，$u_1=-e_1$，$u_2=e_2$。令 $k=N_1/N_2$，称为变压器的变比。由上式可得：

$$|u_1/u_2|=|-N_1/N_2|=k$$

即变压器初、次级线圈电压有效值之比等于其匝数之比，而且初、次级线圈电压的位相差为 π。进而得出：

$$U_1/U_2=N_1/N_2$$

在空载电流可以忽略的情况下，有 $i_1/i_2=-N_2/N_1$，即初、次级线圈电流有效值大小与其匝数成反比，且相位差为 π。进而可得：

$$I_1/I_2=N_2/N_1$$

理想变压器初、次级线圈的功率相等，即 $P_1=P_2$，说明理想变压器本身无功率损耗。实际变压器总存在损耗，其效率为 $\eta=P_2/P_1$。电力变压器的效率很高，可达 90% 以上。

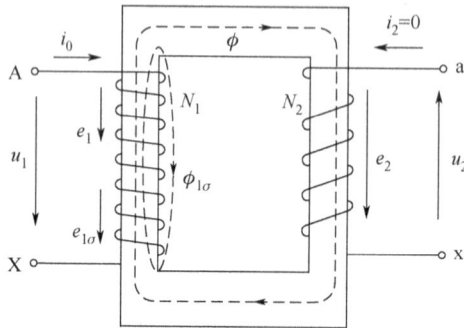

图 2-2　单相变压器的工作原理

（3）单相干式变压器的技术参数。

单相干式变压器的技术参数如表 2-1 所示。

3．三相变压器

三相变压器按照磁路结构的不同分为三相组式变压器和三相芯式变压器。

（1）三相组式变压器。

三相组式变压器是由 3 个单独的铁芯（单独的磁路）和绕组先组成一台单相变压器，再由这 3 台单相变压器最终组成三相变压器组。3 台独立的单相变压器在电路上互相连接，三相磁路互相独立。各相磁通有各自的铁芯磁路，互不影响。各相铁芯、磁通、磁阻等一致。其磁路如图 2-3 所示。

表 2-1　单相干式变压器的铭牌数据

单相干式变压器				
额定容量	2.5kV·A	形式	DG	装置地点	户　内
出厂编号		频率	50Hz	出厂日期	年　月
额定电压	一次	220V		冷却方式	空气自冷
	二次	230V		温升	60℃
额定电流	一次	11.60A		芯体重	28kg
	二次	10.87A		总重	32kg

接　线　图	分接头电压（V）				
	一次	$A—B$	$B—C$	$A—D$	$C—D$
		230	220	210	200
	二次	$a—b$	$a—d$	$a—c$	
		230	180	130	
×　×　信　号　工　厂					

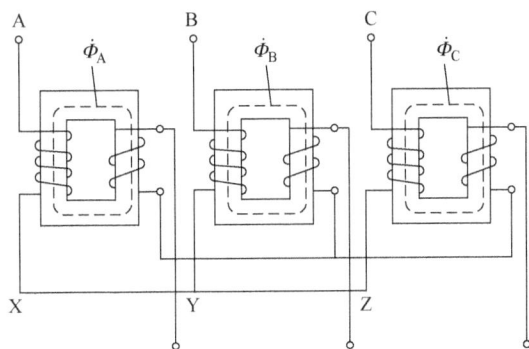

图 2-3　三相组式变压器

（2）三相芯式变压器。

把 3 台单相变压器的一个边（铁芯柱）贴合在一起，各相磁路就自然主要通过未贴合的一个柱上，如图 2-4（a）所示，此时公共铁芯柱内的磁通为三相磁通之和。当三相变压器三相对称运行时，合成磁通为零，因此公共铁芯柱可以省去，如图 2-4（b）所示。为使制造方便，把三相铁芯布置在一个平面上，于是得到三相芯式变压器，如图 2-4（c）所示。

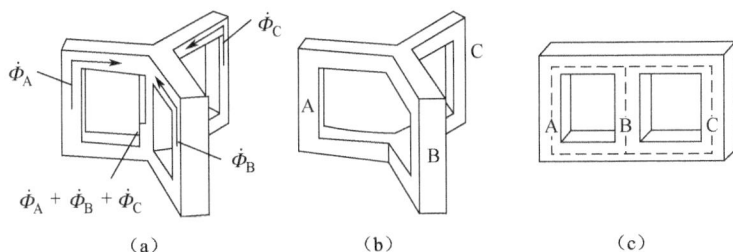

（a）　　　　　　　　（b）　　　　　　　　（c）

图 2-4　三相芯式变压器

三相芯式变压器三相铁芯互不独立，三相磁路互相关联，中间相的磁路短、磁阻小、励磁电流不平衡，但对实际运行的变压器，其影响极小。

对三相组式变压器和三相芯式变压器进行比较发现：在相同的额定条件下，芯式变压器更经济、效率高、省材料；组式变压器中单个变压器体积小、质量轻、便于运输。目前大多数变压器都采用芯式结构。

（3）三相变压器绕组连接。

三相变压器的初、次级绕组可用不同的方法连接，形成多种连接组别，不同的连接组别使初、次级边相对应的线电压之间有不同的相位差。三相变压器的相电势波形与绕组接法、磁路系统有密切关系，相电势的畸变与变压器的磁路系统及磁路饱和程度有关。

在绕组连接中，用 A、B、C 表示高压绕组的首端，X、Y、Z 表示其末端；用 a、b、c 表示低压绕组的首端，x、y、z 表示其末端。星形接法的中性点用 o 表示。

三相变压器绕组常用的连接方式有星形接法和三角形接法两种。三相绕组的 3 个末端连在一起，而把它们的首端引出来，就是星形接法（也称 Y 接法），如图 2-5（a）所示。把一相绕组的末端和另一相绕组的首端连在一起，顺次连接成一个闭合回路，就是三角形接法（也称 N 接法），如图 2-5（b）所示。

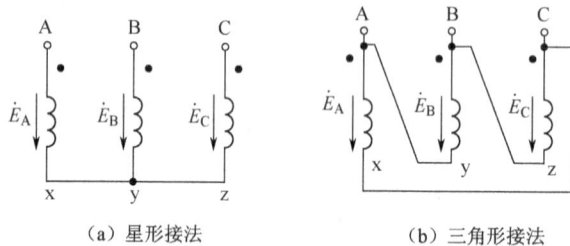

（a）星形接法　　　　　　　（b）三角形接法

图 2-5　三相变压器绕组常用的连接方式

常用的接法有 Y，yn；Y，d；YN，y；Y，y 等。逗号前、后的符号分别表示高压绕组接法和低压绕组接法。Y 表示高压绕组为星形接法；YN 表示高压绕组为星形接法并有中性点引出线；y 表示低压绕组为星形接法；d 表示低压绕组为三角形接法；yn 表示低压绕组为星形接法并有中性点引出线。

4．变压器维护

变压器的维护包括运行前的检查、运行中的检查及故障处理。

（1）运行前的检查内容：

① 检查变压器的额定电压和额定容量是否符合要求。

② 检查变压器内外是否清洁，各部螺钉是否完好，安装是否牢固，硅钢片是否夹紧。

③ 检查分接头调压板是否安装牢固，分接头的选定是否与所需电压相适应。

④ 检查高、低压绕组接线是否正确，引线有无破裂或断股情况，绝缘是否包扎完好。

⑤ 用 500V 兆欧表测量绕组间及对地绝缘电阻，若线圈受潮应进行干燥处理。

⑥ 检查变压器接地线是否连接完好。

⑦ 检查变压器的断路器是否符合要求。

（2）运行中的检查内容：

① 检查变压器有无异常声音。

② 检查各引线接头有无松动及跳火情况。

③ 检查断路器是否完好。

④ 检查变压器的温升是否超过规定标准。

（3）变压器的故障处理：

① 变压器在正常运行时，会发出连续均匀的嗡嗡声。变压器的嗡声很大，主要是铁芯硅钢片未夹紧所致，也可能是电网发生过电压、变压器过载运行、变压器绕组发生短路、变压器外壳闪络放电等原因造成的。

② 在正常的负荷和冷却条件下，变压器过热、冒烟和局部发生弧光，有可能是穿通螺栓绝缘损坏，铁芯硅钢片间绝缘损坏，高、低压绕组间短路，匝间短路，过负荷等。

③ 变压器断路器脱扣，应先检查变压器本身有无短路等异常情况，再查找外部电路，待故障排除后再投入运行。

5．电流互感器

（1）电流互感器及其运用。

在发电、变电、输电、配电和用电的线路中电流大小悬殊，从几安到几万安都有。为便于测量、保护和控制，需要转换为比较统一的电流。另外，线路上的电压一般都比较高，如直接测量是非常危险的。电流互感器就起到电流变换和电气隔离作用。

电流互感器（Current Transformer，CT）的作用是可以把数值较大的一次电流通过一定的变比转换为数值较小的二次电流，用于保护、测量等用途。

（2）电流互感器的工作原理。

电流互感器的工作原理依据的是电磁感应原理。电流互感器是由闭合的铁芯和绕组组成的。它的一次绕组匝数很少，串在需要测量的电流的线路中，因此它经常有线路的全部电流流过；二次绕组匝数比较多，串接在测量仪表和保护回路中。电流互感器在工作时，它的二次回路始终是闭合的，因此测量仪表和保护回路串联线圈的阻抗很小，电流互感器的工作状态接近短路。

电流互感器的工作原理如图 2-6 所示，若初、次级绕组的匝数分别为 N_1 和 N_2，电流分别为 I_1 和 I_2，则有 $I_1 \cdot N_1 = I_2 \cdot N_2$，以 K 为变流比，则 $K = I_1/I_2 = N_2/N_1$。当与次级绕组连接的电流表测得的电流为 I_2 时，初级绕组中流过的被测电流为 $I_{1X} = K \cdot I_2$，就将电流表的量限扩大了 K 倍。

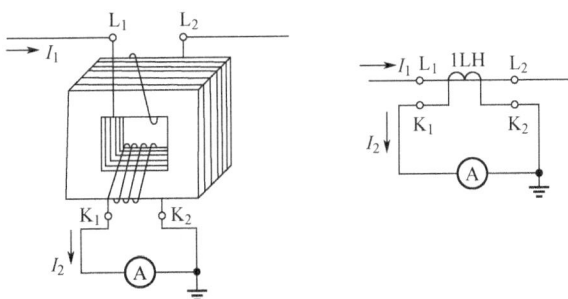

图 2-6　电流互感器工作原理图

（3）电流互感器的优点。

① 可使测量仪表与高压装置绝缘，保证人身安全。

② 可避免电路中的短路电流直接流经仪表，以免损坏仪表。

③ 可使测量仪表标准化。

④ 与被测对象电气隔离，不会干扰被测对象。

（4）使用电流互感器的注意事项。

① 铁芯、次级绕组的一端要接地。因为当线圈绝缘破损时，可防止连在次级绕组上的仪表对地出现高电位而危及人身安全。

② 在初级侧接通电源时，次级侧电路不得开路。如需取下电流表，要先将次级侧短路，这和普通变压器不一样。

③ 初级绕组所接入的被测电路的电网电压不得超过其额定电压等级。

2.1.3 相关规范、规程与标准

（1）国家标准 GB 1094.1—1996《电力变压器》第 1 部分"总则"相关条文。

（2）国家标准 GB 20840.1—2010《互感器》第 1 部分"通用技术要求"相关条文。

任务 2.2 低压电器维护

2.2.1 工作任务

认知各类低压电器并能按要求进行维护。

2.2.2 知识链接

在城市轨道交通信号电源设备中，低压电器用来控制和保护电路。低压电器的种类较多，按照用途可分为控制电器和配电电器；按照操作方式可分为手动电器和自动电器。常见的低压电器有开关、按钮、交流接触器、继电器、断路器等。

1. 手动电器认知

（1）刀开关。

刀开关又称闸刀开关或隔离开关，它是手动电器中最简单而使用又较广泛的一种低压电器。刀开关是带有动触头（闸刀），并通过它与底座上的静触头（刀夹座）相楔合（或分离），以接通（或分断）电路的一种开关。如图 2-7 所示是最简单的刀开关（手柄操作式单级开关）实物图。刀开关的电路符号如图 2-8 所示。

刀开关用于隔离电源，以确保电路和设备维修的安全；或作为不频繁地手动接通和分

断交、直流电路或作为隔离开关用，如不频繁地接通和分断容量不大的低压电路或直接启动小容量电机。刀开关处于断开位置时，可明显观察到，能确保电路检修人员的安全。

刀开关适用于交流 50Hz、额定电压至 380V，直流至 440V；额定电流至 1500A 的成套配电装置中。

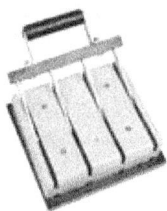

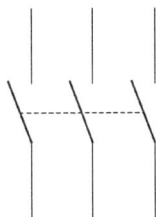

图 2-7　刀开关　　　　　　　　图 2-8　刀开关的电路符号

（2）按钮。

按钮用来远距离操纵继电器、接触器等，实现接通或断开相应的电路，它是信号电源中常用的手动电器。为便于辨认，按钮有红色、绿色、黄色等。按钮实物图如图 2-9 所示。

图 2-9　按钮实物图

按钮是一种结构简单、应用广泛的主令电器，一般情况下它不直接控制主电路的通断，而在控制电路中发出手动"指令"去控制接触器、继电器等电器，再用它们去控制主电路。按钮也可用来转换各种信号线路与电气联锁线路等。按钮的结构、符号如图 2-10 所示。

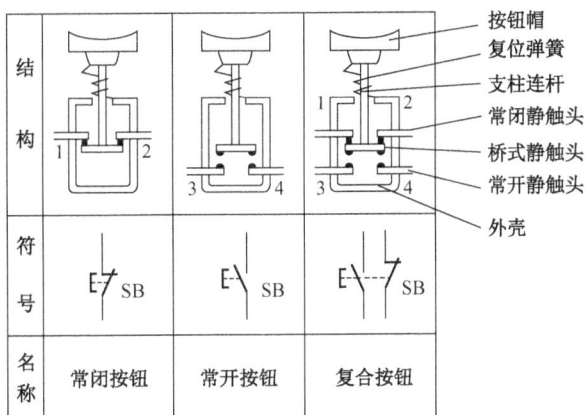

图 2-10　按钮的结构、符号示意图

按钮根据所处的状态可分为常开按钮、常闭按钮、复合按钮 3 种类型。由于按钮的结构特点，按钮只起发出"接通"和"断开"信号的作用。

① 常开（又称动合）按钮：未按下时触头 3-4 是断开的，按下时触头 3-4 被接通；当松开后，按钮在复位弹簧的作用下复位断开。

② 常闭（又称动断）按钮：与常开按钮相反，没有按下时触头 1-2 是闭合的，按下时触头 1-2 被断开；当松开后，按钮在复位弹簧的作用下复位闭合。

③ 复合按钮：将常开与常闭按钮组合为一体，没有按下时触头 1-2 是闭合的，触头 3-4 是断开的；按下时触头 1-2 首先断开，继而触头 3-4 闭合；当松开后，按钮在复位弹簧的作用下，首先将触头 3-4 断开，继而触头 1-2 闭合。

（3）行程开关。

行程开关又称限位开关、位置开关，它的作用与按钮开关相同，只是对控制电路发出"接通"或"断开"、信号转换等指令的电器。区别只是其触头的动作不是靠手指来完成的，而是利用生产机械某些运动部件的碰撞使其触头动作，接通或断开某些控制电路，达到一定控制要求。为适应各种条件下的碰撞，行程开关有很多构造形式，用它来限制机械运动的位置或行程，以及使运动机械按一定行程自动停车、反转或变速循环等，以实现自动控制。行程开关实物图如图 2-11 所示。

图 2-11　行程开关实物图

常用的行程开关有 LX-19 系列和 JLXKI 系列。各种系列的行程开关其基本结构相同，都是由操作点触头系统和外壳组成的，区别仅在于使行程开关动作的传动装置不同。

行程开关广泛用于各类机床和起重机械，用以控制其行程，进行终端限位保护。在电梯的控制电路中，还利用行程开关来控制开关轿门的速度，自动开关门的限位，轿厢的上、下限位保护。行程开关一般有旋转式、按钮式等数种类型。在信号电源调压电路中，当电压调至极限值时，通过行程开关断开调压电路对稳压器进行保护。

2．交流接触器

（1）交流接触器及其运用。

交流接触器是一种能够自动地接通或断开大电流电路的电器，它是一种利用电磁铁的电磁吸力来操作的电磁开关，用于频繁地接通和分断带有负荷的电路。在城市轨道交通信号设备中，交流接触器主要供远距离接通和分断电路、频繁地启动和控制交流电动机之用，并可与适当的热继电器组成电磁启动器，以保护可能发生操作过负荷的电路。

（2）交流接触器的结构。

交流接触器是一种主触头常开的、三极的、以空气为灭弧介质的电磁式交流接触器，其组成部分包括线圈、短路环、静铁芯、动铁芯、动触头、静触头、辅助常开触头、辅助常闭触头、压力弹簧片、反作用弹簧、缓冲弹簧、灭弧罩等元件。交流接触器的结构如图 2-12 所示。

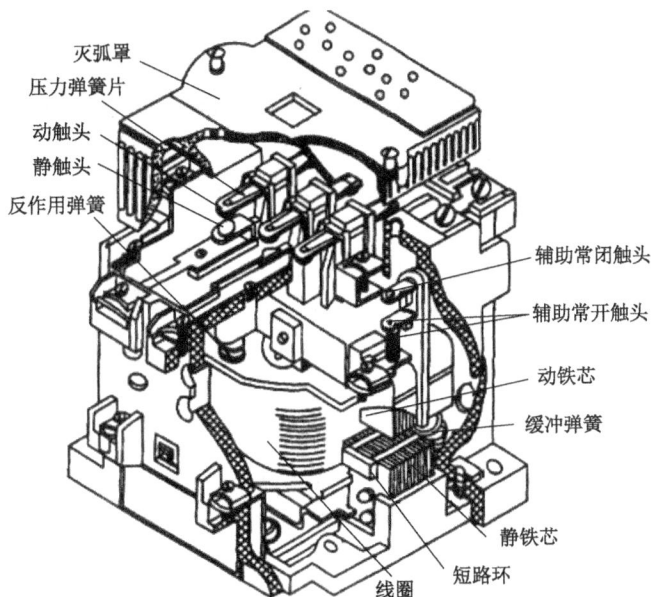

图 2-12　交流接触器的结构

交流接触器有 CJ0、CJ10、CJ12 等系列产品，我国常用的 CJ0-20 型交流接触器的实物图如图 2-13 所示。

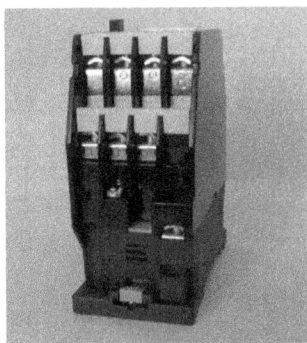

图 2-13　CJ0-20 型交流接触器实物图

交流接触器主要由电磁系统、触头系统和灭弧装置组成。

① 电磁系统。它包括线圈、静铁芯和动铁芯（又称衔铁）。

② 触头系统。它包括主触头和辅助触头。主触头允许通过较大的电流，起接通和切断主电路的作用，通常以主触头允许通过的最大电流（即额定电流）作为接触器的技术参数之一。辅助触头只允许通过较小的电流，使用时一般接在控制电路中。

交流接触器的主触头一般为常开触头，辅助触头有常开的也有常闭的。额定电流较小的接触器，具有 4 个辅助触头；额定电流较大的，具有 6 个辅助触头。CJ10-20 型接触器的 3 个主触头是常开的；它有 4 个辅助触头，两个常开，两个常闭。

所谓常开、常闭，是指电磁系统未通电动作前触头的状态，即常开触头是指线圈未通电时，其动、静触头处于断开状态，线圈通电后就闭合，所以常开触头又称动合触头。常闭触头是指线圈未通电时，其动、静触头是闭合的，而线圈通电后则断开，所以常闭触头又称动断触头。

③ 灭弧装置。灭弧装置的作用是迅速切断主触头开、断时的电弧，可以看作一个很大的电流，如不迅速切断，将发生主触头烧毛、熔焊等现象，因此交流接触器一般都有灭弧装置。对于容量较大的交流接触器，常采用灭弧栅灭弧。

（3）交流接触器的工作原理。

当线圈通电时，铁芯被磁化，吸引衔铁运动，使得常闭触头断开，常开触头闭合，主电路接通，电动机通电。当线圈断电时，磁力消失，在弹簧反作用力的作用下，衔铁回到原来位置，即使触头恢复到原来状态，此时主电路断开，电动机断电。交流接触器的工作原理如图 2-14 所示。

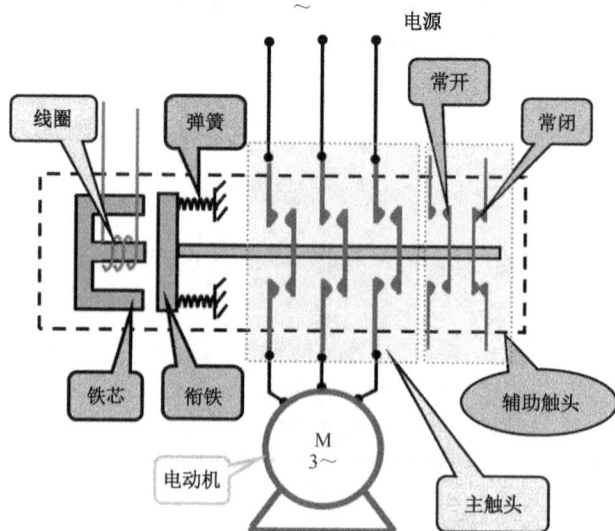

图 2-14　交流接触器的工作原理

交流接触器的图形符号有两种：线圈符号和触头符号。交流接触器的图形符号在电路中是按照无电状态绘制的。常闭触头是指无电时闭合的触头；常开触头指的是励磁后闭合的触头。

交流接触器的线圈符号和触头符号如图 2-15 所示。交流接触器在信号电源屏中用 XLC表示（在信号智能电源屏中用 KM 表示），前面加上数字表示序号。线圈用 A_1-A_2 来表示。主触头用 L_1-T_1、L_2-T_2、L_3-T_3 来表示，3 组主触头都是常开触头。常闭辅助触头用 11-13表示，常开辅助触头用 21-22 表示。

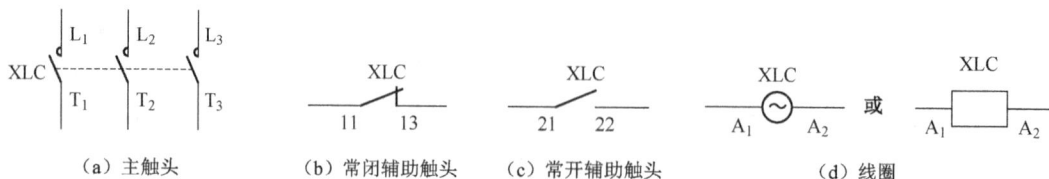

（a）主触头　　（b）常闭辅助触头　　（c）常开辅助触头　　（d）线圈

图 2-15　交流接触器的图形符号

（4）交流接触器的维护。

① 交流接触器应用广泛，又易发生故障，故应加强维护，每半年须做一次定期检查，主要内容有以下几项：

a. 检查触头的接触面，如仅有轻微烧伤及表面发热，可不做处理；如烧损严重，必须更换触头。检查触头的位置是否正确，不应歪扭，须保持接触面积有 2/3 以上紧密接触。检查触头的压力是否符合有关规定。

b. 检查触头的磨损程度，磨损严重者需更换。

c. 检查主触头是否同时闭合和断开。

d. 检查交流接触器在额定电压的 85% 以上时是否可靠吸合。

e. 检查轭铁、衔铁接触面的接触情况，接触不良者应磨平。但铁芯中芯柱上要留有适当的间隙，以防止断电后因剩磁而使接触器不能释放。

f. 检查灭弧罩是否完好。

g. 检查运动部分是否灵活。

h. 检查各部件是否清洁。

② 交流接触器的故障处理。

a. 故障现象：触头过热。

原因分析：触头的压力不足；触头接触不良；电弧将触头表面烧坏。上述 3 种原因会使触头接触电阻增加，使触头过热。

b. 故障现象：触头磨损。

原因分析：交流接触器磨损分为电气磨损和机械磨损两种。电气磨损属于正常磨损，是因电弧高温使触头金属气化蒸发而造成的；机械磨损是由触头闭合时的撞击和触头表面的相对滑动摩擦造成的。

c. 故障现象：触头不复位。

原因分析：触头熔焊（电弧的高温将动、静触头焊在一起而不能分断的现象称为熔焊）；反作用弹簧的弹力不够；机械运动部件被卡住；铁芯端面有油污；铁芯剩磁太大。

d. 故障现象：衔铁震动噪声。

原因分析：短路环损坏；动、静铁芯由于衔铁歪斜或端面有污垢而造成接触不良；活动部件卡阻而使衔铁不能完全吸合。

e. 故障现象：线圈过热或烧毁。

原因分析：线圈匝间短路；动、静铁芯端面变形或有污垢，闭合后有间隙；操作过于频繁；外加电压高于线圈额定电压，电流过大产生热效应，严重时会烧毁线圈。

3. 继电器认知

继电器是一种自动控制电路通断的电器。电源屏系列继电器是为信号电源屏专门设计的继电器，用来代替交流接触器和中间继电器，在电源屏中起转换、表示和监督作用，以减少电源屏故障，提高设备的可靠性。电源屏用继电器分为无极、整流、交流 3 种；按使用电源分为交流 24V、交流 220V 和直流 24V、直流 220V 4 种。此外，还有加强接点的。

（1）电源屏用无极继电器。

电源屏用无极加强接点继电器有 JWJXC-7200 型、JWJXC-100 型、JWJXC-6800 型和

JWJXC-440 型 4 个品种。前 3 种继电器的电磁系统的构造及动作原理与安全型无极继电器基本相同，不同点在于它们采用专用铁芯，衔铁止片厚 1.2mm，以提高释放值，减少释放时间。JWJXC-440 型继电器的电磁系统与安全型偏极继电器基本相同。无极继电器的结构和实物图如图 2-16 和图 2-17 所示。

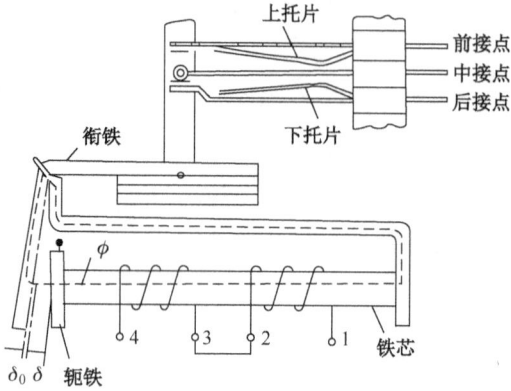

图 2-16　无极继电器的结构

图 2-17　无极继电器实物图

（2）电源屏用整流继电器。

电源屏用整流继电器有 JZJXC-7200 型、JZJXC-100 型和 JZXC-20000 型 3 种。它们由电磁系统、接点系统与整流单元组成。电磁系统的构造与 JWJXC-7200 型继电器相同。

（3）电源屏用交流继电器。

电源屏用交流继电器有 JJC 型交流继电器和 JJJC 型交流加强接点继电器。根据使用接点组数与使用电源的不同，JJJC 型又分为 JJJC、JJJC1、JJJC2、JJJC3、JJJC4、JJJC5 6 种不同的规格（型号中第一个 J 为继电器，第二个 J 为交流，第三个 J 为加强接点）。

交流继电器线圈中所通过的为交流电源，在铁芯中产生的是交变磁通。交变磁通所产生的吸引力与磁通的平方成正比，所以虽然线圈中的电流方向不断改变，但吸引力并不随之改变方向。然而吸引力的大小在最大值和零之间以两倍电源频率做正弦变化。当吸引力的瞬时值大于衔铁重力和接点的反作用力时，衔铁就吸合；反之，衔铁释放。这样，在交流电的一个周期内，衔铁两次被吸引和释放。当然，由于频率较高，衔铁来不及完全释放，而是在极面处颤动并发出噪声。这种颤动影响继电器的正常工作。为消除颤动，在铁芯两个工作极面端部各嵌装一个短路铜环，如图 2-18 所示。

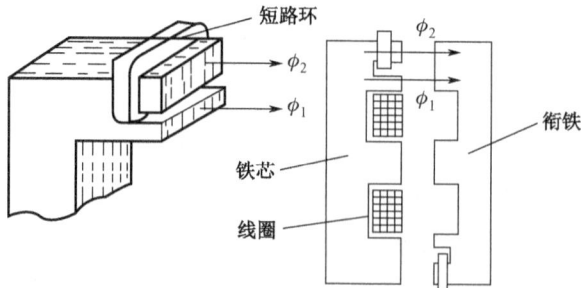

图 2-18　短路环嵌装图

4．低压断路器认知

低压断路器又称自动空气开关或自动开关。断路器的作用是：当电路发生短路、严重过载及失压等危险故障时，低压断路器能够自动切断故障电路，有效地保护串接在它后面的电气设备。因此，低压断路器是低压配电网络中非常重要的一种保护电器。在正常条件下，也用低压断路器来不太频繁地接通和断开电路，以及控制电动机。低压断路器具有操作安全、动作值可调整、分断能力较好、兼顾各种保护功能等优点而在电气工程中广泛使用。

（1）低压断路器的分类。

按照不同的条件，低压断路器可进行如下分类。

① 按照低压断路器的形式结构分为万能式（DW 系列）和塑壳式（DZ 系列）两种。

② 按照动作速度可分为一般型和快速型两种。

③ 按照用途可分为配电用断路器、电动机保护用断路器、灭磁断路器和漏电断路器等。

（2）低压断路器的结构。

低压断路器的主要部件有触头系统、保护装置、灭弧装置、操作结构等，如图 2-19 所示为 DZ5-20 型低压断路器的外形及结构。

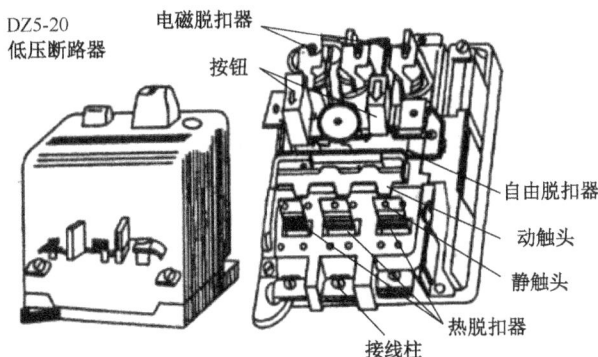

图 2-19　DZ5-20 型低压断路器的外形及结构

① 触头系统：一般由主触头、弧触头和辅助触头组成。

② 灭弧装置：采用栅片灭弧方法。即一般由长短不同的钢片交叉组成灭弧栅，放置在绝缘材料的灭弧室内构成灭弧装置。

③ 保护装置：由各类脱扣器完成短路、过载、失压等保护功能。脱扣器按保护功能分为过电流脱扣器、失压脱扣器和热脱扣器等。

（3）低压断路器的工作原理。

低压断路器的工作原理如图 2-20（a）所示。图中 2 为低压断路器的 3 副主触头，串联在被保护的三相主电路中。当按下绿色按钮时，主电路中 3 副主触头 2，由锁链 3 钩住搭钩 4，克服弹簧 1 的拉力，保持在闭合状态。图 2-20（b）为断路器符号。

当线路正常工作时，电磁脱扣器 4 中的线圈所产生的吸力无法将它的衔铁吸合。如果线路发生短路和产生较大过电流，则电磁脱扣器 4 的吸力增大，将衔铁吸合，并撞击杠杆，把搭钩 3 顶上去，切断主触头 2。如果线路上的电压下降或失去电压，则欠电压脱扣器 5

的吸力减小或失去吸力，衔铁被弹簧拉开，撞击杠杆，把搭钩 3 顶开，切断主触头 2。

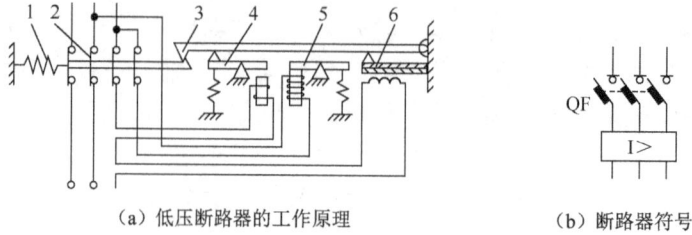

（a）低压断路器的工作原理　　　　（b）断路器符号

图 2-20　低压断路器的工作原理和断路器符号

（4）使用低压断路器的注意事项：

① 低压断路器应按规定垂直安装，其上、下连接导线要使用规定截面的导线（或母线）。

② 低压断路器的脱扣器整定电流及其他特征性参数和选择参数，一经调好后便不允许随意改动。使用较长时间后要检查其弹簧是否生锈卡住，防止影响正确动作。

③ 检修后要在不带电的情况下合、分数次，检验动作准确可靠后再投入运行。

2.2.3　相关规范、规程与标准

（1）《普速铁路信号维护规则技术标准》第 12 部分"电源设备的相关要求"相关条文。

（2）国家标准 GB 14048.1—2012《低压开关设备和控制设备》第 1 部分"总则"，GB 14048.2—2008《低压开关和控制设备》第 2 部分"断路器"、第 3 部分"隔离器隔离开关以及熔断器组合电器、接触器和电动机启动器"相关条文。

任务 2.3　三相交流异步电动机维护

2.3.1　工作任务

认知三相交流异步电动机并能按要求进行维护。

2.3.2　知识链接

电机是工业、农业、交通运输业中的重要动力设备，它的主要任务是进行能量转换。按照能量的转换方式，电机可分为将机械能变为电能的发电机和将电能变为机械能的电动机。在城市轨道交通信号电源设备中，三相交流异步电动机作为驱动装置用来实现稳压。

1．三相交流异步电动机认知

交流电动机根据工作原理的不同可分为异步电动机和同步电动机。异步电动机的励磁仅由定子供给，转子电流是感应而来的，其转速与所接电源的频率不同步。同步电动机的

励磁是由定子和转子共同供给的，定子由交流电励磁，转子由直流电励磁，其转速与所接交流电源的频率之间存在着严格的关系——同步。

异步电动机又分为单相和三相两种，尤以三相异步电动机应用最为广泛。在铁路信号设备中，S700K 型电动转辙机和 ZJY7 型交流电液转辙机、中站电源屏、大站电源屏等都采用了三相异步电动机。

三相交流异步电动机是一种将电能转化为机械能的电力拖动装置。它主要由定子、转子和气隙构成，转子置于定子中。定子绕组通以三相交流电源后，产生旋转磁场并切割转子，获得转矩。三相交流异步电动机具有结构简单、运行可靠、价格便宜、过载能力强，以及使用、安装、维护方便等优点，被广泛应用于各个领域。

2．三相交流异步电动机的结构

三相异步电动机主要由定子和转子构成，定子是静止不动的部分，转子是旋转的部分，在定子与转子之间有一定的气隙。定子由铁芯、绕组与机座三部分组成。转子由铁芯与绕组组成，转子绕组有鼠笼式和线绕式。鼠笼式转子是在转子铁芯槽里插入铜条，再将全部铜条两端焊在两个铜端环上而组成的；线绕式转子绕组与定子绕组一样，由线圈组成绕组放入转子铁芯槽中。鼠笼式与线绕式两种电动机虽然结构不一样，但工作原理是一样的。三相交流异步电动机的结构如图 2-21 所示。

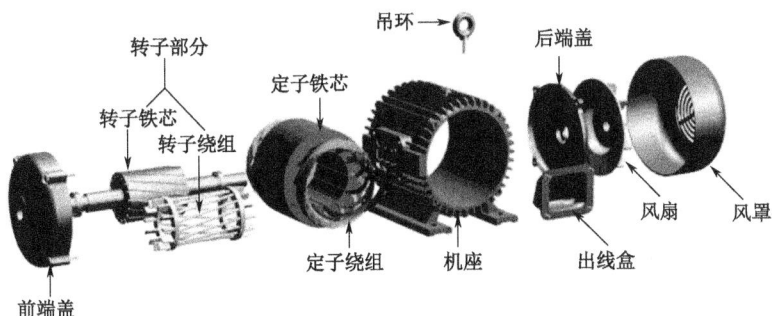

图 2-21　三相交流异步电动机的结构

（1）定子。

三相交流异步电动机的定子由定子铁芯、定子绕组、机座组成。定子的结构如图 2-22（a）所示。

① 定子铁芯：在定子铁芯中产生一定的磁场作用，它由相互绝缘的硅钢片叠成，厚度为 0.5mm。硅钢片内圆上均匀分布的槽内嵌放定子三相绕组。

② 定子绕组：通过三相定子绕组引入三相电源。定子绕组是三相对称绕组，用漆包线绕制好的，对称地嵌入定子铁芯槽内。定子绕组可连接成星形或三角形。

③ 机座：用来固定定子铁芯和定子绕组。

（2）转子。

转子是三相交流异步电动机的转动部分，其主要由转子铁芯、转子绕组和转轴组成。转子的结构如图 2-22（b）所示。

① 转子铁芯：在转子铁芯中产生一定的磁场作用，它由相互绝缘的硅钢片叠成，厚度

为 0.5mm。硅钢片内圆上均匀分布的槽内嵌放转子三相绕组。

② 转子绕组：转子绕组可分为鼠笼式和绕线式两种。

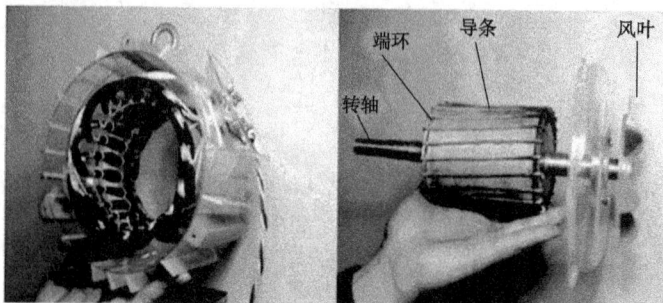

（a）定子 　　　　　　　　　　（b）转子

图 2-22　定子和转子的结构

③ 转轴：输出机械转矩。

为了保证定子绕组通电后转子能够自由旋转，在定子与转子间必须留有一定的气隙，中小型电动机的气隙一般为 0.2～1.0mm。

3. 三相交流异步电动机的工作原理

三相交流异步电动机定子绕组接通三相交流电源后，在定子铁芯中产生旋转磁场。在电磁感应的作用下，旋转磁场作用于转子部分，在转子导条上产生电磁力带动转轴转动，获得机械转矩。

（1）旋转磁场的产生。

定子绕组的接线方式如图 2-23 所示，三相对称定子绕组 AX、BY、CZ 按照星形接法进行连接。引入 U、V、W 三相电源，三相定子绕组便通过三相对称电流，随着电流在定子绕组中通过，在三相定子绕组中就会产生旋转磁场，如图 2-24 所示。

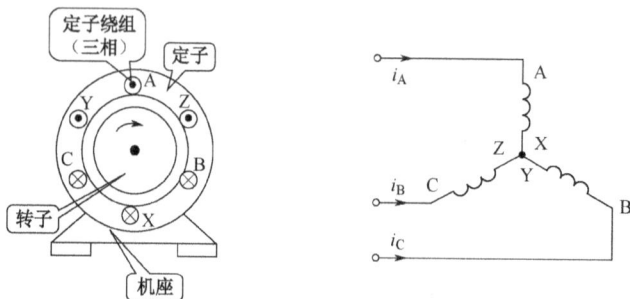

图 2-23　三相交流异步电动机定子绕组的接线

当 $\omega t=0°$ 时，$i_A = 0$，AX 绕组中无电流；i_B 为负，BY 绕组中的电流从 Y 流入、B 流出；i_C 为正，CZ 绕组中的电流从 C 流入、Z 流出；由右手螺旋定则可得合成磁场的方向如图 2-24（a）所示。

当 $\omega t=120°$ 时，$i_B = 0$，BY 绕组中无电流；i_A 为正，AX 绕组中的电流从 A 流入、X 流出；i_C 为负，CZ 绕组中的电流从 Z 流入、C 流出；由右手螺旋定则可得合成磁场的方向如图 2-24（b）所示。

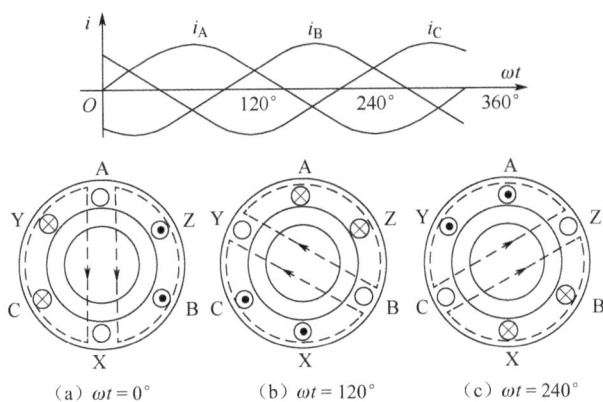

图 2-24　旋转磁场的产生

$$\begin{cases} i_U = I_m \sin \omega t \\ i_V = I_m \sin(\omega t - 120°) \\ i_W = I_m \sin(\omega t + 120°) \end{cases}$$

当 ωt=240° 时，$i_C = 0$，CZ 绕组中无电流；i_A 为负，AX 绕组中的电流从 X 流入、A 流出；i_B 为正，BY 绕组中的电流从 B 流入、Y 流出；由右手螺旋定则可得合成磁场的方向如图 2-24（c）所示。

可见，当定子绕组中的电流变化一个周期时，合成磁场也按电流的相序方向在空间旋转一周。随着定子绕组中的三相电流不断地做周期性变化，产生的合成磁场也不断地旋转，因此称为旋转磁场。旋转磁场是一种大小不变且以一定转速旋转的磁场。

旋转磁场的方向是由三相绕组中电流的相序决定的，若想改变旋转磁场的方向，只要改变通入定子绕组的电流相序，即将 3 根电源线中的任意两根对调即可。这时，转子的旋转方向也跟着改变。

旋转磁场的转速 n_0 也称同步转速。电动机的磁极对数，即旋转磁场的极数，由定子绕组的排列及绕组之间的连接来决定。不同的绕组和连接，将决定不同的磁极对数，也就决定电动机旋转磁场不同的转速。

当每相绕组只有一个线圈，绕组的始端之间相差 120° 空间角时，产生的旋转磁场具有一对极，即 p=1；当每相绕组为两个线圈串联，绕组的始端之间相差 60° 空间角时，产生的旋转磁场具有两对极，即 p=2；同理，如果要产生三对极，即 p=3 的旋转磁场，则每相绕组必须有均匀安排在空间的串联的 3 个线圈，绕组的始端之间相差 40°（=120°/p）空间角。极数 p 与绕组的始端之间的空间角 θ 的关系为：

$$\theta = 120° / p$$

三相异步电动机旋转磁场的转速 n_0 与电动机磁极对数 p 有关，它们的关系是：

$$n_0 = 60 f_1 / p$$

可知，旋转磁场的转速 n_0 决定于电源频率 f_1 和磁场的磁极对数 p。对于某一交流异步电动机，f_1 和 p 是一定的，所以磁场转速 n_0 是一个常数。

（2）三相交流异步电动机的转动原理。

三相交流异步电动机的转动原理如图 2-25 所示。转子铁芯上嵌有均匀分布的导条，导条两端被铜环短接而构成闭合回路。导条在旋转磁场中切割磁力线，转子即产生感应电动势，由右手定则可以确定上、下部导条的感应电动势方向。由于感应电动势的存在，就在连接成闭路的转子电路中产生了电流。

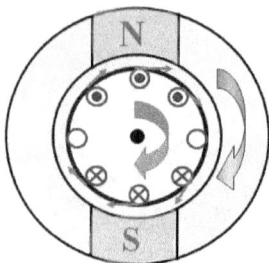

图 2-25　三相交流异步电动机的转动原理

带电流的转子导条与旋转磁场相互作用即产生了电磁力，方向由左手定则来确定。转子上的电磁力对轴形成了电磁转矩，从而导致转子运转。

通过分析得出：转子转轴旋转的方向与旋转磁场旋转的方向是一致的。转子的转速 n 比磁场转速 n_0 要小。如果 $n=n_0$，转子与旋转磁场之间没有相对运动，根据电磁感应原理可知转子导条上无感应电动势产生（转子导条未做切割磁力线运动），因而转子导条上无感应电流产生，转子转轴上就产生不了电磁力，此时转子无机械转矩输出。因此，转子旋转的速度必须小于同步转速。当 $n<n_0$ 时，我们把这种电动机称为异步电动机。

n_0 与 n 的差称为电动机的转差。转差与同步转速之比称为转差率，用 s 来表示：

$$s = \frac{n_0 - n}{n_0} = \frac{\Delta n}{n_0}$$

转差率是异步电动机一个重要的物理量。当旋转磁场以同步转速 n_0 开始旋转时，转子则因机械惯性尚未转动，转子的瞬间转速 $n=0$，这时转差率 $s=1$。转子转动起来之后，$n>0$，n_0-n 的差值减小，电动机的转差率 $s<1$。如果转轴上的阻转矩加大，则转子转速 n 降低，即异步程度加大，才能产生足够大的感应电动势和电流，产生足够大的电磁转矩，这时的转差率 s 增大；反之，s 减小。异步电动机运行时，转速与同步转速一般很接近，转差率很小，在额定工作状态下为 0.02～0.06。

4．三相交流异步电动机的启动、反转与制动

（1）电动机的启动。

异步电动机的主要缺点是启电流大而启转矩小。因此，我们必须采取适当的启动方法，以减小启动电流并保证有足够的启转矩。下面以鼠笼式异步电动机为例，介绍电动机的启动方法。

① 直接启动。

直接启动又称全压启动，就是利用闸刀开关或接触器将电动机的定子绕组直接加到额定电压下启动。这种方法适用于小容量的电动机或电动机容量远小于供电变压器容量的场合。

② 降压启动。

降压启动是指在启动时降低加在定子绕组上的电压，以减小启动电流，待转速上升到

接近额定转速时，再恢复到全压运行。此方法适于大中型鼠笼式异步电动机的轻载或空载启动。

（2）电动机的反转。

由前面的分析可知，电动机的旋转方向与旋转磁场的旋转方向是一致的，而旋转磁场旋转的方向取决于定子绕组中的三相交流电的相序。所以，改变三相电源的相序即可改变电动机的旋转方向。也即任意对调两根电源进线，磁场反转，电动机也将反转。

如图 2-26 所示，定子绕组接至相序为 A-B-C 的三相电源，旋转磁场逆时针旋转，转子也沿逆时针方向旋转；若 B 相和 C 相电源线互换，定子电流的相序就变为 A-C-B，旋转磁场将顺时针旋转，转子也将反转。电动机定子电路中设置一个转换开关来实现电动机的反转，转换开关也可由交流接触器或继电器来实现。

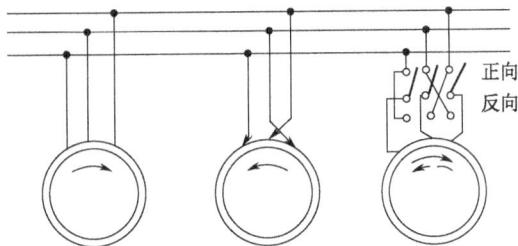

图 2-26　改变电动机的旋转方向

（3）电动机的制动。

制动是给电动机一个与转动方向相反的转矩，促使它在断开电源后很快地减速或停转。对电动机制动，也就是要求它的转矩与转子的转动方向相反，这时的转矩称为制动转矩。常见的电气制动方法有以下几种：

① 反接制动。

当电动机快速转动而需停转时，改变电源相序，使转子受一个与原转动方向相反的转矩而迅速停转。当转子转速接近零时，应及时切断电源，以免电动机反转。为了限制电流，对功率较大的电动机进行制动时必须在定子电路（鼠笼式）或转子电路（绕线式）中接入电阻。

这种方法比较简单，制动力强，效果较好，但制动过程中的冲击也强烈，易损坏传动器件，且能量消耗较大，频繁反接制动会使电动机过热。对某些中型车床和铣床的主轴的制动采用这种方法。

② 能耗制动。

在电动机脱离三相电源的同时，给定子绕组接入一个直流电源，使直流电流通入定子绕组。于是在电动机中便产生一个方向恒定的磁场，使转子受一个与转子转动方向相反的力的作用，于是产生制动转矩，实现制动。直流电流的大小一般为电动机额定电流的 0.5～1 倍。

由于这种方法是用消耗转子的动能（转换为电能）来进行制动的，因此称为能耗制动。这种制动能量消耗小，制动准确而平稳，无冲击，但需要直流电流。在有些机床中采用这种制动方法。

5. 三相交流异步电动机的技术参数

异步电动机的机座上都有一个铭牌，铭牌上标注着额定值和有关技术数据。如图 2-27 所示给出了这种型号的三相异步电动机在额定运行状态下的技术参数。

（1）型号：型号中的字母选用产品名称中有代表意义的汉字，用其汉语拼音的第一个字母来表示，如 R 代表"绕"线式转子，S 代表"双"笼式转子等。但习惯留用的文字符号仍采用，如 J 代表异步机，O 代表封闭式等。

三相异步电动机					
型 号	Y132S—6	功 率	3 kW	频 率	50Hz
电 压	380 V	电 流	7.2 A	接 法	星形
转 速	960r/min	功率因数	0.76	绝缘等级	B

图 2-27　三相交流异步电动机的铭牌

（2）额定功率：电动机在额定运行时输出的机械功率，单位为 W 或 kW。

（3）额定电压：额定运行情况下，电网加在定子绕组上的线电压，单位为 V。

（4）额定电流：电动机在额定电压下使用输出额定功率时，定子绕组中的线电流，单位为 A。

（5）额定频率：电动机所接的交流电源的频率，我国规定标准工业频率为 50Hz。

（6）额定转速：电动机在额定频率和额定功率下的转速，单位为 r/min。

（7）接法：电动机在额定电压下，定子三相绕组应采用的连接方式，一般有星形和三角形两种接法。通常三相异步电动机 3kW 以下者，连接成星形；4kW 以上者，连接成三角形。

（8）功率因数：额定负载时一般为 0.7～0.9；空载时功率因数很低，为 0.2～0.3。额定负载时，功率因数最大。实用中应选择合适容量的电动机。

（9）绝缘等级：指电动机绝缘材料能够承受的极限温度等级，分为 A、E、B、F、H 五级，A 级最低（105℃），H 级最高（180℃）。

6. 三相交流异步电动机的维护

（1）电动机的日常维护。

电动机的维护保养是保证其安全运行的重要措施。应根据有关规定，经常检查电动机的运行，并按检修周期对电动机进行定期的检查、检修和维护。

① 定期进行电动机的故障测试，如用低值欧姆表测量定子绕组间的短路故障；用兆欧表测量电动机内部的接地故障，如引线破皮接地、定子接地等。

② 对于绕线式电动机，为保证电刷正常运用，防止冒火，应经常检查和调整电刷压力。如调整无效，继续冒火，应用洁净的布擦集电环。视磨损程度和使用状态，及时更换电刷。集电环应保持光滑，以保证和电刷接触严密。

③ 保持轴承润滑良好，防止尘土杂物侵入，定期更换润滑油。

④ 保持电动机安装牢固，定子和转子间无磨卡现象。

⑤ 应注意勿使电动机受潮，否则其绝缘电阻将降低而不能正常工作。长期搁置不用的电动机在投入运行前，必须检查其绝缘电阻是否合格，如不合格，须烘干后再使用。

⑥ 勿使启动电流超过规定值，以防过载电流烧损电动机。

（2）电动机运行前的检查。

① 检查电动机的绝缘，通常用兆欧表来测量。电动机的绝缘电阻应在绕组和外壳间相互绝缘的各部分间进行测量。绝缘电阻一般不小于 0.5MΩ，如果太低，必须将电动机进行干燥后才可运行。

② 检查电动机绕组的接线是否正确，接线端子是否牢固，有无松动和脱落现象。

③ 检查电动机的外壳接地是否良好。

④ 对绕线式电动机则应检查集电环是否放在启动位置，电刷是否紧密接触集电环，启动变阻器的检查手柄是否放在启动位置。

⑤ 检查传动装置是否正常。

⑥ 检查定子、转子间有无维修时遗留的杂物。

⑦ 检查启动器是否完好，接线是否正确、牢固。

⑧ 检查断路器是否完好，容量是否适当，装接是否牢固。

⑨ 检查电动机附近有无影响工作的杂物及易燃易爆物品。

（3）电动机启动时的注意事项：

① 合上开关后，如果电动机不转，应立即切断电源。检查原因、排除故障后再行启动。

② 合上开关后，应注意观察电动机、传动装置及线路上的电流表等是否正常。如有异常应立即切断电源。待查明原因、排除故障后，再行合闸。

③ 不宜连续地多次启动。

④ 电动机启动后，要立即检查电动机及轴承的声音、温度及震动等情况。

（4）电动机运行中的监视和检查。

① 机体温度是否正常，是否在允许的温升范围内。

② 电动机的声音是否正常。

③ 电动机的震动是否过于剧烈。

④ 电动机的机体接地线是否安装牢固。

⑤ 电动机的轴承温度是否正常。

⑥ 电动机所附各种指示仪表的指示数值是否正常。

（5）电动机的常见故障及处理。

① 故障现象：电源接通后电动机不能启动。

原因分析：a. 电源断电或电源开关接触不良；b. 熔丝烧断，控制设备接线或二次回路接线错误；c. 定子绕组接线错误；d. 定子绕组断路、短路或接地，绕线电动机转子绕组断路；e. 负载过重或传动机械有故障或传动机构被卡住；f. 绕线电动机转子回路断开；g. 电源电压过低。

故障处理：a. 检查电源，开关接触不良应进行修理或更换；b. 更换熔丝，检查控制设备接线或二次回路接线；c. 检查定子绕组接线，纠正错误；d. 找出故障点，排除故障；e. 检查负载或传动机械；f. 找出断路点，并加以修复；g. 调整电源电压。

② 故障现象：电动机温升过高或冒烟。

原因分析：a. 负载过重，或启动过于频繁；b. 电动机断相运行；c. 定子绕组接线错误；d. 定子绕组接地或匝间、相间短路；e. 鼠笼式电动机转子断条；f. 绕线式电动机转子绕组断相运行；g. 定子、转子相互摩擦；h. 通风不良；i. 电源电压过高或过低。

故障处理：a. 减轻负载，减少启动次数；b. 依次检查熔体、导线接头、开关触头；c. 检查定子绕组接线，加以纠正；d. 查出接地或短路部位，加以修复；e. 铸铝转子必须更换，铜条子可修复或更换；f. 找出故障点加以修复；g. 检查轴承，看转子是否变形，进行修理或更换；h. 检查通风道是否畅通，对不可反转的电动机检查其转向，改善通风条件；i. 检查原因并调整电源电压。

③ 故障现象：电动机震动。

原因分析：a. 风扇叶片损坏和转子不平衡；b. 带轮不平衡或轴伸弯曲；c. 电动机与负载轴线不对；d. 电动机安装不良，基础不牢固，刚度不够或固定不紧；e. 负载突然过重。

故障处理：a. 校正平衡；b. 检查并校正；c. 检查、调整机组的轴线；d. 检查安装情况及脚底螺栓；e. 减轻负载。

④ 故障现象：异步电动机在运行过程中产生噪声。

原因分析：a. 一相断路器脱扣；b. 电压突然下降；c. 三相电流不平衡；d. 转子与定子摩擦。

故障处理：a. 复位断路器再行启动；b. 检查并校正转子，必要时调整轴承。

2.3.3 相关规范、规程与标准

GB 14048.1—2006《低压开关设备和控制设备》第 1 部分 "控制电路电器和开关件机电式控制电路电器、接触器和电动机启动器"、第 2 部分 "交流半导体电动机控制器和启动器" 相关条文。

任务 2.4 交流稳压器维护

2.4.1 工作任务

认知各类交流稳压器并能按要求进行维护。

2.4.2 知识链接

1. 交流稳压器及其分类

交流稳压器是指能为负载提供稳定交流电源的电子装置。根据主回路工作原理的不同，交流稳压器大体上可以分为两大类，其原理框图如图 2-28 所示。

第一类交流稳压器包括调整部分和控制部分，原理框图如图 2-28（a）所示。如果输出电压发生变动，则通过控制部分使调整部分进行调压，以保持输出电压的稳定。在信号电源中常用的第一类交流稳压器有感应调压器和自动补偿式交流稳压器。

第二类交流稳压器采用对电压具有惰性的设备，原理框图如图 2-28（b）所示。由于它的惰性作用，使输出电压不随输入电压的波动而变动。惰性设备大多是输出绕组所在铁芯处于磁饱和状态的特殊变压器。在信号电源中常用的第二类交流稳压器有稳压变压器和参数稳压器，它们都属于铁磁谐振类的稳压器。

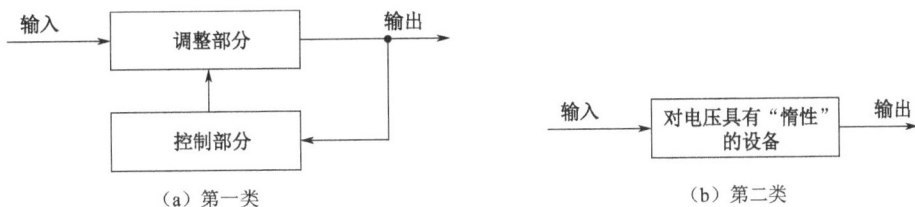

（a）第一类 （b）第二类

图 2-28 交流稳压器的原理框图

2. 感应调压器

（1）感应调压器及其分类。

感应调压器是利用电磁感应原理将初级电能通过磁场感应馈送到次级，又通过改变定子、转子绕组轴线相对角位移和一定的连接方式，使次级负载电压能在带电状态下并在较大的范围内得到平滑无级连续调节的电气产品。

感应调压器的工作原理和结构与绕线式异步电动机相似，即由定子和转子组成；而能量转换关系则类似于自耦变压器。感应调压器的转子被一套蜗轮蜗杆卡住，只有在电压需要调整的时候，由电动机（或者摇动手摇把）带动蜗轮传动机构使转子转动。它借助于手轮或伺服电动机等传动机构，使定子和转子之间产生角位移，从而改变定子绕组与转子绕组感应电动势的相位和幅值关系，以达到调节输出电压的目的。

感应调压器有三相式和单相式两种。感应调压器实物图如图 2-29 所示。

图 2-29 感应调压器实物图

感应调压器的定子绕组和转子绕组之间既有电的联系，又有磁的联系，它们共处于一个场中，很像一个自耦变压器，但两绕组的相对位置是可以改变的。感应调压器按冷却方式，可分为干式和油浸式两种，信号电源设备中所用的都是干式的。感应调压器的功率大（可达数百千伏安）、稳压范围宽、稳压精度高、输出电压波形几乎无畸变、稳压性能好，但是体积庞大、价格昂贵、功耗大。

（2）感应调压器的工作原理。

下面以单相感应调压器为例，介绍其工作原理。单相感应调压器由公共绕组 g 和二次串联绕组 C 组成。g 通常置于定子上，C 通常置于转子上。单相感应调压器绕组连接有正接和反接两种方法，如图 2-30 所示。

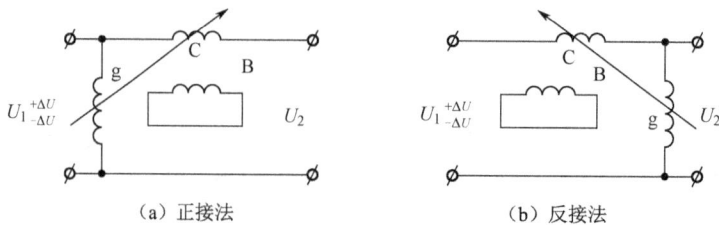

（a）正接法　　　　　　　　　　　（b）反接法

图 2-30　单相感应调压器的绕组连接

正接法仅有一个励磁绕组 g 和由它产生的单一磁场，励磁电流和由它产生的磁场不是恒定的，而是随电源电压的变化而变化的，因此它的空载电流和空载损耗不是恒定的，是在一定范围内变化的。反接法有两个励磁绕组和由它们共同产生的磁场，该磁场也是随着电源电压变化的，但变化范围较小，因此空载电流和空载损耗变化范围较小。感应调压器按正接法还是反接法设计，应视具体情况而定。

对同一台感应调压器，采用反接法时输入电压允许波动范围较大，但输出容量较小；采用正接法时情况则相反。例如，一台采用反接法的 100kV·A、输入电压范围为±20%的自动调压器，如果改用正接法，则输出容量增加到 140kV·A，输入电压范围减小为±10%～15%。由此可见，正、反接法的选择应按用户需要和电网的实际情况全面权衡其利弊后决定。

单相感应调压器的公共绕组平面与串联绕组平面在空间有一定夹角，如图 2-31 所示。当串联绕组 C 的线圈平面和公共绕组 g 的线圈平面重合时，C 中的感应电动势最大，为 E_{Cmax}。当转子做角位移 θ 时，与 C 所交链的磁通量相应发生变化，E_C 的大小也随之变化。空载输出电压为：

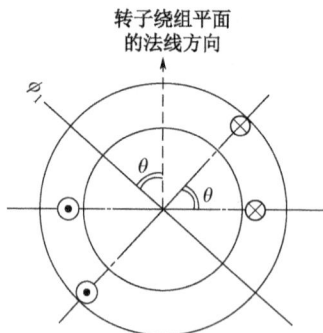

图 2-31　单相感应调压器的工作原理

$$U_{20} \approx U_1 \pm E_{Cmax}\cos\theta$$

正接法取"+"，反接法取"–"。当 θ 在 0°～180° 变化时，U_{20} 在 $U_1 \pm E_{Cmax}\cos\theta$～$U_1 \mp$

$E_{C\max}\cos\theta$ 间变化，改变角位移 θ 的大小，即可调节输出电压而达到稳压的目的。

（3）感应调压器的日常维护。

感应调压器的传动控制为电动、手动两用式，并标明"升压""降压"传动方向。当驱动电动机故障时，可手动进行调压。电动、手动两用式传动装置由两对蜗轮蜗杆、离合器（平齿轮）、手轮、驱动电动机、行程开关及限位器组成。第一对蜗轮蜗杆与驱动电动机装在一起，用来降低转速及传动第二对蜗轮蜗杆；第二对蜗轮蜗杆与感应调压器转子装在一起，不调压时对转子起制动作用，调压时带动转子转动。手轮传动则借平齿轮与长键导向第二对蜗轮蜗杆连接。从手轮传动转为电动时，将平齿轮推入啮合机构；由电动转为手轮传动时，则将平齿轮向外拉出。

行程开关用作电气限位，即限制感应调压器的输出电压在最高、最低极限时自动断开，实现升压、降压的控制继电器，从而断开电动机电源，对感应调压器进行保护。行程开关断开后，必须用手轮摇回工作区域。限位器用作机械限位，限制转子在规定的机械角度内转动。

感应调压器转子轴端的蜗轮为 180° 的扇形，它与转子转轴大多采用保险销联结，当感应调压器过载或短路时，保险销被切断，使蜗轮蜗杆不致损坏。如果保险销被切断，感应调压器的转子失去制动而自转，限位器既可限制它的转动，防止转子绕组引出线被卷断，又可起缓冲作用，避免转子的猛力撞击。

使用感应调压器时，应注意以下事项：

① 新安装或长期不用的感应调压器在投入运行前，应用 500V 兆欧表测量绕组间和对地的绝缘电阻，不低于 0.5MΩ 时方可使用，否则要进行干燥处理，方法如下：

a．用电热器或其他热源加热，但必须有良好的通风条件，注意使其不致过热，防止热源触及绕组和其他导电部分，绕组温度不超过 120℃。

b．在感应调压器的输入端接上调压设备，输出端短接，在输入端加上 10%左右的额定电压，使输出端短路电流稍低于额定电流，热烘驱除潮气。

② 感应调压器的机座应接地良好，以保证安全。

③ 传动装置应保持灵活，转子在 180° 内转动，正、反方向应注意均衡，当输出电压达最高或最低极限时，行程开关应保证切断驱动电动机电源。

④ 感应调压器的负载不得超过额定值，如超过时间较长，易使感应调压器烧毁或缩短使用寿命。

⑤ 应保持感应调压器的清洁，不许水滴、油污及尘土落入感应调压器内部，定期停电拆下网罩除去调压器内积存的尘土。感应调压器周围应留有适当空间，以便通风散热。

⑥ 经常检查感应调压器的轴承有无漏油及发热等情况，定期补充滑动轴承的润滑油，调换滚动轴承的润滑油。

⑦ 感应调压器的保险螺栓被切断后，应立即查明原因，再换上同样材料、同样尺寸的保险螺栓，方可继续使用。

⑧ 不能与其他变压器、调压器并联运行。

其余维修内容均同交流电动机和变压器。

3．自动补偿式交流稳压器

（1）自动补偿式交流稳压器及其优势。

图 2-32 自动补偿式交流稳压器实物图

自动补偿式交流稳压器实物图如图 2-32 所示。自动补偿式交流稳压器的每个相线串联升压、降压变压器，通过升压、降压变压器来实现驱动装置的正转和反转，从而实现升压或降压。首先由智能单元对输出电压进行采样，将采样信号与基准输出电压范围进行比较，判断输出电压是否超出基准电压波动范围。如果采样信号低于基准电压下限，将适当的变压器同相开关打开，在变压器次级得到正向的补偿电压叠加于相电压上，从而实现升压；如果采样信号高于基准电压上限，将适当的变压器反相开关打开，在变压器次级得到反向的补偿电压叠加于相电压上，从而实现降压。

单相补偿式交流稳压器集先进的组合绕组补偿方式和无触头开关、微机控制交流稳压技术于一身，具有高效节能、调节快速、无噪声、三相自动平衡、无机械故障和炭刷磨损及使用寿命长的特点，并具有延时、过、欠压报警和保护等功能。同时，该稳压器突破性地解决了系统和器件运行中的暂态过程对无触头开关所产生的共态电流冲击以及过电压对系统和器件造成的损害，瞬时过载能力强，因而提高了系统运行的可靠性。

（2）自动补偿式交流稳压器的结构。

自动补偿式交流稳压器的结构如图 2-33 所示，由输入滤波、补偿机构/自动旁路、控制电子开关、微电子控制器、输出反馈等部分组成。

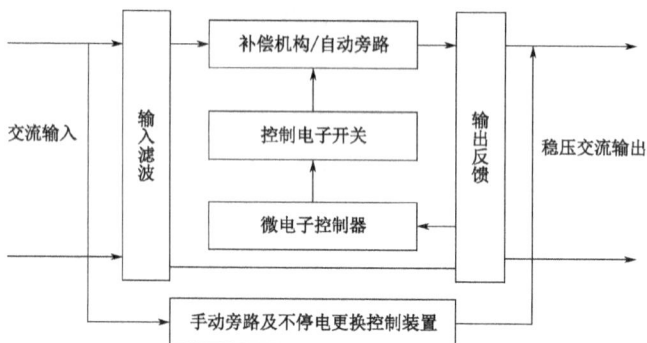

图 2-33 自动补偿式交流稳压器的结构

① 输入滤波电路用来滤除输入电源中的干扰信号，主要由电感和电容组成。

② 补偿机构即线性变压器，它们作为调整组件，在电子开关的控制下对输入电压进行补偿，以实现稳压。自动旁路电路的作用是在自动补偿式交流稳压器故障时，使输入电源直接向负载供电，保证不间断供电。手动旁路电路则可在维护自动补偿式交流稳压器时不间断供电。

③ 控制电子开关即晶闸管，它们在控制器的控制下导通与截止，以使线性变压器处于升压、降压或直通状态，对输入电压进行补偿，从而实现稳压。

④ 微电子控制器接收、输出反馈电路的采样信息，通过比较运算，发出控制命令，以控制各个晶闸管的导通与关断。

⑤ 输出反馈电路设置在输出端，用来对输出电压信号进行采样。

（3）自动补偿式交流稳压器的工作原理。

自动补偿式交流稳压器的核心部件就是由控制开关和线性变压器构成的主电路。自动补偿式交流稳压器的主电路如图 2-34 所示。它由线性变压器 T_1、T_2、T_3 与晶闸管 $SCR_1\sim SCR_8$ 构成组合式全桥电路。控制电路控制晶闸管实现不同的组合导通，从而决定各线性变压器的升压、降压、直通等不同状态的组合（可以构成 15 种不同的组合状态），用以在不同情况下实现稳压。补偿变压器的数量和次级侧的电压值决定了稳压器的稳压精度和稳定范围。根据需要，用控制电路控制晶闸管的导通或截止，就能实现自动稳压。

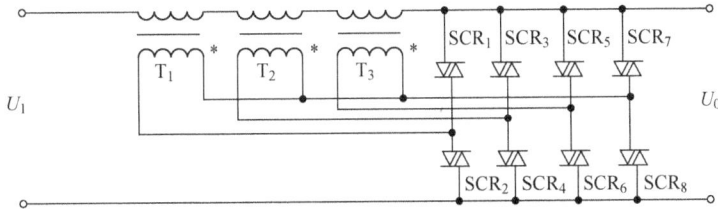

图 2-34　自动补偿式交流稳压器的主电路

自动补偿式交流稳压器采用 3 个变压器次级串联的方式，将 3 个变压器的次级电压串联在输入、输出电压之间，通过改变变压器次级电压与输入电压之间的相位关系，使得变压器次级电压与输出电压为相加或相减的关系，使输出电压保持在（220±3%）V 的范围内。3 个变压器的初级线圈通过晶闸管组合全桥接在输出电压上。控制晶闸管的导通与关断，就可改变变压器次级电压的相位。3 个变压器的变比关系为 $n_1:n_2:n_3=1:2:4$，如 3%、6%、12%。通过调整各个变压器的状态，使输出电压在规定的精度范围内保持稳定。晶闸管导通与补偿电压的关系如表 2-2 所示。

表 2-2　晶闸管导通与补偿电压的关系

晶闸管导通排序				补偿电压/V
1	3	5	8	+21%
2	3	5	8	+18%
1	4	5	8	+15%
2	4	5	8	+12%
1	3	6	8	+9%
2	3	6	8	+6%
1	4	6	8	+3%
2	4	6	8	0
1	3	5	7	0
2	3	5	7	-3%
1	4	5	7	-6%
2	4	5	7	-9%
1	3	6	7	-12%
2	3	6	7	-15%
1	4	6	7	-18%
2	4	6	7	-21%

（4）自动补偿式交流稳压器的电气特性。

APC 系列自动补偿式交流稳压器的电气特性如下。

① 输入电压范围：165~275V。

② 输入频率范围：47~63Hz，输出频率与市电同步。

③ 稳压精度：≤±3%。

④ 输入功率因数：0.95~1。

⑤ 输出功率因数：0.7~1。

⑥ 输出波形附加失真度：≤1%。

⑦ 反应时间：≤4ms/s。

⑧ 满载效率：≥95%。

⑨ 噪声：≤45dB。

⑩ 具有过载保护、过压/欠压保护、异常自动旁路功能。

（5）自动补偿式交流稳压器的特点。

① 性能好，效率高。各项指标和效果均优于电源屏中常用的参数稳压器、感应调压器式交流稳压器。

② 输入功率因数高。在输入电压和负载变化的整个范围内，稳压器本身不会产生非线性电流成分，为净化电网环境提供了可靠保证。

③ 输出负载适应能力强。对各种非线性（强容性、强感性、冲击性等）负载都能可靠无误地供电。

④ 动态性能好。对输入电压的突然变化，输出电压的调整时间为80ms。

⑤ 电路中不存在铁磁谐振非线性电路环节，因而无附加波形失真。

⑥ 当输入电源频率变化及输入电压或输出负载电流存在非线性成分时，受到的影响小于其他类型电源。

⑦ 无机械传动和触点磨损，可靠性高，噪声低，成本低。

4．稳压变压器

稳压变压器属于铁磁谐振式交流稳压器，依靠铁磁谐振使输出线圈所在的铁芯处于磁饱和状态而达到稳压的目的。稳压变压器具有稳压、变压双重功能。

（1）铁磁谐振原理。

当电路中激励的频率等于电路的固有频率时，电路的电磁振荡的振幅也将达到峰值。电路此时的状态称为谐振状态。在线性电感和电容相串联或并联的线性电路中，改变线性电感量或电容量可使电路产生谐振。由电感 L 和电容 C 组成的，可以在一个或若干个频率上发生谐振现象的电路，统称为谐振电路。

固定电源频率和电容量，调节线性电感，是调谐的方法之一。线性电感的改变只能通过改变线圈的匝数或铁芯的位置来实现。在线圈匝数和铁芯位置固定时，改变线圈两端的电压不会使电感量发生变化。

如果电感线圈的铁芯工作于饱和状态，那么线圈两端电压的改变将会引起电感量的改变，这种电感称为非线性电感。

由非线性电感与线性电容器所组成的串联或并联电路，可通过改变外加电压使电路达到谐振，这种谐振称为铁磁谐振。

如图 2-35（a）所示，调压变压器的输出端并接一个带铁芯的电感线圈 L 和电容器 C，它们组成了并联谐振电路。在电源频率一定的情况下，调节变压器次级电压时，L 支路和 C 支路中的电压、电流的变化关系如图 2-35（b）所示。在 L 支路中，当 $I_L=0$ 时，$U_L=0$。此后，当 I_L 逐渐增大时，U_L 也随着升高。但到后来，I_L 再增大，U_L 却几乎不再升高，这是因为铁芯已趋于饱和。而在 C 支路中，只要在电容器的耐压范围内，I_C 与 U_C 总是成正比地增大。

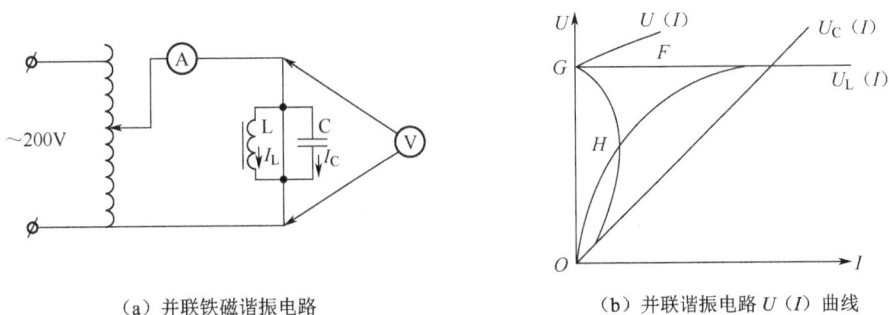

（a）并联铁磁谐振电路　　　　　　　　（b）并联谐振电路 U（I）曲线

图 2-35　并联铁磁谐振电路

对整个电路来说，开始 U、I 由零逐渐增加，如图 2-35（b）中的 OH 段曲线所示。但当 U 继续升高时，I 反而减小，如 HG 段曲线所示。当 U 调至 U_G 时，$I=0$，即图中的 G 点。此时 LC 并联电路的总电流为零，即处于该电路的阻抗达到最大值时的谐振状态，称为并联铁磁谐振。如果再继续调节电压，使 U 高于 U_G，此后电流即使有较大的变化，LC 并联电路的输出电压也几乎不再发生变化，如图中的 GF 段。

同样，非线性电感与线性电容器串联，通过改变外加电压，也能产生串联铁磁谐振。不论是并联谐振还是串联谐振，一旦电路谐振之后，次级铁芯就进入饱和或加深饱和状态，从而使次级铁芯的磁通几乎恒定。因此，输出电压维持恒值，起到稳压的作用。线圈的铁芯对于外加电压的变动十分"迟钝"，利用这种"惰性"即可进行稳压，制成铁磁谐振式交流稳压器。

（2）稳压变压器的结构及稳压原理。

稳压变压器在单一铁芯上同时实现稳压和变压双重功能，既不同于普通的电源变压器，也不同于一般的磁饱和电抗器。它具有以下优点：

① 稳压变压器具有较大的时间常数，对外来冲击干扰具有缓冲能力。

② 它的主磁路是封闭的，所以泄漏较小，效率较高，对其他电子设备的干扰小。

③ 结构简单，工作可靠，维护方便，经济耐用，是一种性能优越的稳压设备。

信号电源设备中的稳压变压器多采用外铁式结构，是用"日"字形铁芯增加磁分路后构成的，如图 2-36 所示。磁分路将原有的两个窗口再一分为二，使铁芯变成"田"字形。

在中间主铁芯上绕着初级绕组、谐振绕组和负载绕组。初级绕组位于上部，接入电源。谐振绕组和负载绕组位于下部，谐振绕组和电容器组成谐振电路，负载绕组和负载连接，供输出电压。

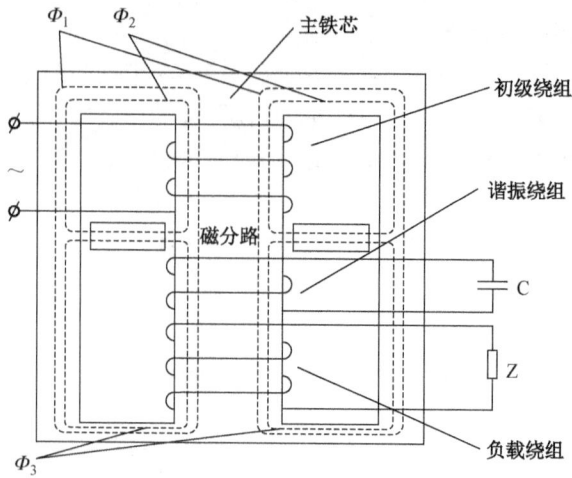

图 2-36　稳压变压器的结构

在初级和次级（包括谐振绕组和负载绕组）间有磁分路。磁分路由硅钢片叠成。磁分路用于分路过剩的磁通。这样，磁路就分为 3 个回路，一个连着初、次级绕组，另一个只连着初级绕组，还有一个只连着次级绕组，后两个回路是互相隔离的。

在初级还绕有与负载绕组反向连接的补偿绕组，它的感应电压与输出电压反向叠加，以进一步提高稳压精度。当输入电压较高时，负载绕组两端的电压略有升高，补偿绕组两端的电压也有所升高，因它们反向串联，只要配合恰当，负载绕组两端升高的电压几乎与补偿绕组两端升高的电压相抵消，使输出电压近于不变。

（3）稳压变压器的特性。

稳压变压器不同于一般的变压器，有其独特的工作特点，即它的初级工作在非饱和状态，而次级工作在饱和状态。次级之所以饱和，是由谐振绕组与谐振电容器产生并联铁磁谐振所致。磁分路为部分初级绕组产生的磁通提供了直接返回初级的通路，而不与次级相交链，同时也为部分次级磁通返回次级提供回路，而不与初级相交链。

稳压变压器与普通变压器一样具有初级和次级隔离、变压、多组输出等功能，可做成低压多组输出的形式来代替普通的电源变压器。而且，它具有普通变压器所没有的稳压功能。

由于稳压变压器的初级和次级由磁分路隔开，相互间有一定距离，其间的分布电容很小，从电源引入的干扰信号不易耦合到次级。谐振电容器对于干扰信号的旁路作用及饱和工作状态则进一步抑制了干扰，因此，稳压变压器具有一定的抗干扰能力。

稳压变压器的不足之处：

① 输出负载性能较差，负载由空载到满载变化时，输出电压变化在 3% 左右；

② 输出波形有较大失真，特别是输入电压偏高和轻载时，输出波形近似梯形波；

③ 输出电压对频率极敏感，当输入电源频率变化 1% 时，输出变化 2% 左右，这就限制了它在电网频率变化较大的场合下的使用，解决的方法是采用电压反馈来控制频率变化，使输出电压保持稳定；

④ 温升高，噪声大。

5. 参数稳压器

参数稳压器实物图如图 2-37 所示。参数稳压器是一种新型的交流稳压器，它集隔离变压、稳压、抗干扰、净化功能于一身，具有稳压范围宽、精度高、响应速度快、抗干扰能力强、负载短路自动保护、高可靠、长寿命等一系列优点，尤其是能有效滤除电网及负载所产生的各种频率的正、负脉冲和浪涌电压，输出正弦波。

（1）参数稳压器的结构。

参数稳压器的主要部件是参量变压器，其内部结构如图 2-38 所示。磁路由两个 C 形铁芯组成，其中一个转动了 90°。在两个铁芯上分别绕有初级绕组和次级绕组。

图 2-37　参数稳压器实物图

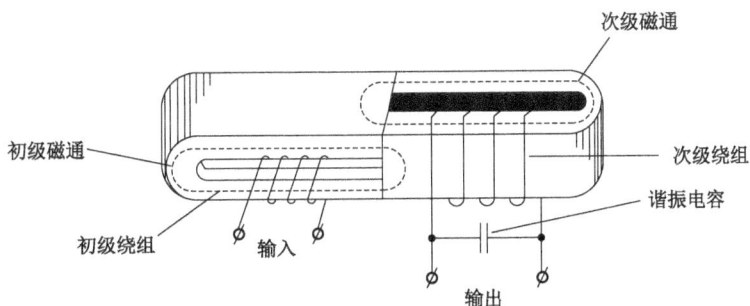

图 2-38　参数稳压器的内部结构

在参数稳压器中，初级绕组的电流对次级绕组的电感进行调制。这是因为铁磁材料在磁化时存在着饱和、磁滞现象，它的导磁率取决于磁化程度和磁化过程，即随着磁化电流的变化而变化。它不是一个定值，而是磁路中磁通密度的函数。初级绕组的一部分磁通通过次级铁芯，使得次级绕组的电感不是一个定值，而是随着初级绕组电流的大小而改变，成为非线性电感。次级绕组的两端又接有电容器，它们构成谐振回路。当次级电感达到一定数值时，谐振电路即产生振荡，输出稳定的正弦波。

谐振回路产生振荡及负载均需要能量，这些能量是由初级绕组经参量耦合提供的。它与稳压变压器不同，两个绕组的磁路不是互相耦合，而是单独存在的。

（2）参数稳压器的工作原理。

参数稳压器的等效电路图如图 2-39 所示。W_a、W_b 为初级绕组，W_c 为次级绕组，W_d 为补偿绕组。W_a 和 W_c 提供参量耦合的能量，W_b 为 W_d 提供磁耦合的能量。C_1 和 C_2 合起来为谐振电容，和 W_c 构成谐振回路。W_c 和 W_d 反向串联后输出。C_1 和 L_1 及 C_2 和 L_2 构成滤波电路用来滤除谐波。

（3）参数稳压器的特点。

① 参数稳压器具有满载起振、软启动功能，限制了启动电流，减少了对电源的冲击。

② 参数稳压器的稳压范围特别宽，单相输入为 120～300V，三相输入为 260～460V，这是其他类型的交流稳压器所不及的。

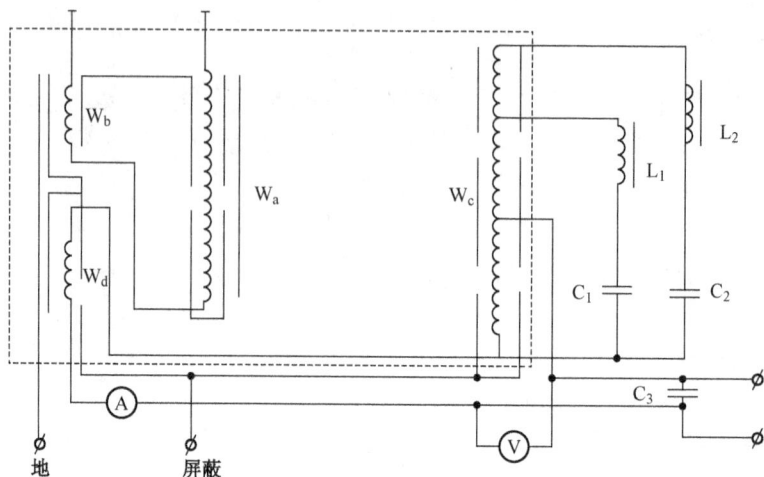

图 2-39　参数稳压器的等效电路图

③ 参数稳压器对干扰的抑制能力也是目前各类稳压器中最好的。即使初级电压为方波，参数稳压器仍具有带通滤波作用，保持正弦波形输出，相对谐波含量不大于 3.5%。

④ 它具有较强的过载能力，当负载短路或内部组件损坏时具有自动保护特性，此时谐振电路失谐，输出电压自动降至零。短路消除后能自动恢复工作，总恢复时间为 10～90ms。输入过电压时，即使两倍电源电压冲击，也不会出现过压输出。

⑤ 其功率因数高，机内无有源器件，故障率低，寿命长。

参数稳压器的缺点是温升较高、噪声较大、频率特性较差、初级空载电流较大。

使用参数稳压器时，屏蔽、铁芯接地端子应连接后由专用地线（接地电阻小于 4Ω）接地。当有负载地线时，可连接于负载系统地线。当负载短路时，虽有自动保护功能，但仍须关机检查，消除短路后再开机。

6. 交流稳压器的常见故障及处理

交流稳压器的常见故障及处理如表 2-3 所示。

表 2-3　交流稳压器的常见故障及处理

序　号	故　障	原　因	排除方法
11	不能开机	① 输入电源接线相序错误或电网异常（缺相、电压超出输入范围）。 ② 机内空气开关未合闸或损坏	① 调换任意两根电源接线，或检查电源线路是否正常。 ② 合闸或更换空气开关
22	不能稳压	① 取样变压器损坏。 ② 控制线路板损坏。 ③ 电动机损坏。 ④ 机械系统故障。 ⑤ 负载反馈高次谐波	①、②、③、④项修理或更换。 ⑤取样变压器电源加装滤波器和净化信号
33	稳压动作仅一个方向	① 行程限位开关常闭触头开路或损坏。 ② 手动/自动转换开关触头损坏。 ③ 控制板上的 KC1、KC2、升降压继电器损坏	更换

续表

序号	故　障	原　因	排除方法
44	电压没有输出	① 停止按钮 SB3 常闭触头开路。 ② 稳压按钮 SB4 触头损坏。 ③ 主回路上的接触器 KM 损坏。 ④ 故障保护	①、②、③项修理或更换。 ④项查看是否有故障（过压、欠压、相序、逆相）
5	经常出现跳闸	① 控制线路板上过压值未调整好。 ② 控制线路板上的电阻变值。 ③ 缺相灵敏度太高	专业人员调整或修理

任务 2.5　开关电源认知

2.5.1　工作任务

认知开关电源技术。

2.5.2　知识链接

开关电源（Switch Mode Power Supply，SMPS）被誉为高效节能型电源。开关电源本身消耗的能量低，电源效率比普通线性稳压电源提高了一倍，可达 85%以上。开关电源具有稳压范围宽、稳压精度高、不使用电源变压器等特点，广泛应用于各种电子设备中，已成为稳压电源的主流产品之一。

1. 开关电源的组成

开关电源的典型结构如图 2-40 所示，其工作原理是：市电进入电源首先经整流和滤波转为高压直流电，然后通过开关电路和高频开关变压器转为高频低压脉冲，再经过整流和滤波电路，最终输出低电压的直流电源。同时，在输出部分有一个电路反馈给控制电路，通过控制 PWM 占空比以达到输出电压稳定。

开关电源由以下 4 个部分构成。

（1）主电路：从交流电网输入，到直流输出的主要电路。主要包括输入滤波器、整流与滤波、逆变、输出整流与滤波。

① 输入滤波器：其作用是将电网存在的杂波过滤，同时也阻碍本机产生的杂波反馈到公共电网。

② 整流与滤波：将电网交流电源直接整流为较平滑的直流电，以供下一级变换。

③ 逆变：将整流后的直流电变为高频交流电，这是高频开关电源的核心部分，频率越高，体积、重量与输出功率之比越小。

④ 输出整流与滤波：根据负载需要，提供稳定可靠的直流电源。

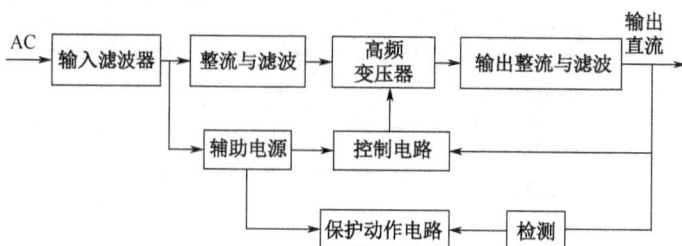

图 2-40　开关电源的典型结构

（2）控制电路：一方面从输出端取样，经与设定标准进行比较，然后去控制逆变器，改变其频率或脉宽，使输出稳定；另一方面，根据测试电路提供的数据，经保护电路鉴别，提供控制电路对整机进行各种保护措施。包括输出端取样电路、反馈电路和脉宽调制器。

（3）检测及保护电路：检测电路有过电流检测、过电压检测、欠电压检测、过热检测等；保护电路可分为过电流保护、过电压保护、欠电压保护、钳位保护、过热保护、自动重启动、软启动、缓启动等多种类型。

（4）其他电路：如锯齿波发生器、偏置电路、光耦合器等。

2．开关电源的基本原理

开关电源通过电路控制开关管进行高速的导通与截止，将直流电转化为高频交流电提供给变压器进行变压，从而产生所需要的一组或多组电压。

开关电源按控制原理来分类，大致有以下 3 种工作方式。

（1）脉冲宽度调制式，简称脉宽调制（Pulse Width Modulation，PWM）式。PWM 控制的基本工作原理就是在输入电压、内部参数或外接负载变化时，控制电路通过被控制信号（主要是输出电压）与基准信号的差值进行闭环反馈，调节主电路开关管的导通时间（脉冲的周期保持不变），即导通脉冲宽度，来达到稳定输出电压的目的，如图 2-41 所示。

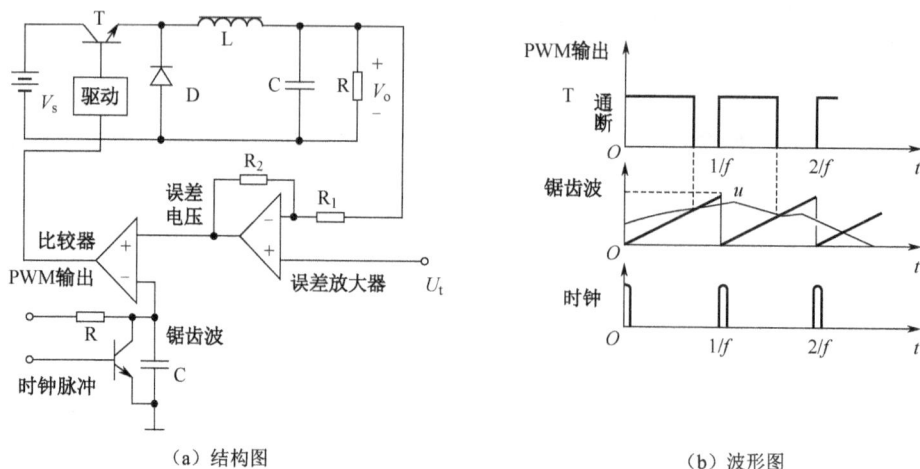

（a）结构图　　　　　　　　　　（b）波形图

图 2-41　PWM 的控制原理

图 2-41（a）中，锯齿波信号的频率和幅值固定不变，将输出电压与参考电压 U_t 通过运算放大器进行比较、放大及反馈得到误差电压，然后由误差电压与锯齿波电压的比较结

果产生 PWM 输出，并用来控制开关管 T 的导通和截止。如图 2-41（b）所示，T 的导通时间是锯齿波电压发生器的复位点和锯齿波与误差电压交点之间的时间。如果 U_e 是误差电压与锯齿波相交点的电压，U 是锯齿波电压的幅值，则占空比为 $D=U_e/U$。若输出电压比要求的电压低，则产生的误差电压大，由 $D=U_e/U$ 和图 2-41（b）可知，导通的脉宽加长，输出电压增加，从而达到稳定的目的。反之，若输出电压比要求的电压高，则产生的误差电压小，导通的脉宽变窄，导致输出电压降低，亦能达到稳定输出电压的目的。

PWM 是目前应用在开关电源中最为广泛的一种控制方式，主要特点是固定开关频率，通过改变脉冲宽度来调节占空比，实现稳压目的，其核心是脉宽调制器。它的优点是噪声低（因为以固定频率工作）、满负载时效率高且能工作在连续导电模式。缺点是受功率开关最小导通时间的限制，对输出电压不能做宽范围调节。此外，输出端一般要接假负载（也称预负载），以防止空载时输出电压升高。

（2）脉冲频率调制方式，简称脉频调制（Pulse Frequency Modulation，PFM）式。其特点是将脉冲宽度固定，通过改变开关频率来调节占空比，实现稳压的目的，即保持开关管的导通时间 t_{on} 一定，而改变其截止时间 t_{off} 来稳定输出电压，其核心是脉频调制器。其控制原理如图 2-42 所示。

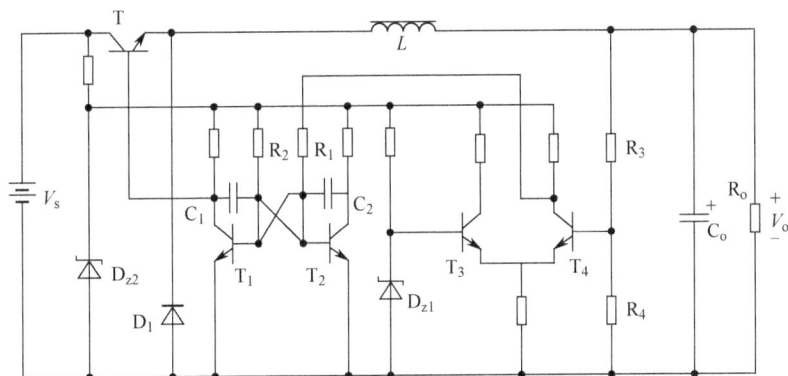

图 2-42　PFM 的控制原理

由三极管 T_3、T_4 构成的差分放大器与稳压管 D_{z1}，以及分压电阻 R_3、R_4 等一起组成取样电路和比较放大电路，三极管 T_1 和 T_2 等组成自激多谐振荡器。若电路的负载不发生变化，开关管 T 按多谐振荡器的电路常数所决定的周期周而复始地导通和截止，以获得稳定的平均输出电压。若负载变动而使输出电压下降，其变动部分则由电压比较器放大而成为误差信号，使多谐振荡器 T_1 输出低电位的时间 t_{off} 缩短，因而输出电压上升，补偿其下降部分。反之，由于负载变动而使输出电压上升时，则 t_{off} 增长，使输出电压下降以抵偿其上升部分。设开关管 T 的导通时间为 t_{on}，截止时间为 t_{off}，周期为 T，则 $T=t_{on}+t_{off}\approx0.7R_2C_2+t_{off}$（此处 R_2、C_2 分别是电阻 R_2、电容 C_2 的值，下同），控制电路在 T_1 的集电极输出宽度固定（$0.7R_2C_2$）的脉冲波，而 t_{off} 随误差信号（即输出电压的变化）而变，进行调频控制。

PFM 控制的主要优点是静态功耗很小，在轻负载时的输入电流只有 PWM 控制的 1/100～1/10。PFM 电路的缺点是不够稳定，电流波形中有阶梯状跳跃，且没有限流功能。

（3）PWM-PFM 混合调式。PWM 控制是靠改变开关管的导通时间 t_{on} 与周期 T（周期不变）之比来稳定输出电压的；PFM 控制是保持开关管的导通时间 t_{on} 一定，通过改变其截

止时间 t_{off} 来稳定输出电压的；而 PWM-PFM 控制则是靠改变 t_{on} 和 t_{off} 两个参数（$T=t_{on}+t_{off}$ 也同时变化）来实现输出电压的稳定的。

PWM 方式和 PFM 方式的调制波形如图 2-43 所示。

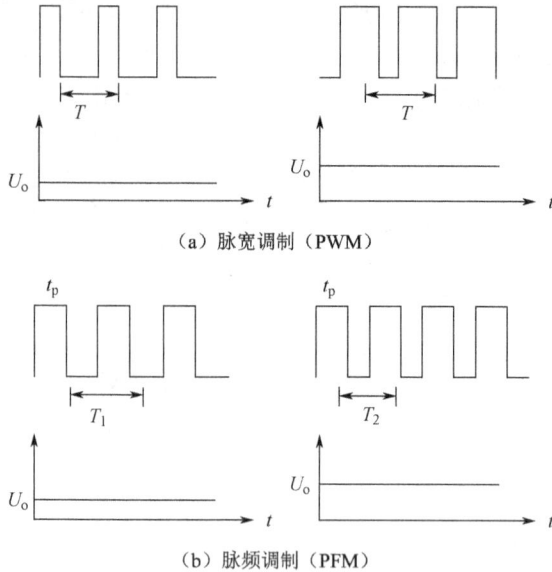

（a）脉宽调制（PWM）

（b）脉频调制（PFM）

图 2-43　两种控制方式的调制波形

t_p 表示脉冲宽度（即功率开关管的导通时间 t_{on}），T 代表周期。从中可以比较容易地看出两者的区别。但它们也有共同之处：

① 均采用时间比率控制（TRC）的稳压原理，无论是改变 t_p 还是 T，最终调节的都是脉冲占空比，尽管采用的方式不同，但控制目标一致，可谓殊途同归；

② 当负载由轻变重，或者输入电压从高变低时，分别通过增加脉宽、升高频率的方法使输出电压保持稳定。

以上 3 种工作方式统称为"时间比率控制"（Time Ratio Control，TRC）方式。需要指出的是，脉宽调制器既可作为一片独立的集成电路使用（如 UC3842 型脉宽调制器），也可被集成在 DC/DC 变换器中（如 LM2576 型开关稳压器集成电路），还能集成在 AC/DC 变换器中（如 TOP250 型单片开关电源集成电路）。其中，开关稳压器属于 DC/DC 电源变换器，开关电源一般为 AC/DC 电源变换器。

3．开关电源的发展趋势

（1）小型化、薄型化、轻量化、高频化。开关电源的体积、重量主要是由储能元件（磁性元件和电容）决定的，因此开关电源的小型化实质上就是尽可能减小其中储能元件的体积。在一定范围内，开关频率的提高，不仅能有效地减小电容、电感及变压器的尺寸，还能够抑制干扰，改善系统的动态性能，因此高频化是开关电源的主要发展方向。

（2）高可靠性。开关电源比连续工作电源使用的元器件多数十倍，因此降低了可靠性。从寿命角度出发，电解电容、光耦合器及排风扇等器件的寿命决定着电源的寿命。所以，要从设计方面着眼，尽可能使用较少的器件，提高集成度，采用模块化技术可以满足分布式电源系统的需要，提高系统的可靠性。

（3）低噪声。开关电源的缺点之一是噪声大，单纯地追求高频化，噪声也会随之增大。采用部分谐振转换回路技术，在原理上既可以提高频率又可以降低噪声，所以，尽可能降低噪声影响是开关电源的又一发展方向。

（4）采用计算机辅助设计和控制。采用 CAA 和 CAD 技术设计最新变换拓扑和最佳参数，使开关电源具有最简结构和最佳工况。在电路中引入微机检测和控制，可构成多功能监控系统，可以实时检测、记录并自动报警等。

（5）低输出电压技术。随着半导体制造技术的不断发展，微处理器和便携式电子设备的工作电压越来越低，这就要求未来的 DC/DC 变换器能够提供低输出电压以适应微处理器和便携式电子设备的供电要求。

2.5.3　相关规范、规程与标准

国家标准 GB/T 50438—2007《地铁运营安全评价标准》第 12 条"信号设备评价"相关条文。

项目小结

（1）变压器在铁路信号系统中的应用非常广泛，起变压、调压、隔离、测量等作用。铁路信号系统中所用的变压器有单相变压器，也有三相变压器，均为干式。变压器由铁芯和绕组组成。要正确使用变压器，保证变压器的正常运行，防止过电流和过电压现象。

（2）电源屏中的低压电器有开关、按钮、断路器和隔离器、交流接触器。它们构成控制和保护电路。其中交流接触器是常用的电器，它频繁地通、断电路。

（3）交流电动机将交流电能转换为机械能，由定子和转子组成。异步电动机应用最多，在电源屏用来驱动感应调压器。异步电动机的转子电流是感应而来的。小容量的三相异步电动机一般采用全压直接启动，改变三相交流电的相即能反转，多采用能耗制动。

（4）电源屏中交流稳压器采用的有感应调压式、自动补偿式、铁磁谐振式。感应调压器通过改变定子、转子绕组的夹角来稳压。自动补偿式稳压器由智能单元通过控制开关调整线性变压器的升压、降压或直通等状态来稳压。铁磁谐振式交流稳压器利用铁磁谐振形成磁饱和并进行铁磁谐振。稳压变压器和参数稳压器都是铁磁谐振式交流稳压器。

（5）电源性能优劣直接关系到电子设备的技术指标及能否安全可靠地工作。开关式稳压电源效率可达 85%以上，还具有稳压范围宽、稳压精度高、不使用电源变压器等特点，是一种较为理想的稳压电源。

复习思考题

1．简述双绕组变压器的结构及工作原理。
2．三相变压器绕组连接有哪些常见的方式？
3．简述三相异步电动机的组成及转动原理。

4. 有一台 Y225M-4 型三相鼠笼式异步电动机，额定数据如表 2-4 所示。

试求：（1）额定电流；（2）额定转差率 s_N；（3）额定转矩 T_N、最大转矩 T_{max}、启动转矩 T_{st}。

表 2-4　异步电动机的额定数据

功　率	转　　速	电　压	效　率	功 率 因 数	I_{st}/I_N	T_{st}/T_N	T_{max}/T_N（λ）
45kW	1480r/min	380V	92.3%	0.88	7.0	1.9	2.2

5. 如何实现电动机的反转？如何实现电动机的制动？

6. 画出开关、按钮、交流接触器及断路器符号。

7. 画出继电器线圈符号和接点符号。

8. 交流接触器由哪些部分组成？其触头有哪几种类型？要加灭弧装置的是哪些触头？

9. 交流接触器和继电器有什么区别？

10. 什么是电流互感器？使用电流互感器时应注意哪些事项？

11. 三相异步电动机的异步主要体现在哪里？

12. 信号电源设备中常用的交流稳压器有哪些？

13. 简述感应调压器的稳压原理。

14. 简述自动补偿式交流稳压器的稳压原理。

15. 什么是铁磁谐振？

16. 简述稳压变压器的稳压原理。

17. 简述开关电源的组成及发展趋势。

18. 简述开关电源的基本工作原理。

项目 3　信号电源屏维护

项目引导

信号电源屏是城市轨道交通信号系统的重要配套设备。为适应多种类信号设备用电及工作可靠性的要求，信号电源屏应具备较强的兼容性和可靠性。轨道交通常用的信号电源屏包括：继电联锁中站、大站电源屏，计算机联锁电源屏，25Hz 信号电源屏等。

任务 3.1　继电联锁信号电源屏维护

3.1.1　工作任务

认知继电联锁信号电源屏并能按要求进行维护。

3.1.2　知识链接

1. 信号电源屏的分类

（1）按用途分类。

信号电源屏按用途分为站内设备供电和区间设备供电等。站内设备按道岔组数确定电源容量，分为小站电源屏、中站电源屏和大站电源屏；区间设备按闭塞分区数量确定电源容量。

（2）按技术方案分类。

信号电源屏按技术方案分为铁路信号电源屏和铁路信号智能电源屏。智能电源屏又分为普速铁路电源屏、高速铁路电源屏两种。

（3）按应用范围分类。

信号电源屏按应用范围分为国家铁路电源屏和城市轨道交通电源屏。

（4）按供电对象的性质分类。

① 信号表示设备供电：主要包括信号点灯、50Hz 和 25Hz 轨道电路、道岔表示、站间联系等供电。

② 动力转换设备供电：主要是道岔转辙机。

③ 信息设备供电：主要包括信息的产生和传输设备，如计算机联锁机及执行设备、自动闭塞移频信息设备，以及 DMIS、CTC、计算机监测等。

2. 信号电源屏的技术要求

信号设备对供电的三大基本要求是可靠、稳定和安全。电源屏技术标准中规定了信号电源屏的技术要求，主要包括以下内容。

（1）输入电源。

信号电源屏要有两路独立的交流电源供电，两路输入电源允许偏差范围，单相电压为 AC 220^{+33}_{-44} V，三相电压为 AC 380^{+57}_{-76} V，频率为（50 ± 0.5）Hz，三相电压不平衡度，电压波形≤5%，失真度≤5%。

（2）输入电源供电方式及转换时间。

① 供电方式：采用输入配电一主一备的工作方式。正常情况下可靠性较高的Ⅰ路电源供电，Ⅰ路电源故障时，自动切换到Ⅱ路电源供电，并应有手动转换和直供功能。

② 转换时间：两路电源的切换时间（包括自动或手动）不大于 0.15s。

（3）电气参数。

① 额定工作电压：电源屏常用的额定工作电压优选值如下。

输入回路：AC 220V、380V。

输出回路：AC 6V、12V、24V、36V、48V、110V、127V、180V、220V、380V，DC 6V、12V、24V、36V、48V、60V、110V、220V。

② 额定功率：电源屏常用的额定功率为 2.5kV·A、5kV·A、10kV·A、15 kV·A、20kV·A、25kV·A、30kV·A、50kV·A、60kV·A。

③ 额定工作制：正常情况下，继电器电源、信号机点灯电源、轨道电路电源、道岔表示电源、稳定备用电源、不稳定备用电源为不间断工作制；电动转辙机电源为短时工作制；闪光电源为周期工作制。

（4）悬浮供电及隔离供电。

电源屏的交流、直流输出电源应采用对地绝缘的悬浮供电，输出电源端子对地绝缘电阻应符合要求。电源屏采用各种隔离供电的方式，并应根据系统要求合理分束，分别提供各路供电电源。

（5）闪光电源。

电源屏的输出闪光电源，其通断比约为 1：1，室内闪光频率为 90～120 次/min，室外闪光频率为 50～70 次/min。

（6）三相电源供电及相序检测。

电源屏供给各种负荷的容量应合理分配，当输入为三相交流电源时，各相的负荷应力求平衡。

当车站装有三相交流转辙机时，电源屏的三相交流输出电源供电，必须设置相序检测装置，在三相断相或错相时发出报警信号。

（7）不间断供电。

对于有不间断供电要求的场合，应设置不间断供电电源，电源屏的不间断供电功能应符合国家标准 GB/T 14715—1993《信息技术设备用不间断电源通用技术条件》的规定。

（8）过流、短路保护。

电源屏的各供电回路电源、各功能模块必须具有过流及短路保护功能。

① 当采用断路器作为过流保护时，断路器应符合国家标准 GB/T 14048.2—2008《低压开关设备和控制设备 第 2 部分：断路器》的规定。

② 过流保护器件应能满足额定电流下长时间正常工作的要求。

③ 当负荷发生短路故障时，保护器件应立即切断电源供电。

④ 电源屏的短路保护器件之间应具有保护选择性，即在任一个输出回路短路时应利用安装在该故障回路的开关器件使其消除，而不影响其他回路正常供电。

（9）雷电防护。

电源屏应考虑对雷电感应过电压的防护措施（不考虑直接雷击电源屏的防护）。具体雷电防护应满足以下要求。

① 电源屏防雷元件的选择应考虑将雷电感应过电压限制到电源屏所能承受的冲击耐压水平以下。

② 防雷元件不应影响被防护电源屏的正常工作。

③ 采用多级防护时，多级防护元件要合理配置。

④ 被保护电源屏与防护元件间的连线应尽量短，防护电路的配线与其他配线应分开，其他设备不应借用防雷元件的端子。

电源屏防雷系统应统筹考虑，雷电防护器件可设在电源屏外。

（10）保护接地。

① 电源屏的变压器铁芯、电流互感器的二次回路、电动机及其他金属外壳部件应在电气上相互连接，并连接至保护接地端子。

② 电源屏的保护电路可由单独设置的保护导体或可导电的结构件构成，接地端子与各保护接地的接触电阻值应≤0.1Ω。

③ 所有电路元件的金属外壳须用金属螺钉与已经接地的金属构件良好搭接。

④ 保护导体应能承受设备的运输、安装时所受的机械应力、在短路故障时所产生的机械应力和热应力，其接地连续性不能破坏。

⑤ 保护接地端子应设置在便于接线之处，不得兼作他用，而且当外壳或任何可拆卸的部件移去时仍应保持电器与保护接地导体之间的连接。保护接地端子螺钉应不小于 M6，保护接地端子不允许连接到三相电源的中性线上。

（11）温升。

电源屏的绝缘、元器件、端子、操作手柄的温升不应超过规定的限值。

（12）介电性能。

① 绝缘电阻。在温度为 15～35℃，相对湿度为 45%～80%的气候条件下，电源屏输入、输出端子对地的正常绝缘电阻应不小于 25MΩ。经过交变湿热试验后，其潮湿绝缘电阻值不小于 1MΩ。

② 电源屏额定冲击耐受电压应按规定执行。

③ 工频耐压试验电压应按规定要求执行。

（13）噪声。

在额定输入电压及额定负载的条件下，电源屏的整机噪声不超过 65dB。

（14）指示灯、指示仪表、报警。

① 指示灯：电源屏应设置清晰可见的指示灯，包括两路电源有电表示、两路电源中工作电源表示、主屏工作表示和备用屏有电表示（采用主、备屏工作方式的电源屏）、各种输出电源正常工作状态指示、输出电源故障指示。

指示灯应安装在电源屏前面板或模块前面板显著位置。

指示灯的颜色规定为：白色，输入回路工作、工作状态指示、输出回路工作；红色，输入有电、电源屏故障。

② 指示仪表：电源屏应设置两路电源输入电压、整机输入电流、各主要回路输出电压和电流的指示仪表。仪表应安装在电源屏前面板的显著位置且精度不低于 2.5 级。

③ 报警：电源屏应设灯光、音响报警。对于两路输入电源转换报警是向控制台提供主、副电源工作状态。对输出电源故障、三相电源断相、三相电源错序（有相序要求的输出回路）、稳压（调压）装置故障设音响报警。

（15）寿命和可靠性。

电源屏内的关键部件，如接触器、继电器、断路器、开关等，其机械寿命应符合 GB/T 14048 和相应产品标准的规定，变压器的电寿命应为 15 年。

（16）冗余及维护。

电源屏各供电电源必须有备用的，当任何一供电回路故障或维修时，应转换至备用供电回路继续供电，可采用 1+1 主备方式，也可采用 n+1 主备方式。

3. 中站信号电源屏

中站信号电源屏根据所采用的稳压器不同，可分为感应调压式、参数稳压式和无触点补偿式；根据输出容量的不同，又可分为 5kV·A 和 10kV·A 这两种。

中站信号电源屏由 3 面屏组成：一面中站调压屏，两面中站交、直流屏。

中站调压屏引入外网提供的两路单相输入，在调压屏中实现主、副电源的切换和单相稳压。交、直流屏输出中站继电联锁设备所需的各种交、直流电源，各交、直流电源的参数如表 3-1 所示。中站信号电源屏供电示意图如图 3-1 所示。本任务主要介绍感应调压式的中站继电联锁电源屏相关知识，并以 PYT-10Y 型中站调压屏和 PYJZ-10Y 型中站交、直流屏为例来介绍。

表 3-1　交、直流屏电源的参数

类　别	输出容量	电压/V	最大输出电流/A	功率/kV·A
感应调压输出回路		AC 220		10
输出回路	信号机点灯电源	AC 220	4×2	
	轨道电路电源	AC 220	5×2	
	道岔表示电源	AC 220	2	
	表示灯电源	AC 24	20	
	闪光电源	AC 24	2	
	继电器电源	DC 24	15	
	电动转辙机电源	DC 220	16	
	闭塞电源	DC 24、36、48、60	0.5×4	

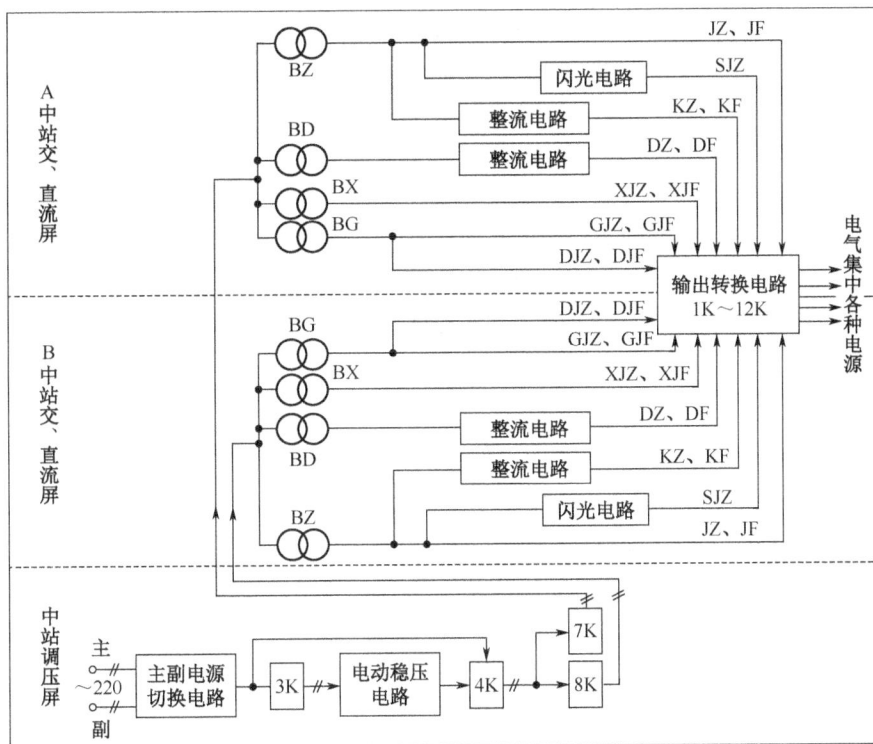

图 3-1　中站信号电源屏供电示意图

（1）电源屏电路分析。

① 调压电源屏电路。

调压电源屏输入端从外网引入两路单相 220V 市电输入，在输入切换电路中可实现两路电源手动与自动之间的切换。保证一路可靠的稳定输入引至单相感应调压器来实现稳定交流的输出。调压电源屏输入电压要求：220(1-15%)～220(1+15%)V；输出电压要求：220(1-3%)～220(1+3%)V。调压电源屏电路见书末附图 1。

a. 两路电源切换电路。

两路电源中，一路电源供电，另一路电源备用。可以根据需要在两路电源之间实现手动与自动的切换。由 I 路电源还是 II 路电源供电，取决于交流接触器 1XLC 励磁还是 2XLC 励磁。

I 路：1XLC 励磁电路。开机时，首先闭合开关 1K（1YLD 点亮），随即再闭合开关 2K（2YLD 点亮），在闭合 1K 后还没来得及闭合 2K 的瞬间，1XLC 首先励磁（1XLC 励磁电路：1D-1—1K 1-2—1XLC A_1-A_2—2XLC 21-22—1HK 1-2—1K 4-3—1D-2），闭合隔离开关 3K，I 路电源经 1XLC 两组主触头（L_1-T_1、L_2-T_2）送到稳压电路。此时 1YBD 点亮，表示 I 路电源正在供电。

II 路：2XLC 励磁电路。当 I 路电源出现供电故障或需要检修，按下手动切换开关 1HK 时，1XLC 励磁电路被断开，1XLC 失磁时 1XLC 21-22 常闭辅助触头闭合，接通 2XLC 励磁电路（2XLC 励磁电路：1D-4—2K 1-2—2XLC A_1-A_2—1XLC 21-22—2HK 1-2—2K 4-3—1D-5），即改由 II 路电源供电。闭合 3K，II 路电源经 2XLC 两组主触头（L_1-T_1、L_2-T_2）送到电源调压屏。此时 2YBD 点亮，表示 II 路电源正在供电。

注意：开机时 1K、2K 要依次闭合，确保Ⅰ、Ⅱ两路电源一路主用，另一路备用，而不会造成全站断电。两路电源的手动转换通过按压开关 1HK、2HK 进行，由Ⅰ路电源转换至Ⅱ路电源供电，按下 1HK；而由Ⅱ路电源转换至Ⅰ路电源供电，按下 2HK。Ⅰ、Ⅱ两路切换过程中，2FMQ 鸣响报警，通过扳动 K 来切断报警。

b．单相稳压电路。

中站调压电源屏采用单相感应调压器实现稳压。具体稳压电路主要由控制电路、驱动电路、调整电路组成。稳压过程有手轮调压和自动调压两种方式，其额定输出电压为220V。当外电网电压波动在 176～253V 范围内时，经稳压可将其输出电压稳定在 220（1±3%～4%）V 范围内。

（b-1）控制电路。

控制电路包括比较放大电路（电压控制板盒 YKBH）和控制继电器电路。控制继电器电路又包括自动控制电路和手动控制电路。

● 比较放大电路（YKBH）。

比较放大电路通过对稳压器输出信号进行采样，将采样信号与基准信号进行比较，根据比较的结果控制 JG、JD 两个继电器的状态。

自动控制电路由变压、整流、滤波、取样、比较、放大和继电器等组成，除继电器（JG、JD）外，集成为一个电压控制板盒 YKBH。

将万能转换开关 WHK 置于自动位置（3-4、7-8 接通），即接通自动控制电路。电压正常无须调压时，JG、JD 都落下。当外电网电压升高（降低）时，输出电压相应升高（降低），由 WHK 7-8 提供的取样电压也升高（降低），将采样信号与基准电压范围进行比较，输出电压超上限（下限）时，YKBH 控制 JG（JD）吸起。JG 61-63（JD 42-43）使 JYJ（SYJ）励磁吸起。驱动电动机即带动 GTY 向降压（升压）方向旋转。当电压调至额定值时，取样电压和基准电压相等，YKBH 控制 JG（JD）落下，即自动降压（升压）结束。

● 控制继电器电路。

控制继电器电路由升压继电器 SYJ，降压继电器 JYJ，保护板盒 HBH，万能转换开关 WHK，自复式按钮 1KA、2KA，以及行程开关 3KA、4KA 等元器件组成。通过万能转换开关 WHK 来选择手动或自动调压方式。3KA、4KA 是感应调压器的行程开关，分别在电压调至上限（下限）时自动断开调压电路，并接通电铃 DL 电路进行报警。保护板盒 HBH 的 41-42 接点接在 SYJ 励磁电路中，当电压调至过高时 HBH 41-42 断开，断开 SYJ 电路并接通 DL 报警电路，使电压不致过高。

➤ 自动控制电路。

将 WHK 置于"自动"位置（3-4、7-8 接通）。当采样信号在基准电压允许波动范围之内时，JD、JG 都落下，SYJ、JYJ 都落下，电动机不转，感应调压器不调压。

当输出电压低于基准电压下限时，JD 吸起，使 SYJ 励磁（ⓖ—WHK 3-4—JD 42-43—JYJ 51-53—SYJ 1-2—4KA 1-2—HBH 41-42—ⓗ），此时升压红灯 SHD 点亮。当输出电压高于基准电压上限时，JG 吸起，使 JYJ 励磁（ⓖ—WHK 3-4—JG 61-63—SYJ 51-53—JYJ 1-2—3KA 1-2—ⓗ），此时降压绿灯 JLD 点亮。

➤ 手动控制电路。

手动调压时，将 WHK 置于"手动"位置（5-6 接通）。手动调压通过两个自复式按钮

1KA、2KA 实现：手动升压按下 1KA，手动降压按下 2KA，手松开后按钮自动复原，调压结束。

采样电压低于额定值时，按下升压按钮 1KA，1KA 3-4 接通 SYJ 励磁电路。松开 1KA，SYJ 落下，手动升压结束。采样电压高于额定值时，按下降压按钮 2KA，2KA 3-4 接通 JYJ 励磁电路。松开 2KA，JYJ 落下，手动降压结束。

（b-2）驱动电路。

由三相异步电动机来完成驱动。三相电动机电源由输入的单相电源经电感 L、电容 C 移相而成，由 SYJ 和 JYJ 控制电动机的转向。采样信号在基准电压允许波动范围内时，SYJ、JYJ 均落下，电动机无电，感应调压器不调压。

当输出电压低于下限（高于上限）时，控制电路使 SYJ（JYJ）励磁。用其前接点接通驱动电动机的定子电路，定子三相绕组电流相序为 A—B—C（C—B—A），电动机逆时针（顺时针）旋转，带动感应调压器朝升压（降压）方向转动，直到输出电压升至额定范围。

调压刚刚结束时，防止电动机由于惯性作用使电压过调而需要对电动机实施制动。单相感应调压器采用的是直流制动原理，通过整流桥 1GZ 产生直流电。无须调压时，SYJ 和 JYJ 均落下，制动继电器 ZDJ 落下，电动机不转，直流电未接通。正在调压时，SYJ 或 JYJ 吸起，电动机转动，ZDJ 励磁，C_2 充电。此时制动直流通过 SYJ 或 JYJ 后接点断开。调压刚刚结束时，SYJ 和 JYJ 都落下，C_2 对 ZDJ 放电使其缓放。此时，制动直流电源才加到电动机上产生制动作用。调节 C_2 容量或 R_2 阻值可调整 ZDJ 的缓放时间，即制动时间。

（b-3）调整电路。

驱动电动机的正转或反转将带动单相感应调压器（GTQ）进行电压调整，完成升压或降压工作，使输出电压稳定在基准电压允许波动的范围内。开关 3K 闭合，4K 置于 1-2、3-4 接通位置，确保感应调压器的输入、输出均处于接通状态。

② 交直流电源屏电路。

PYJZ-10Y 型中站交直流屏供给电气集中联锁设备所需的各种交流、直流电源，由 A、B 两面屏组成，一面主用，一面备用，两面屏可实现手动切屏。经调压电路输出的稳定交流电源由 7K 或 8K 引至本屏，在屏内通过隔离、变压、整流、滤波等电路，分别向控制台表示灯、继电器、电动转辙机、信号点灯电路、轨道电路、道岔表示电路、闭塞设备进行供电。交直流屏电路见书末附图 2。

a．控制台表示灯电源（JZ、JF）。

表示灯电源由变压器 BZ 隔离、降压，要求供出 AC 24V 电源。

b．继电器电源（KZ、KF）。

额定输出电压为 DC 24V。整流变压器 BZ 实现隔离降压，经 1GZ、电感 L、电容 C 实现单相全桥整流、滤波，输出较稳定的 DC 24V 电源。

c．电动转辙机电源（DZ、DF）。

220 V 整流器的电路原理同 24 V 整流器，额定输出电压为 220 V。

d．信号点灯电路电源（XJZ、XJF）。

信号点灯电源由变压器 BX 分两束隔离供电，要求供出 AC 220 V 电源。

e．轨道电路电源（GJZ、GJF）。

轨道电路电源由轨道变压器 BG 分两束隔离供电，输出 AC 220 V 电源。

f. 道岔表示电路电源（DJZ、DJF）。

道岔表示电路电源也是由轨道变压器 BG 供出 AC 220V 电源。

g. 闭塞电源和方向电源（Z、F）。

由变压器 ZBF 实现隔离变压，输出绕组分别接上 4 个整流桥 4GZ～7GZ 实现整流作用，最终输出闭塞Ⅰ、闭塞Ⅱ、上行方向、下行方向电源（改变次级抽头，可分别输出 DC 24/36/48/60V 电压）。

交直流屏每个电源模块输出端均并联一个监督继电器，共设有 12 个监督继电器：BSJ、JDJ、DDJ、1XHJ、2XHJ、1GDJ、2GDJ、DBJ、1BJ～4BJ。电源模块正常工作时，12 个监督继电器都吸起，通过监督继电器的前接点分别点亮 8 个工作表示灯 SBD、JBD、DBD、XBD、GBD、CBD、1/2BBD、3/4BBD；任一模块故障时，对应的监督继电器落下，相应的工作灯熄灭，监督继电器的后接点并联电路接通，接通蜂鸣器 FMQ 和故障红灯 GHD 电路进行声光报警。值班人员根据报警信息观察屏面上 8 个指示灯的状态并对灭灯模块进行记录，接下来实现故障屏到备用屏的手动切换。转换至备用屏后，拉断故障屏输入开关，GHD 熄灭，FMQ 报警声切断。

两面交直流屏在切屏过程中，故障屏和备用屏中均有监督继电器吸起，各屏的 4D-1、4D-2 端子接通，且串联后使调压屏中的故障红灯 GHD、蜂鸣器 1FMQ 电路接通进行报警，表明此时两屏正在进行转换。转换完毕报警电路自动断开。

交流电流表与电流互感器配合，用来测量各模块的输出电流；交流电压表和万能转换开关配合，用来测量各模块的输出电压。

（2）中站继电联锁信号电源屏的操作。

① Ⅰ路、Ⅱ路输入电源手动切换。

a. Ⅰ路—Ⅱ路：1YLD、2YLD、1YBD 点亮，2YBD 熄灭，此时按压 1HK 直至 1YBD 熄灭、2YBD 点亮，手动闭合 1HK 即可。

b. Ⅱ路—Ⅰ路：1YLD、2YLD、2YBD 点亮，1YBD 熄灭，此时按压 2HK 直至 2YBD 熄灭、1YBD 点亮，手动闭合 2HK 即可。

② 稳压器操作。

a. 甩开稳压器：首先将 4K 扳至 1'-2'、3'-4'接通位置，再断开 3K，使稳压器完全断电。

b. 重新接入稳压器：首先闭合 3K，再将 4K 扳至 1-2、3-4 接通位置。

③ 手动调压。

a. 手动升压：将 WHK 调至手动挡位（5-6 接通），按下自复式按钮 1KA 升压开始，松开 1KA 升压结束。

b. 手动降压：将 WHK 调至手动挡位（5-6 接通），按下自复式按钮 2KA 降压开始，松开 2KA 降压结束。

④ A—B 交直流屏切屏。

a. 接通备用屏。假如 A 交直流屏是使用屏，A 交直流屏有故障，首先确保 B 交直流屏的输入、输出均接通。闭合 8K，并将 B 屏的输出开关 1K～12K 全部闭合，B 交直流屏供电。

b．断开故障屏。断开 A 交直流屏各输出开关，最后断开 7K 即完全断开了故障 A 交直流屏。

4．大站电源屏初步认知

大站电源屏是大站电气集中联锁设备的供电装置，采用三相感应调压器来完成稳压工作，供出大站继电联锁设备所需要的各种交流、直流电源。大站电源屏按容量分为 15kV·A 和 30kV·A 两种规格。15kV·A 大站电源屏有感应调压式和无触点补偿式，30kV·A 大站电源屏为感应调压式。现以感应调压式 15kV·A 大站电源屏为例来进行介绍。

感应调压式 15kV·A 大站电源屏由六面屏组成：一面转换屏，一面三相调压屏，两面大站交流屏，两面大站直流屏。大站电源屏供电电源的种类和容量如表 3-2 所示。

表 3-2　大站电源屏供电电源参数

回路类别 \ 输出容量		供电电压/V	最大输出电流/A	功率/kV·A	变压器容量/kV·A
感应调压器输出回路		三相 AC 380	31	20	
输出回路	信号点灯电源	AC 220、180	5×4		2.5
	轨道电路电源 Ⅰ、Ⅱ	AC 220、180	20		5
	轨道电路电源 Ⅲ、Ⅳ	AC 220	20（220V）、5（127V）		
	道岔表示电源	AC 220	4		
	控制台表示灯电源	AC 24、19.6	50		
	闪光电源	AC 24、19.6		0.1	
	继电器电源	DC 24、26、28	40		
	电动转辙机动作电源	DC 220、210、230、240	30		
	闭塞电源	DC 24、30、48、60	1×4		0.35

PD1-15 型大站电源屏供电示意图如图 3-2 所示。在转换屏内同时引入主、副两路三相交流输入，主、副两路输入通过主副切换电路可以进行自动、手动切换，保证一路可靠引入三相调压屏来实现稳压，稳压屏输出的稳压电源分别送入各交流屏、各直流屏中，分别实现 AC—AC、AC—DC 变换。信号点灯电源、轨道电路电源、道岔表示电源和控制台表示灯电源分别从交流屏取得；继电器电源和电动转辙机动作电源则从直流屏取得。两面交流屏一面主用，一面自成备用屏；两面直流屏一面主用，一面自成备用屏。在转换屏中可完成调压屏的切除与重新接入，以及两面交流屏、两面直流屏的手动切屏。

5．大站电源屏电路分析

（1）转换电源屏电路。

转换电源屏的作用为：两路引入电源的转换；主、备用交流屏、直流屏的手动转换，可做到备用屏的完全断电；调压屏故障或检修时可手动切除，并做到调压屏完全断电；输入、输出电源的汇接。

PH1 型大站转换电源屏电路图如附图 3 所示，包括主副电源切换电路，调压屏切除及重新接入电路，A、B 交流屏的切换电路，A、B 直流屏的切换电路，控制台报警电路。

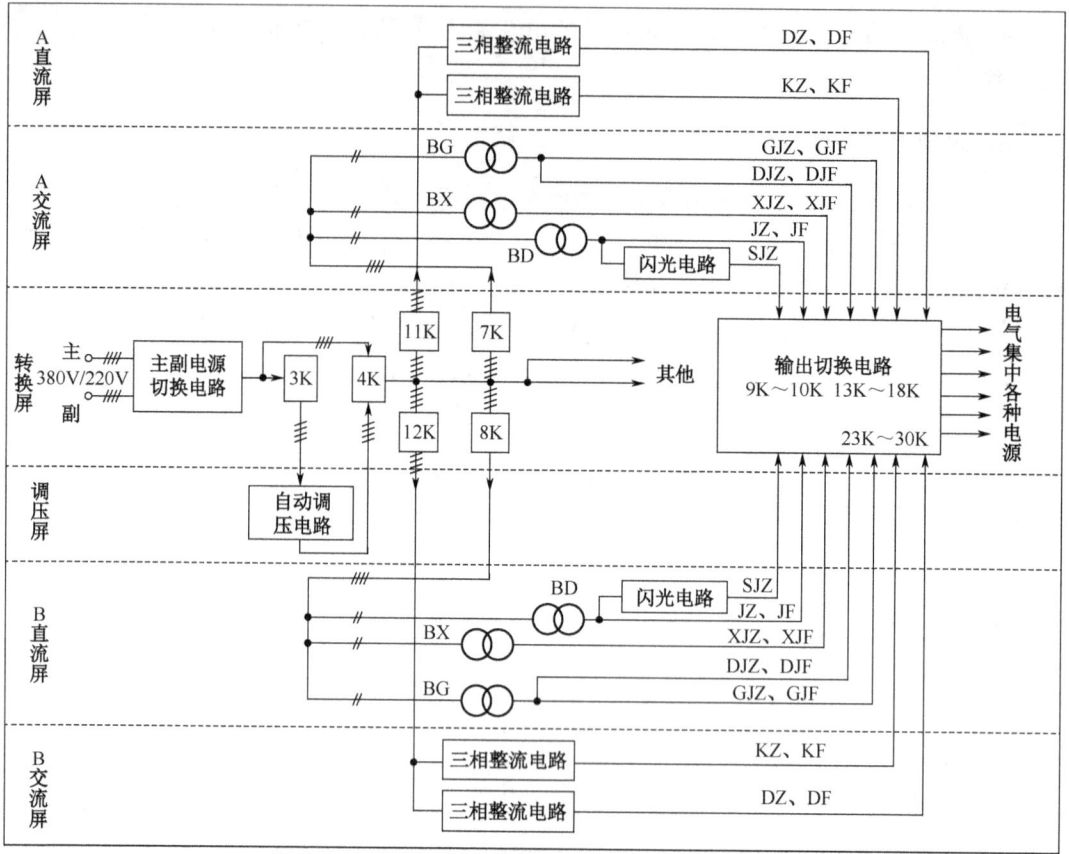

图 3-2　PD1-15 型大站电源屏供电示意图

① 两路电源切换电路。

两路电源中，一路电源供电，另一路电源备用。可以根据需要在两路电源之间实现手动、自动的切换。由Ⅰ路电源还是Ⅱ路电源供电，取决于交流接触器 1XLC 励磁还是 2XLC 励磁。

a．Ⅰ路：1XLC 励磁电路。开机时，首先闭合开关 1K，随即再闭合开关 2K，在闭合 1K 后还没来得及闭合 2K 的瞬间，1XLC 首先励磁（1XLC 励磁电路为：1D-1—1K 1-2—1XLC A₁-A₂—1TA 1-2—1HK 1-2—2XLC 11-13—2DXJ 32-31—1DXJ 32-31—7D-1），闭合隔离开关 3K，Ⅰ路电源经 1XLC 三组主触头（L₁-T₁、L₂-T₂、L₃-T₃）送到调压屏。此时 1BD 点亮，表示Ⅰ路电源正在供电。

b．Ⅱ路：2XLC 励磁电路。当Ⅰ路电源出现供电故障或需要检修，按下手动切换按钮 1TA 时，1XLC 励磁电路被断开，1XLC 失磁时，1XLC 11-13 常闭辅助触头闭合，接通 2XLC 励磁电路（1D-4—2K 1-2—2XLC A₁-A₂—2TA 1-2—2HK 1-2—1XLC 11-13—4DXJ 32-31—3DXJ 32-31—7D-2），即改由Ⅱ路电源供电。闭合隔离开关 3K，Ⅱ路电源经 2XLC 三组主触头（L₁-T₁、L₂-T₂、L₃-T₃）送到调压屏。此时 2BD 点亮，表示Ⅱ路电源正在供电。

注意：开机时 1K、2K 要依次闭合，确保Ⅰ、Ⅱ两路电源一路主用，另一路备用，而不会造成全站断电。两路电源的手动转换通过按压按钮 1TA、2TA 进行，由Ⅰ路电源转换至Ⅱ路电源供电，按下 1TA；而由Ⅱ路电源转换至Ⅰ路电源供电，按下 2TA。

c. 断相监督电路。输入切换电路中设置了 4 个断相监督继电器 1DXJ、2DXJ、3DXJ、4DXJ，分别用来监督Ⅰ、Ⅱ两路电源 B、C 两相是否断相。1DXJ 接在Ⅰ路电源的 B 相和零线，2DXJ 接在Ⅰ路电源的 C 相和零线。同理，3DXJ 接在Ⅱ路电源的 B 相和零线，4DXJ 接在Ⅱ路电源的 C 相和零线。当Ⅰ/Ⅱ路电源 B、C 两相有任一相电源相线开路时，该相的断相监督继电器落下，通过该断相继电器的第 3 组前接点断开交流接触器的励磁电路，即自动转换至另一路电源供电。

注意：红灯 1HD、2HD 电路分别用来监督 1DXJ、2DXJ、3DXJ、4DXJ 4 个断相继电器的状态。红灯 1HD 通过 1DXJ 51-52、2DXJ 51-52 接通点亮，表示Ⅰ路电源 B、C 两相无断相；红灯 2HD 通过 3DXJ 51-52、4DXJ 51-52 接通点亮，表示Ⅱ路电源 B、C 两相无断相。

d. 供电监督电路。

为使车站值班人员了解供电情况，设有供电监督电路。通过 1XLC 21-22、2XLC 21-22 常开辅助触头分别接通控制台主副电源表示灯（L：绿灯；B：白灯）和电铃 DL。电铃 DL 电路通过主副电源转换继电器 ZFDJ 的第一组前接点或后接点来接通，ZFDJ 的状态通过控制台主副电源转换按钮 ZFDA 的按下或拉出来控制。DL 鸣响说明Ⅰ、Ⅱ两路电源正在切换。

② 甩开调压屏电路。

正常情况下，由输入切换电路得到的一路可靠输入通过 3K 闭合送至调压屏实现稳压，稳定的电压通过 4K 的转换送至后续的交流屏、直流屏中。当调压屏突然发生供电故障需要将调压屏暂时切除，调压屏故障排除后要将其重新接入电路中。在转换屏过程中，通过 3K、4K 的配合动作来完成调压屏的切除及重新接入。

a. 调压屏正常工作时，闭合 3K，将 4K 扳至 1'-2'、3'-4、5'-6'接通位置，保证调压屏正常输入、输出。

b. 调压屏故障或者需要检修时，首先转换 4K，将 4K 扳至 1-2、3-4、5-6 接通位置，由外电网直接供电，再断开 3K，能做到调压屏完全断电。

c. 调压屏故障排除或检修完成时，需要将调压屏重新接入。首先闭合 3K，再将 4K 扳至 1'-2'、3'-4'、5'-6'接通位置。

③ A/B 交流屏转换电路。

A/B 两面交流屏一面主用，另一面要做到完全断电并确保处于备用的状态。当使用屏出现故障报警，可以通过输入、输出隔离开关的手动操作实现故障屏到备用屏的手动切屏。

7K、8K 是 A/B 两面交流屏输入隔离开关，9K 为 B 交流屏表示灯电源输出隔离开关，10K 为 A 交流屏表示灯电源输出开关，表示灯电源设两个开关是为了保证转换时不断电。13K～16K 为交流屏信号点灯电源输出隔离开关，17K 为交流屏道岔表示电源的输出隔离开关。18K 为交流屏轨道电路电源Ⅰ、Ⅱ的输出隔离开关，23K 为交流屏轨道电路电源Ⅲ、Ⅳ的输出隔离开关，1-2、3-4 接通为 A 交流屏输出，1'-2'、3'-4'接通为 B 交流屏输出。

两个监视继电器 AJZJ 和 BJZJ 分别用来监视 A、B 交流屏的工作情况。7K 或 8K 闭合，某交流屏工作时，其监视继电器吸起；7K 或 8K 断开时，该继电器落下。

④ A/B 直流屏转换电路。

A/B 两面直流屏一面主用，另一面要做到完全断电并确保处于备用的状态。当使用屏出现故障报警，可以通过输入、输出隔离开关的手动操作实现故障屏到备用屏的手动切屏。

11K、12K 是 A/B 两面直流屏输入隔离开关，24K 为 A 直流屏继电器电源输出隔离开关，25K 为直流屏继电器电源输出隔离开关。继电器电源设两个开关，是为了保证转换时不断电。26K 为直流屏电动转辙机电源输出隔离开关，它的 1-2、3-4 接通为 A 直流屏输出，1'-2'、3'-4'接通为 B 直流屏输出，27K～30K 分别为直流屏闭塞电源Ⅰ～Ⅳ的输出隔离开关。

两个监视继电器 AZZJ 和 BZZJ 分别用来监视 A、B 直流屏的工作情况。11K 或 12K 闭合，某直流屏工作时，其监视继电器吸起；11K 或 12K 断开时，该继电器落下。

⑤ 控制台报警电路。

在转换屏中设置了控制台监督报警电路，来监督大站继电联锁电源各面屏的工作情况。控制台报警电路设置了 3 个蜂鸣器 1FMQ、2FMQ、3FMQ，4 个故障红灯 AJHD、BJHD、AZHD、BZHD。通过红灯点亮、蜂鸣器鸣响来报警。

a. A 交流屏工作时，7K 闭合，AJZJ 吸起，3HK 置于 1-2、4-5 接通位置。当 A 交流屏中的某一输出模块出现了供电故障时，A 交流屏的 2D-13、2D-14 接通，2D-15、2D-16 接通。此时通过 AJZJ 的前接点接通 1FMQ 电路（⑤—1FMQ 1-2—3HK 4-5—AJZJ 11-12—2D-15—2D-16—⑥），A 交流屏的故障红灯 AJHD 点亮（⑤—3HK 1-2—AJHD 1-2—2D-13—2D-14—⑥）。工作人员确认故障后，手动操作 3HK 至 1-3、4-6 位置，1FMQ 停止鸣响，AJHD 熄灭。接下来实现切屏。首先闭合 8K（BJZJ 吸起，此时 1FMQ 鸣响，说明两交流屏同时工作），将故障模块的输出开关首先倒接到 B 交流屏输出接通位置，再将其他模块输出开关顺次倒接，最后断开 7K（AJZJ 落下，1FMQ 停止鸣响）。两面交流屏转换完毕。

b. B 交流屏工作时，8K 闭合（BJZJ 吸起）。当 B 交流屏中的某一输出模块出现了供电故障时，B 交流屏的 2D-13 和 2D-14、2D-15 和 2D-16 分别接通。此时 1FMQ 鸣响（⑤—1FMQ 1-2—3HK 4-6—BJZJ 11-12—2D-16—2D-15—⑥），BJHD 红灯点亮（⑤—3HK 1-3—BJHD 1-2—2D-14—2D-13—⑥）。工作人员确认故障后，手动操作 3HK 至 1-2、4-5 位置，1FMQ 停止鸣响，BJHD 熄灭。接下来实现切屏。B 屏到 A 屏的手动切屏同上。

c. A 直流屏工作时，11K 闭合（AZZJ 吸起），4HK 置于 1-2、4-5 接通位置。当 A 直流屏中的某一输出模块出现了供电故障时，A 直流屏的 2D-13 和 2D-14、2D-15 和 2D-16 分别接通。此时通过 AZZJ 的前接点接通 2FMQ 电路（⑤—2FMQ 1-2—4HK 4-5—AZZJ 11-12—2D-15—2D-16—⑥），A 直流屏的故障红灯 AZHD 点亮（⑤—4HK 1-2—AZHD 1-2—2D-13—2D-14—⑥）。工作人员确认故障后，手动操作 4HK 至 1-3、4-6 位置，2FMQ 停止鸣响，AZHD 熄灭。接下来实现切屏。直流屏的手动切屏步骤同交流屏，此处不再赘述。

d. B 直流屏工作时，12K 闭合（BZZJ 吸起）。当 A 直流屏中的某一输出模块出现了供电故障时，B 直流屏的 2D-13 和 2D-14、2D-15 和 2D-16 分别接通。此时 2FMQ 鸣响（⑤—2FMQ 1-2—4HK 4-6—BZZJ 11-12—2D-16—2D-15—⑥），BZHD 点亮（⑤—4HK 1-3—BZHD 1-2—2D-14—2D-13—⑥）。工作人员确认故障后，手动操作 4HK 至 1-2、4-5 位置，2FMQ 停止鸣响，BZHD 熄灭。接下来实现切屏（略）。

e. Ⅰ路或Ⅱ路有断相，1DXJ～4DXJ 中任一个落下，1FMQ 鸣响报警；两交流屏同时工作（AJZJ、BJZJ 都吸起）时 1FMQ 鸣响；两直流屏同时工作（AZZJ、BZZJ 都吸起）时 2FMQ 鸣响；两路电源转换时，3FMQ 鸣响。通过手动操作钮子开关 2NZ 切断报警。

f. 其他电路。

轨道电源分 4 束供电，每束电源输出端各并联一个监督继电器 1GDJ～4GDJ。1GDJ～4GDJ 第二组前接点串联，给交流屏 1GDJ、2GDJ 吸起提供条件；1GDJ～4GDJ 第二组前接点为 6502 电气集中联锁轨道停电继电器 GDJ 动作提供条件。

万能转换开关 WHK 和电压表 V 配合使用，分别测量 I 路或 II 路电源任意两相间的线电压。

（2）交流电源屏电路。

PJ-15 型大站交流电源屏供给电气集中联锁设备所需的各种交流电源，由 A、B 两面屏组成，一面主用，一面备用，两面屏可实现手动切屏。经调压屏输出的稳定交流电源由转换屏引至交流屏，在交流屏内通过变压器进行隔离、变压，分别向控制台表示灯、信号点灯电路、轨道电路、道岔表示电路进行供电。PJ-15 型大站交流电源屏电路图见书末附图 4。

① 控制台表示灯电源（JZ、JF）。

表示灯电源由变压器 BD 隔离、降压，通过表示调压继电器 BTJ 来控制变压器 BD 输入绕组匝数，以供出 24 V 和 19.6 V 两种电压。BTJ 通过控制台表示调压按钮 BTA 进行控制。白天 BTA 拉出（BTJ 落下），供出 24 V 电压；晚上按下 BTA（BTJ 吸起），供出 19.6 V 电压。

除稳定光电源外，表示灯电源还有闪光电源。闪光电源采用 SGBH 闪光板盒，其原理如图 3-3 所示。由振荡器产生振荡频率，再通过驱动器控制双向电子开关，即将交流或直流供电变成闪光电源，输出闪光频率为 0.5～1 Hz，该闪光板盒设有过流保护电路，为自恢复型，当输出过载消除时，闪光板能自动恢复工作。

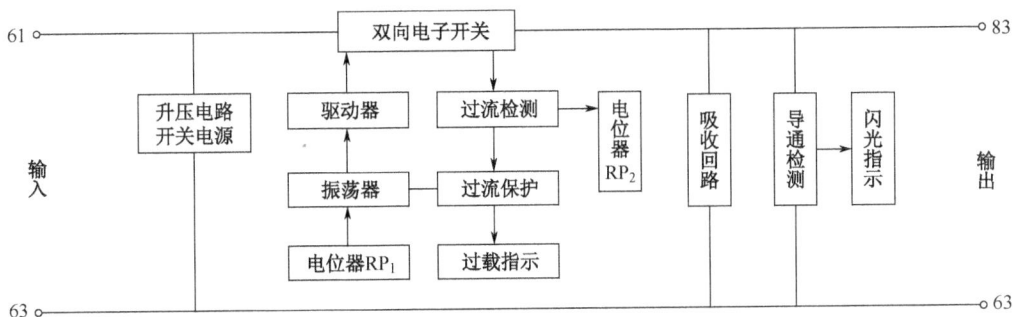

图 3-3　闪光板的原理框图

闪光板上设置两个 LED 指示灯：供电及过载保护指示灯和闪光状态指示灯。正常工作时，供电及过载保护指示灯为绿色常亮，过载时为绿色闪亮。闪光状态指示灯与负载的闪光频率同步，交流供电时，此灯为橙色；直流供电时，此灯为红色。闪光板上安装两个调整电位器，其中电位器 F 调整闪光频率，出厂时已将闪光频率调整在 90 次/min，电位器顺时针调整将频率调高，逆时针调整将频率调低。

② 信号点灯电路电源（XJZ、XJF）。

信号点灯电源由变压器 BX_1 和 BX_2 分 4 束隔离供电，分别通过信号调压继电器 1XTJ、2XTJ 控制 BX_1 和 BX_2 输出线圈匝数，使该电源可供出 220 V 和 180 V 两种不同的电压。1XTJ、2XTJ 通过控制台信号调压按钮 XTA 进行控制。白天 XTA 拉出（1XTJ、2XTJ 落下），供出 220V 电压，此时经 1XTJ 31-33 点亮控制台上的绿灯（L）；晚上按下 XTA（1XTJ、2XTJ

吸起），供出 180 V 电压，此时经 1XTJ 31-32 点亮控制台上的黄灯（U）。

③ 轨道电路电源（GJZ、GJF）。

轨道电路电源分 4 束隔离供电，供出 AC 220V 电源。轨道变压器 BG_1 供出轨道电源 I 和轨道电源 II，轨道变压器 BG_2 供出轨道电源 III 和轨道电源 IV。

④ 道岔表示电源（DJZ、DJF）。

道岔表示电源由轨道变压器 BG_1 供出。

交流屏每个电源模块输出端均并联一个监督继电器，共设有 8 个监督继电器：BSJ、1GDJ、2GDJ、1XHJ～4XHJ、DBJ。电源模块正常工作时，8 个监督继电器都吸起，通过监督继电器的前接点分别点亮 BBD、XBD、1GBD、2GBD 和 DBD；任一模块故障时，对应的监督继电器落下，监督继电器的后接点并联电路接通，即 2D-13 和 2D-14、2D-15 和 2D-16 两组输出端子中间电路接通，接通转换屏控制台相关报警电路进行声光报警。

交流电流表与电流互感器配合，用来测量各模块的输出电流；交流电压表用来测量各模块的输出电压。A_1～A_4 分别用来测量信号点灯电源的输出电流，A_5、A_7 用来测量轨道电路电源的输出电流，A_6 用来测量道岔表示电源的输出电流。交流电压表 V_1～V_4 分别用来测量信号点灯电源的输出电压，V_5 用来测量控制台表示灯电源的输出电压，V_6 和 V_8 用来测量轨道电路电源的输出电压，V_7 用来测量轨道电路电码化电源的输出电压。

（3）直流电源屏电路。

PZ-15 型大站直流电源屏供给电气集中联锁设备所需的各种稳定直流电源。直流屏有 A、B 两面，一面主用，一面备用，两面屏可实现手动切屏。经调压屏输出的稳定交流电源由转换屏引至直流屏，在直流屏内通过三相变压器隔离与变压、三相整流、滤波等过程，分别供出继电器电源（DC 24V）、直流电动转辙机动作电源（DC 220V）、闭塞电源和方向电源（DC 24V/36V/48V/60V）。PZ-15 型大站直流电源屏电路图见书末附图 5。

三相全波整流电路如图 3-4（a）所示，由 6 个整流二极管组成。图 3-4（b）中的第一个图为整流变压器次级各相电压的波形，它们按正弦规律变化，彼此间的相位差为 120°。线电压也按正弦规律变化，超前相应的相电压 30°，如图 3-4（b）中的第二个图所示。

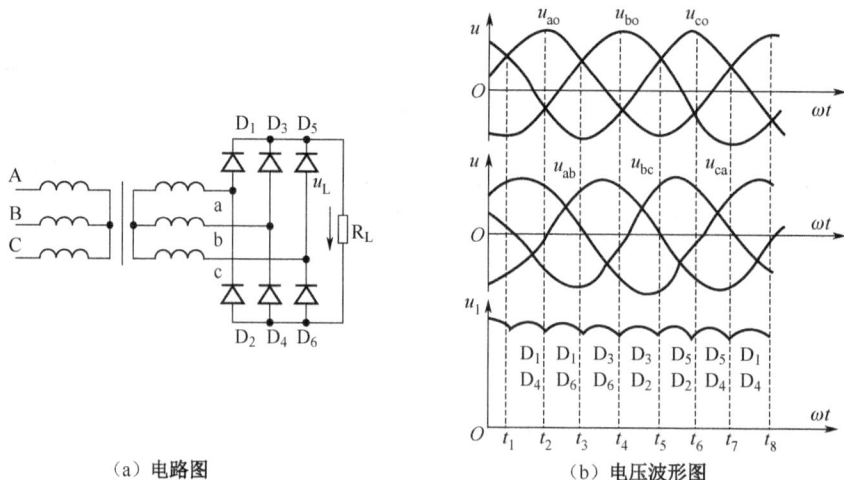

（a）电路图　　　　　　　　（b）电压波形图

图 3-4　三相全波整流电路图及电压波形图

三相全波整流电路的导电原则是由电压最高的一相出发，经过有关的整流元件和负载，回到电压最低的一相去。如图 3-4（b）中的第三个图所示的 $t_1 \sim t_2$ 时间内 a 相电压最高，b 相最低，电流就从 a 相出发，经过整流元件 D_1、负载 R_L、整流元件 D_4，回到 b 相构成一个闭合的回路。因整流元件的电阻很小，变压器次级线圈的电阻也很小，所以 a、b 间的线电压 U_{ab} 几乎全加在负载 R_L 上。以此类推，$t_2 \sim t_3$ 时间内，D_1、D_6 导通；在 $t_4 \sim t_5$ 时间内，D_3、D_2 导通。此后不断重复上述过程，在负载 R_L 上就得到较平直的电压，其瞬时值即为各瞬间的线电压。三相全波整流电路的输出电压比较平直，脉动系数仅为 0.057，一般不需附设滤波装置。

① 继电器电源（KZ、KF）。

额定输出电压为 DC 24V。转换屏送过来的稳定三相交流电送至继电变压器 JDB 实现三相降压，经 1GZ 实现三相全波整流，改变三相变压器 JDB 初级抽头可输出 26V 或 28V 电压。

② 电转机动作电源（DZ、DF）。

220V 整流器的电路原理同 24V 整流器，额定输出电压为 220V，改变整流变压器 DZB 次级抽头可输出 210V、230V、240V 电压。

③ 闭塞电源和方向电源（Z、F）。

由变压器 ZFB 实现隔离变压，输出绕组分别接上 4 个整流桥 4GZ～7GZ 实现整流作用，最终输出闭塞 I、闭塞 II、上行方向、下行方向电源（改变次级抽头，可分别输出 DC 24V/36V/48V/60V 电压）。

④ 过流、过压防护电路。

整流电路在过载或短路的情况下，容易损坏整流元件，所以采用断路器进行过流防护，如 1ZK 和 3ZK 分别对元件短路和过载或负载短路进行防护。过电压同样会击穿整流元件，所以在电路的输出端并联 C 和 R 串联而成的浪涌吸收器，来进行过压防护。

⑤ 输出监督电路。

直流屏各电源模块的输出端也分别设置了监督继电器，共设有 6 个监督继电器：JDJ、DZJ、Z_1J、Z_2J、SFJ、XFJ。电源模块正常工作时，6 个监督继电器都吸起，通过监督继电器的前接点分别点亮 1BD～6BD；任一模块故障时，对应的监督继电器落下，监督继电器的后接点并联电路接通，即 2D-13 和 2D-14、2D-15 和 2D-16 两组输出端子中间电路接通，接通转换屏控制台相关报警电路进行声光报警。继电器、电动转辙机电源输出电源还设有直流电压表和电流表，用于监测输出电源的电压和电流。

（4）调压电源屏电路。

PDJ-20Y 型大站交流调压电源屏稳定三相交流电源，使电气集中联锁设备不受电源电压波动的影响。PDJ-20Y 型大站交流调压电源屏电路图见书末附图 6。交流调压屏主要由控制电路、驱动电路、调整电路组成。三相交流稳压流程如图 3-5 所示，有手动调压和自动调压两种方式。当外电网电压波动在 380/220（1-20%）V～380/220（1+15%）V 范围内时，经稳压可将其输出电压稳定在 380/220（1-3%）～380/220（1+3%）V 的范围内。

① 控制电路。

控制电路包括比较放大电路（1B）和控制继电器电路。控制继电器电路又包括自动控制电路和手动控制电路。

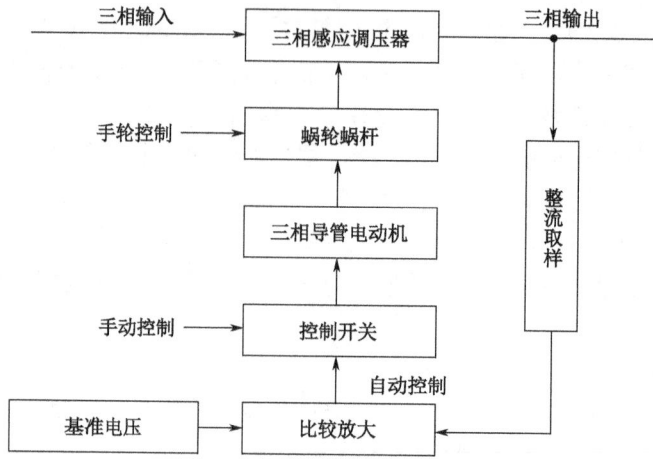

图 3-5 交流调压屏的稳压流程

a. 比较放大电路。

比较放大电路通过对稳压器输出信号进行采样，将采样信号与基准信号比较，根据比较的结果控制 JG、JD 两个继电器的状态。

比较放大电路可采用由运算放大器组成的电压比较电路。自动控制电路包括由变压器 1SB~3SB，整流器 4GZ，运算放大器 F_1、F_2 等组成的电压比较电路，以及由三极管 BG_1、BG_2，继电器 JG、JD（JZX-24V-660Ω）等组成的执行电路。经 1SB~3SB 变压，4GZ 整流后的 28V 电压，由电阻 R_{17} 降压，在稳压管 WY_2、WY_3 两端得到稳定的 22V 电压，再经 C_3 滤波为平滑的直流电压，作为控制电路的工作电源。

将万能转换开关 2WHK 置于自动位置，即接通自动控制电路。电压正常无须调压时，调整 WG，使 F_1 不导通，其输出低电位，BG_1 不导通，JG 落下；调节 WD，使 F_2 不导通，JD 落下。当外电网电压升高时，输出电压相应升高，由 R_9、WG、R_{11} 提供的取样电压也升高，但相对于参考点的电位反而降低，低于基准电压，为一负信号。该负信号输入 F_1 的反相输入端，F_1 导通，其输出端获得高电位。此高电位加到 BG_1 基极，使之导通，于是 JG 吸起。JG 吸起后，使 JYJ 吸起，JYDJ 吸起，驱动电动机即带动 GTY 向降压方向旋转。当电压调至额定值时，取样电压和基准电压相等，无信号输入 F_1，F_2 截止，输出低电位，BG_1 截止，JG 落下，即停止调压。

当输出电压降低时，取样电压虽降低，但相对于参考点的电位反而升高，为一正信号，加至 F_1 的反相输入端，它不导通，输出低电位，BG_1 不导通，JG 不吸起。电压在额定值不需调压时，调节 WD，使 F_2 不导通，JD 不吸起。当输出电压降低时，WD 取样电压降低，但该点电位相对于参考点反而升高，高于基准电压，为一正信号，加至 F_2 的同相输入端 3，使 F_2 导通，此时 F_2 输出高电位，加至 BG_2 基极，BG_2 导通，JD 吸起。JD 吸起后，SYJ 吸起，SYDJ 吸起，驱动电动机带动 GTY 向升压方向旋转。

电压调至额定值时，取样电压与基准电压相等，F_2 截止，输出低电位，BG_2 截止，JD 落下，停止调压。当输出电压升高时，因取样电压升高，为负信号，加至 F_2 的同相输入端 2，F_2 不导通，输出低电位，BG_2 不通，JD 落下。

b. 控制继电器电路。

控制继电器电路由升压继电器 SYJ，降压继电器 JYJ，升压动作继电器 SYDJ，降压动作继电器 JYDJ，保护板盒 HBH，万能转换开关 2WHK，自复式按钮 1KA、2KA 以及行程开关 3KA、4KA 等元器件组成。

● 自动控制电路。

将 2WHK 置于"自动"位置（1-4、5-8 接通）。当采样信号在基准电压允许波动范围内时，JD、JG 都落下，SYJ、JYJ、SYDJ、JYDJ 都落下，电动机不转，感应调压器不调压。

当输出电压低于基准电压下限时，JD 吸起，使 SYJ 励磁（C 相—2WHK 5-8—A_4—JG 9-1—JD 12-8—A_7—HBH 41-42—JYJ 51-53—SYJ 1-2—4KA 1-2—3KA 1-2—零线）。此时 JG 落下使 JYJ 失磁，JYJ 11-12 断开了 JYDJ 的励磁电路，通过 SYJ 第一组前接点、JYDJ 第 5 组后接点接通 SYDJ 励磁电路（C 相—2ZK 1-2—SYJ 12-11—JYDJ 53-51—DXJ 41-43—零线）。

当输出电压高于基准电压上限时，JG 吸起，使 JYJ 励磁（C 相—2WHK 5-8—A_4—JD 1-9—JG 8-12—A_8—SYJ 51-53—JYJ 1-2—4KA 1-2—3KA 1-2—零线）。此时 JD 落下使 SYJ 失磁，SYJ 11-12 断开了 SYDJ 的励磁电路，通过 JYJ 第一组前接点、SYDJ 第 5 组后接点接通 JYDJ 励磁电路（C 相—2ZK 1-2—JYJ 12-11—SYDJ 53-51—DXJ 41-43—零线）。

● 手动控制电路。

手动调压时，将 2WHK 置于"自动"位置（1-4、5-7 接通）。5-7 接点闭合，为手动控制电路准备好条件。手动调压通过两个自复式按钮 1KA、2KA 实现：手动升压按下 1KA，手动降压按下 2KA，手松开后按钮自动复原，调压结束。

采样电压低于额定值时，按下升压按钮 1KA，接通 SYJ 励磁电路（C 相—2WHK 5-7—2KA 2-1—1KA 4-3—HBH 41-42—JYJ 51-53—SYJ 1-2—4KA 1-2—3KA 1-2—零线）。SYJ 吸起使 SYDJ 吸起。采样电压调至额定值允许波动范围内时，松开 1KA，SYJ 落下，手动升压结束。

采样电压高于额定值时，按下降压按钮 2KA，接通 JYJ 励磁电路（C 相—2WHK 5-7—1KA 1-2—2KA 3-4—SYJ 51-53—JYJ 1-2—4KA 1-2—3KA 1-2—零线）。JYJ 吸起使 JYDJ 吸起。采样电压调至额定值允许波动范围内时，松开 2KA，JYJ 落下，手动降压结束。

● 其他电路。

3KA、4KA 是感应调压器的行程开关，分别在转子旋转至极限位置时（即电压调至上、下限时）自动断开调压电路，对稳压器进行保护。此后要用手轮摇回工作区域，才能进行自动或手动调压。SYJ 电路中还接有保护板盒 HBH 的 41-42 接点，当电压调至 420V 时，HBH 41-42 断开，断开 SYJ 电路，使电压不致过高。

电压表 V 和万能转换开关 1WHK 配合使用，用于测量各相的输出电压；电流表 A 和万能转换开关 3WHK 配合使用，用于测量各相的输出电流。

② 驱动电路。

由三相异步交流电动机来完成驱动工作。由升压动作继电器 SYDJ 和降压动作继电器 JYDJ 控制电动机的转向。采样信号在基准电压允许波动范围内时，升压继电器 SYJ、降压继电器 JYJ 均落下，SYDJ、JYDJ 也都落下，电动机无电，感应调压器不调压。

a. 驱动电机动正转电路。

当输出电压低于 380 (1-3%) V 时，控制电路使 SYDJ 励磁。SYDJ 励磁后，用其前接点接通驱动电动机的定子电路，定子 1、2、3 绕组电流相序为 A—B—C，电动机按逆时针方向旋转，带动感应调压器转子朝升压方向转动，直到输出电压升至额定范围。在升压时，SYJ 的第 4 组前接点接通升压表示灯 SHD 电路（SHD 升压红灯点亮）。

b. 驱动电机反转电路。

当输出电压高于 380 (1+3%) V 时，控制电路使 JYDJ 励磁，其前接点接通电机定子电路，此时定子 1、2、3 绕组电流相序为 C—B—A，电动机按顺时针方向旋转，带动感应调压器转子朝降压方向转动，直到输出电压降至额定值。在降压时，JYJ 的第 4 组前接点接通降压表示灯 JLD 电路（JLD 降压绿灯点亮）。

c. 断相监督保护电路。

为防止三相交流电源断相后，电动机缺相运行而被烧毁，增设了断相保护和报警电路。断相保护采用中性点位移电路，电动机三相电源进线无断相时，中性点（3 个电容器的公共点）的电位近于零，整流器 3GZ 无输入信号，断相继电器 DXJ 落下。当三相中任一相断相时，中性点对地电位不再为零，3GZ 有输入，其输出信号使 DXJ 吸起，通过 DXJ 41-43 断开 SYDJ 和 JYDJ 的励磁电路，从而完全断开电动机电源保护电动机。此时，DXJ 31-32 接通蜂鸣器 FMQ 电路，使之鸣响报警。

d. 电动机制动电路。

调压刚刚结束时，为防止电动机由于惯性作用使电压过调而需要对电动机实施制动。三相感应器采用的是直流电压制动原理。BT 是制动变压器，其次级 II_1-II_2 绕组接 6GZ，提供直流制动电源；III_1-III_2 绕组接 5GZ，为 ZDJ 和断相报警用的 FMQ 提供直流电源。它还有中间抽头 III_3，III_1-III_3 绕组为表示灯 JLD、SHD 提供 6.3 V 电源。

无须调压时，SYDJ 和 JYDJ 均落下，电动机不转动，无须对电动机制动；正在调压时，SYDJ 或 JYDJ 吸起，电动机转动，制动继电器 ZDJ 励磁，12C 充电。此时制动直流通过 SYDJ 或 JYDJ 后接点断开；调压刚结束时，SYDJ 和 JYDJ 都落下，12C 对 ZDJ 放电使其缓放。此时，制动直流电源才加到电动机上产生制动作用。调节 4W 可调整 ZDJ 的缓放时间，即制动时间。

③ 调整电路。

驱动电机的正转或反转将带动三相感应调压器对电压进行调整，完成升压或降压工作，使输出电压稳定在基准电压允许波动的范围内。本屏的三相感应调压器采用反接法，如图 3-6 所示。

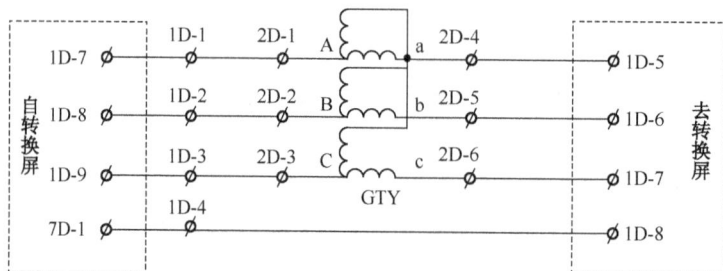

图 3-6　交流调压屏的调整系统

6. 大站信号电源屏操作

（1）Ⅰ路、Ⅱ路输入电源手动切换。

① Ⅰ路—Ⅱ路：1BD 点亮，2BD 灭灯状态，此时按压 1TA 直至 1BD 灭灯、2BD 点亮，松开 1TA 即可。

② Ⅱ路—Ⅰ路：2BD 点亮，1BD 灭灯状态，此时按压 2TA 直至 2BD 灭灯、1BD 点亮，松开 2TA 即可。

（2）甩开调压屏及调压屏重新接入。

① 甩开调压屏：首先将 4K 扳至 1-2、3-4、5-6 接通位置，再断开 3K，使调压屏完全断电。

② 重新接入调压屏：首先闭合 3K，再将 4K 扳至 1'-2'、3'-4'、5'-6'接通位置。

（3）A—B 交流屏切屏。

① 接通备用屏：假如 A 交流屏是使用屏，A 交流屏有故障，首先确保 B 交流屏的输入、输出均接通。闭合 8K、9K，并将 13K～18K、23K 扳至 1'-2'、3'-4'接通位置，B 交流屏供电。

② 断开故障屏：断开 10K、7K，即断开了有故障的 A 交流屏。转换过程中控制台表示灯电源供电不间断。

（4）A—B 直流屏切屏。

① 接通备用屏：假如 A 直流屏是使用屏，A 直流屏有故障，首先确保 B 直流屏的输入、输出均接通。闭合 12K、25K，并将 26K～30K 扳至 1'-2'、3'-4'接通位置，B 直流屏供电。

② 断开故障屏：断开 24K、11K，即断开了有故障的 A 直流屏。转换过程中继电器电源供电不间断。

7. 继电联锁信号电源屏日常维护

（1）电源屏使用前的检查。

一般来说，电源屏在出厂前已按各项技术要求进行了调试，但考虑到故障—安全导向原则，使用前对整机性能进行一次全面复核调试是必要的。复核调试的项目主要有以下几项。

① 两路电源自动、手动转换动作灵活可靠，转换时间不超过 0.15s。对于三相电源，要依此试验各相断路器分断时是否能自动转换。

② 各种输出电源符合要求，有几种电压可转换的电源，看动作是否正确，同时只有一种电压输出。

③ 调节闪光电源的闪光频率，接入 100 W 以下的 24 V 灯泡，应有明显的亮暗比，频率为 90～120 次/min。

④ 进行自动和手动稳压试验，在允许的稳压范围内动作正常，调节自动控制电路的灵敏度符合±3%的要求。有驱动电动机的要进行制动试验，取得适当的制动时间。试验过压继电器的动作情况，调整至适当的整定值。

⑤ 进行整流器过流试验，过流防护措施要灵敏、可靠。

⑥ 有备用屏的，进行主、备用屏的转换试验，动作要灵敏、可靠。

⑦ 镉镍蓄电池是以放电状态出厂的，使用前用 10 小时率电流充电 12～14h，单支充

电电压不超过 1.6V，循次 2～3 次，当容量达到额定容量后，才能浮充电。

为避免蓄电池局部放电，蓄电池组的端子在出厂前全部卸下。断路器应分断，在开通调试时应根据配线图重新接线。

（2）电源屏的维修与测试。

电源屏由各值班工区负责日常维护，信号检修车间下属电源工区负责集中检修。

① 电源屏的日常维护。

电源屏的日常维护为每日一次（无人值守车站为每月两次），主要内容是检查、测试、调整、清扫等工作。电源屏的检修工作计划项目及内容如下。

a．日常巡视检查。

检查断路器、电源线、变压器、交流接触器、继电器的安装和工作状态，有无过热现象，有无不正常噪声及异味，检查调压屏手动、自动位，清扫盘面及仪表。

b．进行 1 级测试并记录。测试输入电压、电流，测试各路电源输出电压、电流，测试调压屏调压精度，测试闪光频率，测试各种电源接地电压、电流。并对以上测试结果进行分析，采取相应处理措施。

c．负责故障处理。

处理一般常见故障，使电源设备及早恢复正常使用，遇有重大、疑难故障，及时报告电务段调度或配合检修所，以排除故障。

② 电源屏的集中检修。

电源屏的集中检修每 1～2 年进行一次，主要内容有：屏内各部分检查，紧固配线端子；主、备用屏倒机运行试验，两路电源的相序检查清扫；检查转换屏，清扫屏内及电源线沟槽，检查防鼠措施；配合更换器材，校正仪表；检查测试地线及防雷元件，对不合格的进行整修或更换；单套电源屏、转换屏的年度整治应列入综合作业方案。

信号检修所定期对电源屏进行有关测试，更换各种器材，校正仪表，负责对各种器材的入所检修，并帮助信号机械室或信号工区解决难以处理的问题。

③ 电源屏的测试。

a．测试项目内容包括：（a）各部电源输出电压、电流；（b）大站电源屏自动调压精度；（c）交流输入电压、电流；（d）各种电源接地；（e）温升检查；（f）闪光频率。

b．测试周期按不同测试级别而定。Ⅰ级测试由信号值班工区负责，Ⅰ级测试为（a）、（b）、（c）项，设有值班人员时每月一次，（a）、（b）项每天一次；非值班点，（a）、（b）项每月两次；检修所，每年一次，各项全测。Ⅱ级测试由电务段信号试验室负责，对以上各项进行抽测。

（3）电源屏的常见故障分析与处理。

电源屏外接交流电网、内接各用电设备，其供电可靠性既取决于本身的可靠性，也受外电网的供电质量及用电设备的运用影响。在电气集中设备中，电源屏的故障数约占 10%，仅次于转辙机和轨道电路。迅速、准确地排除故障尤为重要。现以继电联锁大站电源屏为例介绍其常见故障及其处理。

① 转换屏的常见故障。

a．两路三相电源在转换过程中有的熔断器熔断。

两路三相电源转换电路中，如果 1XLC 或 2XLC 有一个特性不好，失磁时主触头断开时间滞后于辅助常闭触头闭合时间，在两路电源转换时会发生两路电源并联供电的情况。此时如引入电源有两相不同相时，主、副电源至少有一相断路器分断；三相均不同相，主、副电源的 6 个断路器将同时分断。

处理方法：检查引入电源是否同相，可用交流电压表一一检查两路电源的各相引入端是否有电压。如有电压，则不同相，可改变接线端子并测好相序予以理顺。

b. 两路电源转换时间超过 0.15s，应检查 1XLC 及 2XLC 的释放和吸起时间是否太长，如有内部卡阻或其他故障，应予以更换或修理。

c. 两路电源不能手动转换，原因系按钮被金属环卡住，或开关、按钮、继电器、接触器接点接触不良。

d. 两路电源自动、手动转换均不成功，除与不能手动转换相同的原因外，主要是交流接触器被卡阻，动作不灵活，剩磁过大或触头接触不良所致。

② 交流屏的常见故障。

常见故障有闪光电源不闪光，包括无输出和输出稳定电源两种情况。

故障分析：电容器充、放电失调，电容器容量减小或接线断线，晶闸管控制极触发电流发生变化，晶闸管被烧毁，闪光电路板内部配线脱焊或断线，电阻断线，熔断器熔断都会使闪光电源无输出。晶闸管击穿或电路短路时则输出稳定电源。

③ 直流屏的常见故障。

a. 24V 电源电压随负载变化较大。

24V 电源系低电压大电流，电路中任一处接触不良都将造成较大的电压降而影响电压的稳定，应检查接线是否紧固，输出开关的接点是否接触良好。

b. 浪涌吸收器中的电容器发热或流油。

应测量其耐压及容量是否有变化，发现电容器的耐压和容量降低时，必须及时更换。

c. 输出电压过低。

系三相全波整流电路有一个或两个二极管烧毁所致。

d. 断路器分断。

输出断路器分断主要是负载短路、过载等造成的。输入断路器分断，则主要是三相全波整流电路有一个或几个二极管击穿造成元件短路所致。

④ 调压屏的常见故障。

a. 手动调压失灵。

如果按下 1KA（或 2KA），SYL（或 JYJ）不动作，应先测度继电器线圈上是否有电压。有电压，则系继电器有内部断线等故障；无电压，则需逐点测量电压，检查断路点。原因通常有行程开关被断开、按钮被卡不能复位等，还有手轮未推入。应将感应调压器摇回工作区域，修复按钮。

如 SYJ（或 JYJ）动作，再看 SYDJ（或 JYDJ）是否动作。如 SYDJ（或 JYDJ）动作而电动机不转，可能是蜗轮箱中有卡阻运转不灵或电动机内有短路等情况所造成的。如只是升压失灵，系过压继电器吸起所致，可先降压使之落下，然后即能升压。

b. 自动调压失灵。

如果手动调压正常，自动调压失灵，则为自动调压独用部分电路故障，如 2WHK 的 2-4、6-8 接点接触不良，1SB～3SB 内部短路，熔断器熔断，电压比较电路故障，JG、JD 故障或接点接触不良。

c．调压正常，但电动机发热。

原因是直流制动时间过长，直流制动电流为空载电流的 4～5 倍，时间一长必然过热，可调节电位器 4W 的阻值适当缩短 ZDJ 的缓放时间；调压过于频繁，电动机启动电流为额定电流的 5～7 倍，可适当降低调压灵敏度；虽设有断相防护电路，但该电路故障时亦会导致电动机过热直至烧毁。

d．调压过频。

系灵敏度过高所致，可调节 WD、WG 予以解决。

e．制动电路失灵。

浪涌吸收器中的电阻断线或电容器短路、断线，无法阻挡驱动电动机的反电势进入整流桥，易将二极管击穿或熔断器熔断，以及烧毁制动变压器，都使得直流制动电路无法进行制动。

f．输出电压过高。

可能是电压比较电路的调压精度调得过高，以及过压继电器整定电压调得过高所致。

g．总升压不降压。

调压器在输出电压偏高或偏低时，总是升压而不降压，故障原因是 1SB～3SB 有一个断线，4GZ 中整流二极管有一个或两个烧毁。这样就使得采样电压总是较低，于是就总是接通升压电路。

h．调压时电动机空转。

行程开关的接触面因磨损或位置调整不当，会发生转子已转到位，但行程开关未被断开，使电动机空转的情况。此时应停止调压，拉出平齿轮（离合器），重新调整行程开关位置或更换零件。

i．直流制动变压器烧毁。

整流桥 5GZ、6GZ 中有某元件击穿造成短路即会烧毁变压器，应在全面检测全部元件及浪涌吸收器后再更换变压器。

j．需升压时反而降压，需降压时反而升压。

此系引入交流电源相序接入所致，换接电源引入线即可解决。此外，交流"嗡嗡"声过大时，应将变压器紧固硅钢片夹紧。

3.1.3　相关规范、规程与标准

铁路运输行业标准 TB/T 1528.2—2005《铁路信号电源屏　第 2 部分：试验方法》、TB/T 1528.3—2002《铁路信号电源屏　第 3 部分：继电联锁信号电源屏》相关条文。

任务 3.2 计算机联锁信号电源屏维护

3.2.1 工作任务

认知计算机联锁信号电源屏并能按要求进行维护。

3.2.2 知识链接

计算机联锁信号电源屏是专门为计算机联锁设计的专用供电设备,按其采用的交流稳压方式的不同,分为感应调压式和自动补偿式两类;按容量分为 5kV·A、10kV·A、15kV·A、20kV·A 和 30kV·A 5 种。现以感应调压式为例介绍计算机联锁信号电源屏的电路原理。

感应调压式计算机联锁信号电源屏(30kV·A)由 5 面屏组成:一面三相调压屏;两面计算机联锁大站交流屏;两面计算机联锁大站直流屏。其他的均由 3 面屏组成:一面三相调压屏;一面 A 输出屏;一面 B 输出屏。

感应调压式计算机联锁信号电源屏的型号如表 3-3 所示。

表 3-3 感应调压式计算机联锁信号电源屏的型号

容量/kV·A	5	10	15	20	30
三相稳压屏	PW-10	PW-10	PW-15	PW-20	PW-30
A 输出屏	PSW-5-4A	PSW-10-A	PSW-15-A	PSW-20-4A	PWJ1(交流屏两面)
B 输出屏	PSW-5-4B	PSW-10-B	PSW-15-B	PSW-20-4B	PWZ1(直流屏两面)

与继电联锁信号电源屏相比,计算机联锁信号电源屏只是增加了计算机电源和应急盘电源,取消了控制台表示灯电源。两者的电路结构和工作原理基本相同。

1. 计算机联锁信号电源屏的电路分析

(1)三相调压电源屏。

计算机联锁三相调压屏输入两路三相 380V/220V 的电源,一路供电,另一路备用,两路之间可实现手动、自动转换。对某一路可靠输入电源送至感应调压器进行三相稳压,由本屏输出的三相稳定电源引至 A 交流电源屏/A 直流电源屏(主用)和 B 交流电源屏/B 直流电源屏(备用),供出大站计算机联锁所需的各种交流、直流电源。现以 30kV·A 三相调压电源屏为例,介绍其电路结构和工作原理。PDT-30-4Y 型计算机联锁三相调压电源屏电路图见书末附图 7。

30kV·A 三相调压电源屏的电路主要包括两路电源切换电路、稳压电路、报警监督电路。三相调压屏的电气参数有:额定功率 30kV·A;输入电压允许范围(80%～115%)×380V/220V;输入频率范围 50Hz±1Hz;手动调压范围 304V/176V～437V/253V;自动调压范围（1±3%）×380V/220V。

① 两路电源切换电路。

两路电源中，一路供电，另一路备用。可以根据需要在两路电源之间实现手动、自动的切换。由Ⅰ路电源还是Ⅱ路电源供电，取决于交流接触器 1JQ 励磁还是 2JQ 励磁。

a．Ⅰ路：1JQ 励磁电路。

开机时，首先闭合开关 1DK，随即再闭合开关 2DK，在闭合 1DK 后还没来得及闭合 2DK 的瞬间，1JQ 首先励磁（1JQ 励磁电路：1D-3—1DK 5-6—1JQ A_1-A_2—1TA 1-2—1HK 3-4—1J 13-11—2JQ 22-21—3D-1），闭合隔离开关 2K，Ⅰ路电源经 1JQ 三组主触头（L_1-T_1、L_2-T_2、L_3-T_3）送至稳压器。此时 1LD 点亮，表示Ⅰ路电源正在供电。

b．Ⅱ路：2JQ 励磁电路。

当Ⅰ路电源出现供电故障或需要检修按下手动切换按钮 1TA 时，1JQ 励磁电路被断开，1JQ 失磁时 1JQ 21-22 常闭辅助触头闭合，接通 2JQ 励磁电路（2JQ 励磁电路：1D-6—2DK 5-6—2JQ A_1-A_2—2TA 1-2—2HK 3-4—2J 13-11—1JQ 22-21—3D-2），即改由Ⅱ路电源供电。闭合隔离开关 2K，Ⅱ路电源经 2JQ 三组主触头（L_1-T_1、L_2-T_2、L_3-T_3）送至稳压器。此时 2LD 点亮，表示Ⅱ路电源正在供电。

注意：开机时 1DK、2DK 要依次闭合，确保Ⅰ、Ⅱ两路电源一路主用，另一路备用，而不会造成全站断电。两路电源的手动转换通过按压按钮 1TA、2TA 进行，由Ⅰ路电源转换至Ⅱ路电源供电，按下 1TA；而由Ⅱ路电源转换至Ⅰ路电源供电，按下 2TA。

c．断相监督电路。

输入切换电路中设置了两个断相监督继电器 1J、2J，分别来监督Ⅰ、Ⅱ两路电源相线是否断相。断相监督电路中设有中性点位移电路。以Ⅰ路电源为例，三相无断相时，3 个电容器 1C、2C、3C 的公共点（即中性点）电位近于零，整流桥 1GZ 无输入信号，继电器 1J 不动作，1J 21-23 接通，点亮断相表示灯 1BD。当三相电源中任一相断相时，中性点对地电位不为零，1GZ 输出信号使 1J 吸起，1J 21-23 断开，1BD 熄灭。此时，1J 第一组后接点断开了 1JQ 励磁电路，1JQ 释放，1JQ 的主触头 L_1-T_1、L_2-T_2、L_3-T_3 断开。1LD 熄灭，Ⅰ路电源停止供电。与此同时，1JQ 的常闭触头 21-22 接通，使 2JQ 吸合，2JQ 的主触头 L_1-T_1、L_2-T_2、L_3-T_3 接通，2LD 点亮，由Ⅱ路电源供电，实现了两路电源的自动转换。Ⅰ路电源无断相，2J 落下，2BD 点亮；Ⅰ路电源出现断相故障，2J 吸起（2BD 熄灭），2JQ 释放，1JQ 励磁，Ⅱ路自动转换至Ⅰ路电源供电。

② 稳压电路。

PDT-30-4Y 型计算机联锁三相调压电源屏稳定三相交流电源，使计算机联锁设备不受电源电压波动的影响。三相调压屏主要由控制电路、驱动电路、调整电路组成。三相交流稳压流程如大站继电联锁调压屏所述，有手轮调压和自动调压两种方式。当外电网电压波动在（80%～115%）×380V/220V 范围内时，经稳压可将其输出电压稳定在（1±3%）×380V/220V 的范围内。

a．控制电路。

控制电路包括比较放大电路（1TZ）和控制继电器电路。控制继电器电路又包括自动控制电路和手动控制电路。通过 4HK 手动切换调压方式。

电路通过变压器 1B、2B、3B 的次级绕组①、Ⅱ、Ⅲ端子对三相感应调压器的输出进行采样，将采样信号送至比较放大电路与基准信号进行比较，根据比较的结果控制 JG、JD 两个继电器的状态。

控制继电器电路由升压继电器 6J，降压继电器 5J，升压动作继电器 8J，降压动作继电器 7J，保护板盒 HBH，转换开关 4HK，自复式按钮 1KA、2KA，以及行程开关 3KA、4KA 等元器件组成。3KA、4KA 是感应调压器的行程开关，分别在电压调至上限（下限）时自动断开调压电路。保护板盒 HBH 的 41-42 接点接在 6J 励磁电路中，当电压调至过高时 HBH 41-42 断开，断开 SYJ 电路。

● 自动控制电路。

按下 4HK，使其置于"自动"位置（3-4、7-8 接通）。当采样信号在基准电压允许波动范围内时，JD、JG 都落下，5J、6J、7J、8J 都落下，电动机不转，感应调压器不调压。

当输出电压低于基准电压下限时，JD 吸起，使 6J 励磁（Ⅳ—4HK 7-8—4—JG 9-1—JD 12-8—7—HBH 41-42—5J 41-43—6J 1-2—3KA 1-2—4KA 1-2—零线 3D-6）。此时 JG 落下使 5J 失磁，5J11-12 断开了 7J 的励磁电路，通过 6J 第 1 组前接点、7J 第 2 组后接点接通 8J 励磁电路（Ⅴ—3J41-43—6J11-12—7J21-23—8J1-4—零线 3D-6）。

当输出电压高于基准电压上限时，JG 吸起，使 5J 励磁（Ⅳ—4HK 7-8—4—JD 1-9—JG 8-12—8—6J 41-43—5J 1-2—3KA 1-2—4KA 1-2—零线 3D-6）。此时 JD 落下使 6J 失磁，6J 11-12 断开了 8J 的励磁电路，通过 5J 第 1 组前接点、8J 第 2 组后接点接通 7J 励磁电路（Ⅴ—3J 41-43—5J 11-12—8J 21-23—7J 1-4—零线 3D-6）。

● 手动控制电路。

手动调压时，拉起 2HK，使其置于"手动"位置（1-2、5-6 接通）。手动调压通过两个自复式按钮 1KA、2KA 实现：手动降压按下 1KA，手动升压按下 2KA，松开后按钮自动复原，调压结束。

采样电压低于额定值时，按下升压按钮 2KA，2KA 3-4 接通 6J 励磁电路。松开 2KA，6J 落下，手动升压结束。采样电压高于额定值时，按下降压按钮 1KA，1KA 3-4 接通 5J 励磁电路。松开 1KA，5J 落下，手动降压结束。

b．驱动电路。

由三相异步交流电动机来完成驱动工作。由升压动作继电器 8J 和降压动作继电器 7J 控制电动机的转向。采样信号在基准电压允许波动范围内时，升压继电器 6J、降压继电器 5J 均落下，8J、7J 都落下，电动机无电，感应调压器不调压。

● 电动机正转电路。

当输出电压低于 380（1-3%）V 时，控制电路使 8J 励磁。用其前接点接通电动机的定子电路，定子三相绕组电流相序为 A—B—C，电动机正转，带动转子朝升压方向转动，直到输出电压升至额定范围。

● 电动机反转电路。

当输出电压高于 380（1+3%）V 时，控制电路使 7J 励磁。用其前接点接通电动机的定子电路，定子三相绕组电流相序为 C—B—A，电动机反转，带动转子朝升压方向转动，直到输出电压降至额定范围。

● 断相监督保护电路。

为防止电动机电源缺相运行而被烧毁，增设了断相保护和报警电路。断相保护采用中性点位移电路，电动机三相电源进线无断相时，中性点（3 个电容器的公共点）的电位近于零，整流器 3GZ 无输入信号，断相继电器 3J 落下。当三相中任一相断相时，中性点对地电位不再为零，3GZ 有输入，其输出信号使 3J 吸起，通过 3J 41-43 断开 8J 和 7J 的励磁电路，从而完全断开电动机电源，保护电动机。此时，3J 31-32 接通蜂鸣器 FM 电路，使之鸣响报警，提示有断相故障。

● 电动机制动电路。

调压刚刚结束时，为防止电动机由于惯性作用使电压过调而需要对电动机实施制动。三相感应器采用的是直流电压制动原理（制动原理同大站）。调压刚刚结束时，8J 和 7J 都落下，12C 对制动继电器 4J 放电使其缓放。此时，制动直流电源才加到电动机上产生制动作用。调节 4W 可调整 4J 的缓放时间。

c. 调整电路。

调整电路即三相感应调压器 TY，驱动电动机的正转或反转将带动三相感应调压器进行电压调整，完成升压或降压工作，使输出电压稳定在基准电压允许波动的范围内。

③ 报警监督电路。

通过切换 1K，使其置于 1'-2'、3'-4'、5'-6'接通位置，使感应调压器输出的稳定三相交流电源通过 3K（4K）的 1-2、3-4、5-6 引至 A 交流电源屏/A 直流电源屏（B 交流电源屏/B 直流电源屏）。A、B 输出屏的输入端各设置了监视继电器 9J、10J，3K 闭合，9J 吸起，说明 A 交流电源屏/A 直流电源屏在工作；4K 闭合，10J 吸起，说明 B 交流电源屏/B 直流电源屏在工作。

在三相调压屏中设置了控制台监督报警电路来监督计算机联锁电源的供电情况。控制台报警电路设置了电铃 DL，故障红灯 1HD、2HD。通过红灯点亮、蜂鸣器鸣响来报警。

a. A 屏工作时，3K 闭合，9J 吸起，3HK 置于 1-2、5-6 接通位置。当 A 屏某一输出模块出现供电故障时，A 屏的 2D-11、2D-12 接通，2D-13、2D-14 接通，即报警电路中的 2D-1 和 2D-5、2D-3 和 3D-5 端子对应接通。此时，通过 9J 31-32 接通 DL 电路（I_1—DL 1-2—3HK 5-6—9J 31-32—2D-3—3D-5—I_2），A 屏故障红灯 1HD 点亮（II_1—3HK 1-2—1HD 1-2—2D-1—2D-5—II_2）。工作人员确认故障后，手动操作 3HK 至 3-4、7-8 位置，DL 停止鸣响，1HD 熄灭。接下来实现切屏。首先闭合 4K（10J 吸起，此时 DL 再次鸣响，说明两屏同时工作），将故障模块的输出开关首先倒接到 B 屏输出接通位置，再将其他模块输出开关顺次倒接，最后断开 3K（9J 落下，DL 自动停止鸣响）。两屏转换完毕。此时 B 屏供电，A 屏备用。

b. B 屏工作时，4K 闭合，10J 吸起，3HK 置于 3-4、7-8 接通位置。当 B 屏某一输出模块出现供电故障时，报警电路中的 2D-2 和 2D-5、2D-4 和 3D-5 端子对应接通。此时通过 10J 31-32 接通 DL 电路（I_1—DL 1-2—3HK 7-8—10J 31-32—2D-4—3D-5—I_2），B 屏的故障红灯 2HD 点亮（II_1—3HK 3-4—2HD 1-2—2D-2—2D-5—II_2）。工作人员确认故障后，手动操作 3HK 至 1-2、5-6 位置，DL 停止鸣响，2HD 熄灭。接下来实现切屏。B 屏—A 屏的切屏同上（此处略）。两屏转换完毕，DL 自动停止鸣响。

c. Ⅰ路或Ⅱ路有断相，1J、2J 任一个落下，DL 鸣响报警；Ⅰ、Ⅱ两路电源转换时，DL 鸣响报警，手动扳动 1NZ 切断 DL 报警；A、B 屏同时工作（9J、10J 都吸起）时 DL 鸣响。

（2）交流电源屏。

计算机联锁交流电源屏供给计算机联锁设备所需的各种交流电源，由 A、B 两面屏组成。经调压屏输出的稳定交流电源由三相调压屏引至本屏，在交流屏内通过变压器进行隔离、变压，分别向信号点灯电路、轨道电路、道岔表示电路、微型计算机、TDCS 进行供电。PWJ1 型计算机联锁交流电源屏电路图见书末附图 8。

① 信号点灯电源。

供 AC 220V（白天）、180V（夜间）两种电压，由变压器 XB 分 3 束隔离供电，电流分别为 10A、5A、10A。3 束电源分别通过信号调压继电器 5XJ、6XJ 控制 XB 输出绕组Ⅲ、Ⅳ线圈匝数，使该电源可供出 220V 和 180V 两种不同的电压。5XJ、6XJ 通过控制台信号调压按钮 XTA 进行控制。白天 XTA 断开（3GZ 无输入信号，5XJ、6XJ 落下），供出 220V 电压，此时经 5XJ 31-33 点亮控制台上的绿灯（LD）；晚上按下 XTA（3GZ 有输入，输出信号使 5XJ、6XJ 吸起），供出 180 V 电压，此时经 5XJ 31-32 点亮控制台上的黄灯（UD）。

② 轨道电路电源。

轨道电路电源分 4 束隔离供电，输出 AC 220V 电压，输出电流分别为 8A、8A、7A、7A。轨道电路电源和道岔表示电源共用轨道变压器 GB。轨道电路电源自 GB 的次级绕组Ⅱ$_1$-Ⅱ$_2$供出轨道电源Ⅰ、轨道电源Ⅱ、轨道电源Ⅲ、轨道电源Ⅳ。

③ 道岔表示电源。

供 AC 220V 电压，输出电流 2A。道岔表示电源由轨道变压器 GB 的次级绕组Ⅲ$_1$-Ⅲ$_2$供出。

④ 微型计算机电源。

供 AC 220V 电压，输出电流 13.6A，由变压器 WB 的次级绕组Ⅱ$_1$-Ⅱ$_2$供出。

⑤ 调度监督电源。

供 AC 220V 电压，输出电流 6.8A。由变压器 WB 的次级绕组Ⅲ$_1$-Ⅲ$_2$供出。

⑥ 局部电源供交流 110V 电压，分两束供电，输出电流 2A×2。局部Ⅰ、局部Ⅱ电源共用一个变压器 UB。

⑦ 稳压备用电源。

供 AC 220V 电压，输出电流 5A。备用电源由变压器 BB 隔离供电。

交流屏每个电源模块输出端均并联一个监督继电器，共设有 13 个监督继电器：1XJ～3XJ、BJ、1GJ～4GJ、DJ、WJ、SJ、1UJ、2UJ。电源模块正常工作时，13 个监督继电器都吸起，通过监督继电器的前接点分别点亮 7 个指示灯 1LD～7LD（正常点亮白灯）；任一模块故障时，对应的监督继电器落下，相应的指示灯熄灭，监督继电器的后接点并联电路接通，即 2D-11 和 2D-12、2D-13 和 2D-14 两组输出端子中间电路接通，接通三相调压屏控制台报警电路进行声光报警。

交流屏屏面上设置了 7 个指示灯（正常点亮白灯）来监督各电源模块的工作情况，电源模块输出故障时，对应指示灯熄灭。屏面上电压表 V$_1$ 和万能开关 1WHK 配套使用，分别监测 3 束信号点灯、稳压备用、轨道电路、道岔表示、微型计算机、调度监督电源的输出电压变化；V_2 和 IHK 配套使用，分别监测局部 I 和局部 II 电源的输出电压；A_1 和 2WHK 配套使用，分别监测 3 束信号点灯、稳压备用电源的工作电流；A_2 和 3WHK 配套使用，分别监测轨道电路、道岔表示、微型计算机和调度监督电源的工作电流。

屏中设有 7 个 ZFD 系列防雷组合单元 IFL～7FL。在主用交流屏中，1FL～7FL 接在 3 束信号点灯、稳压备用、微型计算机、调度监督和局部 I 电源的输出端。在备用交流屏中，1FL～5FL、7FL 接在 4 束轨道电路、道岔表示和局部 II 电源的输出端。

（3）直流电源屏。

计算机联锁直流电源屏供给计算机联锁设备所需的各种直流电源，由 A、B 两面屏组成。经调压屏输出的稳定交流电源由三相调压屏引至本屏，在直流屏内通过三相变压器隔离与变压、三相整流、滤波等过程，分别供出电动转辙机动作电源（DC 220V）、轨道电源（DC 24V）、继电器电源（DC 24V）、灯丝报警电源、场间联系电源、断路器报警电源（DC 24V/36V/48 V）。PWZ1 型计算机联锁直流电源屏电路图见书末附图 9。

① 电动转辙机动作电源。

额定输出电压为 DC 220V，输出电流 30A。220V 整流器的电路原理同 24V 整流器，改变整流变压器 ZB 次级抽头可输出 210V、230V、240V 电压。

② 轨道电路电源。

额定输出电压为 DC 24V，输出电流 40A。转换屏送过来的稳定三相交流电送至继电变压器 CB 实现三相降压，经 2GZ 实现三相全波整流，改变三相变压器 CB 初级抽头可输出 26V 或 28V 电压。

③ 继电器电源。

供 DC 24V 电压，输出电流 10A。由变压器 JB 的次级绕组 II_1-II_2 给整流桥 3GZ 提供交流输入，经滤波电路供出稳定 DC 24V 电压。

④ 灯丝报警电源。

灯丝报警电源、场间联系电源、断路器报警电源共用变压器 BB，灯丝报警电源从 BB 的 II 绕组供电。根据需要，调节它们的输出端端子连接，经单相全波整流电路整流，可获得 24V/36V/48V 不同的电压，输出电流 1A。

⑤ 场间联系电源。

场间联系电源从 BB 的 III 绕组供电。根据需要，调节它们的输出端端子连接，经单相全波整流电路整流，可获得 24V/36V/48V 不同的电压，输出电流 1A。

⑥ 断路器报警电源。

供 DC 24V/36V/48V 电压（根据需要选用），输出电流 1A，从 BB 的 IV 绕组供电。

直流屏各电源模块输出端也分别设置了监督继电器，共设有 6 个监督继电器。电源模块正常工作时，6 个监督继电器都吸起，通过监督继电器的前接点分别点亮指示灯 1LD～6LD；任一模块故障时，对应的监督继电器落下，监督继电器的后接点并联电路接通，即 2D-11 和 2D-12、2D-13 和 2D-14 两组输出端子中间电路接通，接通三相调压屏控制台相关报警电路进行声光报警。各电源输出电源还设有直流电压表和电流表，用来监测输出电源的电压和电流。

两面直流屏中有 6 个 ZFD 系列防雷组合单元 1FL～6FL。在主用直流屏中，1FL～3FL

接在转辙机电源、轨道电源、继电器电源输出端；在备用直流屏中，4FL～6FL 接在灯丝报警电源、场间联系电源和断路器报警电源输出端。

（4）计算机联锁输出电源屏。

计算机联锁输出电源屏有 5kV·A、10kV·A、15kV·A、20kV·A 4 种不同的规格。它们的电路结构相同，只是容量不同。若使用计算机联锁输出电源屏，就不使用计算机联锁交流电源屏和直流电源屏。两面计算机联锁输出电源屏分别称为 A 屏和 B 屏，其中一面主用，另一面备用，两面屏之间可实现手动切屏。它们和相应容量的三相调压电源屏组成一套电源屏组，作为采用计算机联锁车站的专用供电设备。

计算机联锁输出电源屏的输入电源从三相调压电源屏引入，通过隔离、变压、整流等过程，供出计算机联锁系统所需的各种交流、直流电源。现以 15kV·A 计算机联锁输出电源屏为例来介绍。计算机联锁 A、B 输出电源屏电路图见书末附图 10。

① 技术条件。

a．各电源要求。

- 信号点灯电源供 AC 220V（白天）、180V（夜间）两种电压，输出电流 5A×4。
- 轨道电路电源供 AC 220V 电压，输出电流 5A×4。
- 道岔表示电源供 AC 220V 电压，输出电流 4A。
- 电动转辙机电源供 DC 220V 电压，输出电流 30A。
- 微机电源供 AC 220V 电压，输出电流 10A。
- 电码化电源供 AC 127V 电压，输出电流 5A。
- 继电器电源供 DC 24V 电压，输出电流 20A。
- 应急盘电源供 AC 220V 电压，输出电流 4A。

b．仪表与指示灯。

屏面分 8 种电源，各设一个绿色指示灯。绿灯亮，表示工作正常；绿灯灭，表示故障。

屏内设交流电压表 V_1，扳动万能转换开关 1WHK，可分别指示 4 束信号点灯、轨道电路、微机电源的电压；设交流电流表 A_1，扳动万能转换开关 2WHK，可分别指示 4 束信号点灯电源的工作电流；设交流电流表 A_2，扳动万能转换开关 3WHK，可分别指示轨道电路、道岔表示、电码化、微机电源的工作电流；设直流电压表 V_2、直流电流表 A_3，对电动转辙机电源进行监视；设直流电压表 V_3、直流电流表 A_4，对继电器电源进行监视；设交流电压表 V_4，对电码化电源进行监视。

② 电路原理。

电动转辙机电源由变压器 ZB 变压，三相全波整流 1GZ 整流，输出 DC 220V 电源。

信号点灯电源由变压器 XB 变压，其次级有 4 个绕组分成 4 束，由 5XJ、6XJ 接点进行 220V 和 180V 两种电压的转换。5XJ、6XJ 受控制台上的信号调压按钮控制，5XJ 还用其前、后接点分别点亮控制台的黄灯和绿灯。

轨道电路电源、道岔表示电源、电码化电源、应急盘电源由变压器 GB 变压，其中轨道电路电源分成 4 束向外供电。

计算机联锁所用微机电源由变压器 WB 变压，供 AC 220V 电源。

继电器电源由变压器 JB 变压，单相全波整流电路 2GZ 整流，向外供 AC 24V 电源。

输出电源屏中装有 5 个 ZFD 系列防雷单元 1FL～5FL。在 A 屏中，1FL～5FL 接在 4 束信号点灯电源和电动转辙机电源的输出端；在 B 屏中，1FL～5FL 接在 4 束轨道电路电源和道岔表示电源的输出端。A、B 输出电源屏除了 5 个防雷组合电源的接线不同外，其余的电路完全不一样。

各路电源的输出设置人工倒屏用的隔离开关和故障报警用的监督继电器。如果各输出电源工作正常，则监督继电器吸起，其前接点接通，屏面上的绿灯点亮。若电源发生故障，则监督继电器落下，前接点断开，屏面上的绿灯灭，后接点接通，使故障报警电路工作。故障报警工作原理和人工倒屏顺序见本任务中的调压电源屏。

2. 电源屏的操作

（1）Ⅰ路、Ⅱ路电源手动切换。

① Ⅰ路—Ⅱ路：1BD、2BD、1LD 均点亮，2LD 灭灯状态，此时按压 1TA 直至 1LD 灭灯、2LD 点亮，松开 1TA 即可。

② Ⅱ路—Ⅰ路：1BD、2BD、2LD 均点亮，1LD 灭灯状态，此时按压 2TA 直至 2LD 灭灯、1LD 点亮，松开 2TA 即可。

（2）甩开调压电路及调压电路重新接入。

① 甩开调压电路：

首先将 1K 扳至 1-2、3-4、5-6 接通位置，再断开 2K，使调压屏完全断电。

② 重新接入调压电路：

首先闭合 2K，再将 1K 扳至 1'-2'、3'-4'、5'-6'接通位置。

（3）A—B 屏倒屏。

经稳压的电源由隔离开关 3K、4K 控制，向 A 交流屏/A 直流屏或 B 交流屏/B 直流屏供电。若闭合 3K 则接通 A 交流屏/A 直流屏电源，此时 9J 吸起；若闭合 4K，则接通 B 交流屏/B 直流屏电源，此时 10J 吸起；若同时闭合 3K、4K，则 9J、10J 都吸起，使电铃 DL 鸣响，表示两屏同时工作，要求断开其中一屏电源，确保备用输出电源屏处于断电备用状态。

3.2.3 相关规范、规程与标准

铁路运输行业标准 TB/T 1528.4—2002《铁路信号电源屏 第 4 部分：计算机联锁信号电源屏》相关条文。

任务 3.3 25Hz 信号电源屏维护

3.3.1 工作任务

认知 25Hz 信号电源屏并能按要求进行维护。

3.3.2　知识链接

1．25Hz 信号电源屏

25Hz 信号电源屏是将 50Hz 交流电变为 25Hz 交流电的设备，是交流电气化区段 25Hz 相敏轨道电路的供电电源。由铁磁变频器组成的铁磁式 25Hz 电源屏一般由轨道变频器和局部变频器组成完整的轨道、局部电源输出电路。同时，增加备用轨道、局部变频器共同构成主、备用电路，以向局部回路（110V）和轨道回路（220V）供电。而且，屏内设有相位检查电路、转极电路、负载接通和短路切除电路，以保证局部电源电压超前于轨道电源电压 90°，和轨道电路负载短路后，立即切除故障线束，变频器重新起振工作，从而不影响另一束轨道电源回路的输出。

2．使用环境条件

（1）海拔高度≤2500m。当使用环境的海拔超过 2500m 时，应考虑到空气的冷却效应与介电强度会下降的因素，根据用户要求特殊设计和生产。

（2）环境温度：-5～40℃。

（3）环境湿度：≤90%（室温环境）。

（4）环境污染等级：2；周围介质中无导电性尘埃，无足以腐蚀金属和破坏绝缘的气体。

（5）防护等级：IP20。

（6）使用环境：应满足铁路运输行业标准 TB/T 1433—1999《铁路信号产品环境条件地面固定使用》的相关要求。

3．主要技术指标

（1）额定容量及其分配。

按照 97 型 25Hz 电源标准，电源屏容量分为 800kV·A、1.6kV·A、2kV·A、4kV·A 四种规格。

（2）变频器技术指标。

① 额定输入频率/输出频率（Hz）：50/25。

② 额定输入电压（V）：AC 220。

③ 允许输入电压波动范围（%）：80～115。

④ 额定输出电压：轨道电源（V）为 AC 220，局部电源（V）为 AC 110。

⑤ 允许输出电压波动范围（%）：±3。

⑥ 额定输出电流：轨道电源为 1.36A×4；局部电源为 3.64A×2。

⑦ 在额定负载下起振电压（V）：160～260。

⑧ 当电源电压在 115%～80%范围内，负载从零至满载变化时，变频器输出的 25Hz 交流 220V、110V 电压中 50Hz 谐波的分量不大于 3%。

（3）相位：局部电源电压超前轨道电源电压 90°。

（4）绝缘电阻：在温度为 15～35℃，相对湿度为 45%～80%的气候条件下，变频器输入、输出端子对地的正常绝缘电阻值应不小于 25MΩ。

（5）绝缘耐压：变频器线圈对地能经受 50Hz、1500V 电压，1 分钟，无击穿或闪络现象。

（6）当输入电压为额定值，输出电流为额定负载，电源屏在室内温度为 40℃的环境中长期运行时，变频器的温升不大于 90℃。

4．25Hz 信号电源屏的电路分析

各类型的 25Hz 信号电源屏的电路原理大致相同，现以 25Hz 中站轨道电源屏为例说明 25Hz 轨道电源屏的电路组成、动作原理。PZT-2000/25 型 25Hz 中站轨道电源屏电路图见书末附图 11。

25Hz 中站轨道电源屏，由一台 1200V·A 的变频器向轨道电源供电，一台 800V·A 的变频器向局部电源供电，总输出功率为 2000V·A。每套主、备用屏由两面屏组成，两面屏通过手动开关可实现手动转换。25Hz 电源屏向 25Hz 相敏轨道电路的轨道回路和轨道继电器局部线圈回路提供电源。轨道电源是 220V（25Hz），局部电源是 110V（25Hz），要求局部电源相位超前轨道电源 90°。

屏内设有相位检查电路、转极电路、负载接通和短路切除电路。

（1）变频器电路。

25Hz 轨道电源屏的主要组成部件是变频器，通过变频器把 50Hz 的交流电转变为 25Hz 的交流电。1BP、2BP 分别为轨道变频器、局部变频器，1C、2C 分别与各变频器的谐振线圈组成谐振槽路。1BP 输出 220V 轨道电源，2BP 输出 110V 局部电源，且两变频器的输出相位相差 90°，但不能保证局部电源超前轨道电源。

（2）输出相位正确保证电路。

25Hz 相敏轨道电路的轨道继电器是交流二元继电器，它只有在局部线圈电压相位超前轨道线圈电压 90° 时才能吸起。为保证两台变频器的输出电压相位相差 90°，要将它们的输入电源相差 180°，即将其中一台变频器的输入电源反接。

由局部变频器 2BP 和轨道变频器 1BP 分别供给 XJJ 的局部线圈（1-2）110V 电压和轨道线圈（3-4）15V 电压，当 XJJ 的局部电压相位超前轨道线圈 90° 时，XJJ 吸起，输出电压的相位正确，此时 ZJ 失磁，1TBP 的次级经 ZJ 的后接头 11-13、21-23 输出。

当两变频器的输出电压相位不正确时，XJJ 不动作，处于落下状态，使 ZJ 吸起，用其前接点改变 1TBP 向外供电的相位，即 1TBP 次级经 ZJ 前接点 11-12、21-22 输出，就保证了向外供出的局部电压相位超前轨道电压 90°。

（3）短路切除电路。

铁磁变频器具有过载或短路停振、短路故障消除后自动起振的特点，为缩小短路停振的影响范围，将轨道电路分为 4 个线束供电，每个线束上分别设轨道电源控制继电器 GKJ 和负载检查继电器 FJJ，组成短路切除电路。

现以第一线束为例，说明短路切除电路的工作原理。

1TBP 起振后，25 Hz、220 V 电压经电阻 1R 降压后通过 1FJJ 的后接点 41-43 接至 1FJJ 的 7-8，使之吸起，其后接点 41-43 断开，前接点 41-42 接通，将电阻 5R 接入 1FJJ 的励磁电路，使它的线圈电压降至 6～8V。当由于外部原因使 1TBP 短路时，因串入 5R 而使 1FJJ 可靠落下，在 1FJJ 的 7-8 两端经其后接点 31-33 并联电阻 9R，是为了避免因 1FJJ 的接点

被卡而烧坏线圈。在 1FJJ 的 2-3 并联电容器 3C，是为了使 1FJJ 缓动。

在 1GKJ 励磁电路中检查 1FJJ 的前接点。1FJJ 吸起时，其前接点 11-12 接通，1GKJ 吸起，用前接点 11-12、21-22 接通负载电路，向外供出 25 Hz、220 V 电源。当负载短路时，变频器自动停振，使 1FJJ 断电，1GKJ 随之断电，用其前接点 11-12、21-22 切除故障线束。故障线束切除后，变频器自动起振。同时，通过 1GKJ 的后接点 11-13、21-23，将故障线束的负载与 1FJJ 线圈并联，因该负载是低阻抗的，就使得 1FJJ 线圈上的电压降低而不能吸起，保证了 1TBP 不再向故障线束供电，从而能正常向另一线束供电。短路故障消除后，1FJJ 吸起使 1GKJ 吸起，1TBP 恢复向该线束供电。

同样，2GKJ～4GKJ 和 2FJJ～4FJJ 也对其他 3 个线束进行防护。1GKJ～4GKJ、ZJ 由外接 DC 24V 电源供电。

主、备用变频器通过隔离开关 1QS 转换，备用变频器输出时，由隔离开关 2QS～6QS 转换至同一端子输出。交流电压表 V_1 用来测量输入电压；交流电压表 V_2 和万能转换开关 WHK 配合，以测量轨道电源输出电压和两束局部电源输出电压；交流电流表 A_1 用来测量轨道电源输出电流；交流电流表 A_2、A_3 分别用来测量两束局部电源的输出电流。

轨道电源的每线束分别设有表示灯 1BD～4BD，局部电源的每线束分别设有表示灯 5BD、6BD，正常时它们都点亮，某线束发生故障时相应的表示灯熄灭。在电源输入端和轨道电源输出端的各线束分别设防雷组合 IFL～4FL（ZFD-220 型）来防雷电。

5. 使用注意事项与调整方法

（1）如果倒屏或电源转换以后变频器不起振，把输入开关 1K 连续开合几次，变频器一般能正常工作。如果还不能正常工作，就把调压屏的输出电压用手动的方式调高，提高变频器的起振电压。

（2）谐振电容应选择适当。电容量大，过载能力强，但谐振绕组的温升太高，所以电容要选择适量，而且避免长期空载运行。

（3）局部变频器的每束负载尽量平衡。

（4）输出电压因铁芯的饱和程度不同而不同，可改变谐振电容的电压（通常用改变变频器输出侧的不同端子来实现）。输出电压低时增加电容电压，偏高时降低电容电压。仅能做少量调整。

（5）当变频器初级二极管击穿、断线或谐振电容断线、短路及输出端短路时，变频器均无输出，应停机检查。

（6）两个变频器初级绕组的匝数要相同，铁芯要对称，气隙要尽量小，以保证两个变频器初级平衡。

3.3.3　相关规范、规程与标准

（1）铁路运输行业标准 TB/T 1528.7—2002《铁路信号电源屏　第 7 部分：25Hz 信号电源屏》相关条文。

（2）铁路运输行业标准 TB/T 1433—1999《铁路信号产品环境条件地面固定使用》第 5 条"环境参数的分类及其等级"、第 6 条"分类、分级的应用说明"相关条文。

项目小结

（1）继电联锁电源屏是电气集中联锁的供电装置。除了容量不同以外，主要的区别是稳压方式不同，小站电源屏采用稳压变压器，中站电源屏采用单相感应调压器，大站电源屏采用三相感应调压器。

（2）计算机联锁信号电源屏与继电联锁信号电源屏的区别主要是增加了计算机所用电源。

（3）25Hz 信号电源屏是电气化区段信号系统的关键设备，分别向轨道回路和轨道继电器局部线圈回路提供交流 25Hz　220V、110V 电源。

复习思考题

1．简述中站继电联锁电源屏的组成及各面屏的作用。

2．简述大站继电联锁电源屏的组成及各面屏的作用。

3．简述大站继电联锁转换电源屏电路的工作原理。

4．大站继电联锁的三相调压屏由哪几部分组成？根据电路简要分析三相调压屏的稳压原理。

5．大站继电联锁的三相调压电路中，电动机何时需要制动？试根据电路简单分析其制动原理。

6．分别写出计算机联锁三相调压屏升压、降压时的电路动作流程。

7．25Hz 轨道电源屏有哪些特点？

8．简述 25Hz 轨道电源屏电路的工作原理。

项目4 信号智能电源屏维护

项目引导

信号智能电源屏是指采用模块化电力电子技术，具有实时监测、报警、记录和故障定位功能的供电设备，能给轨道交通信号负载提供稳定干净的电源。

任务 4.1　信号智能电源屏认知

4.1.1　工作任务

初步认知信号智能电源屏。

4.1.2　知识链接

1. 智能电源屏的功能

智能电源屏涵盖了信号、电力、电子、网络、计算机、通信、电磁兼容等技术，具有如下两个基础功能。

（1）基本供电功能：根据不同的联锁站场、联锁方式、轨道电路制式和自动闭塞方式，选配不同的频率、容量、电压种类的交流、直流电源单元，组合成各种车站电气集中联锁信号电源屏、驼峰编组站电源屏、区间闭塞电源屏、25Hz轨道电源屏等，或综合型信号电源屏，完成向各种信号设备供电的基本功能。

（2）智能辅助管理功能：应用计算机和通信、网络技术，对供电系统各个环节、关键器件的运行参数和状态进行监测、管理、记录、通信、报警、分析等。

2. 信号智能电源屏的组成

信号智能电源屏功能组成单元如下。

（1）输入单元：两路输入电源的引入、转换，交流集中稳压、整流，输入电源的浪涌抑制、雷电防护等。

（2）模块单元：实现输出不同电压、容量、频率的交流、直流电源，此部分是各家采用不同技术区别最大的地方，有的采用工频稳压[参数式稳压器或工频数字电压补偿型（微机补偿型）交流稳压器、工频隔离变压器]，有的采用高频电力电子技术的模块，它同时也是模块化程度最高、最容易实现的部分。

（3）输出单元：实现将各种经过稳定的输出电压进行分配、保护、监督，输出电源的浪涌抑制、雷电防护等。

（4）智能监测单元：包括系统运行中的各种参数的实时采集、变换、处理、通信等，实现系统各种参数的监测、故障定位、报警、故障信息统计、储存等，同时可实现向微机监测提供电源运行参数的接口。

信号智能电源屏采用模块化结构，满足占地面积小、备用方式灵活、故障时快速更换器件等需要；在监测方面，采用现代数字信息处理及通信技术，可向计算机监测提供输入、输出电源的各种参数，同时满足自身在工作状态显示，非正常工作记录、统计，故障判断、分析、储存等方面的需要。

3. 智能电源屏的关键技术

（1）两路输入切换技术。

① 输入电源的供电方式及转换。

信号电源屏的输入电源有两种供电方式，即一主一备供电方式和两路同时供电方式。一主一备供电方式是指正常情况下可靠性较高的 I 路电源供电，I 路电源故障时，自动切换到 II 路电源供电；两路同时供电方式（也称 H 型供电方式）是指两路电源同时向电源屏供电，当任一路断电时，另一路自动承担全部负荷供电。两路同时供电方式使用在部分型号的智能电源屏上。

2005 年，铁道部引发的《铁路信号智能电源屏技术条件（暂行）》规定：信号电源屏的输入电源采用一主一备供电方式，主用电源故障时（包括断电、断相、相序错、过欠压）时，应能自动切换到备用电源，主、备用电源之间应有手动转换和直供功能。主、备用电源的转换时间（包括手动和自动）不大于 0.15s。

当输入电压不超过额定电压的±25%时，电源屏输出应保证信号设备正常工作。输入电压超出额定电压的±25%（三相电源供电，相电压低限为 165V，高限为 275V）时，电源屏发出声光报警，允许主、备用电源自动转换，但转换前要检测备用电源的状态，只有当备用电源的状态在标准规定值以内时方可实施转换。

当一路电源转换到另一路电源工作，原供电电源恢复后，如需转回原供电电源工作，应采用手动转换方式。

② H 型切换及其特点。

QF2～QF3 为断路器，KM1～KM4 为交流接触器，KM1、KM2 和 KM3、KM4 分别具有电气和机械互锁特性，接触器的切换构成 H 型切换方式，如图 4-1 所示。

正常供电的情况下，KM1 和 KM3 吸合，KM2 和 KM4 断开，两路输入分别给互为主备的一组模块供电；在第一路输入不正常时，KM1 断开，KM2 吸合，KM3、KM4 保持不动作，这样由第二路输入给两个模块供电；相反地，在第二路输入不正常时，KM3 断开，

KM4 吸合，KM1、KM2 保持不动作，这样由第一路输入给两个模块供电。

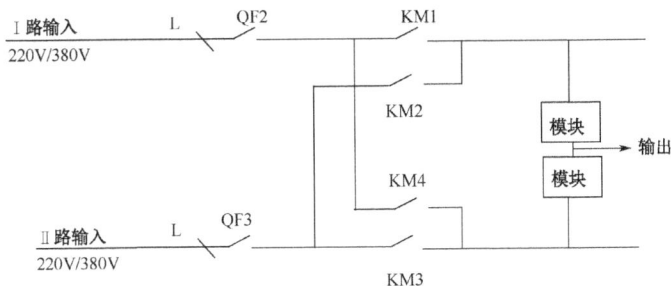

图 4-1　H 型切换原理

H 型切换的特点：可以确保输入切换时主、备模块总有一个模块输入不间断供电；两路互为主备，自动切换；有优先级切换，当其中一路输入电源故障恢复时，会增加一次切换。

③ Y 型切换原理及其特点。

KM1、KM2 为交流接触器，具有电气和机械互锁特性。如图 4-2 所示，正常供电时，KM1 吸合，KM2 断开，由 I 路给互为主备的一组模块供电。在 I 路输入异常时，KM1 断开，KM2 吸合，转为由 II 路给模块供电。在 KM1、KM2 切换过程中，模块输入端由于交流接触器的切换有短时间的断电，但因为电源模块在设计时采用了 PFC 技术，使得模块具有短时的记忆存储功能，保证了模块的对外输出不间断。在切换系统故障时直供开关 K1、K2 可以实现 I 路/II 路直供电。

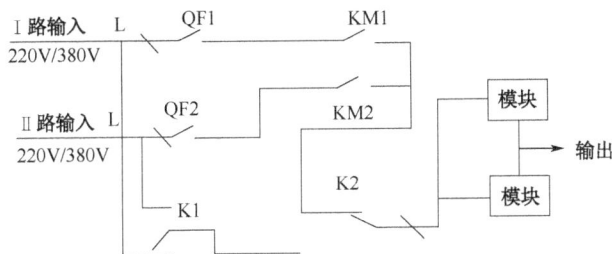

图 4-2　Y 型切换原理

Y 型切换的特点：系统切换时，模块输入瞬间掉电；两路互为主备，自动切换，但切换后需要手动恢复；属于无主切换，不会引起反复切换的可能。

（2）稳压技术。

根据原理的不同，稳压方式主要有：自动补偿稳压（机械调压型稳压器、感应调压式稳压器）；铁磁谐振稳压（磁饱和稳压器、恒压变压器、参数稳压器）；微电子补偿式稳压（无触点自动补偿稳压器）；开关电源稳压（PFC）。

（3）监测技术。

监控系统用于对电源的工作状态和系统运行参数进行采集、处理、显示，形成规范化的数据和告警信息，并提供与其他信息处理设备进行通信的接口。

监控系统的主要功能：能够实时监控电源系统的运行数据；实时监控电源系统的告警，并且做出反应；通过声光告警对系统故障做出提示；对告警数据进行记录，为故障的排除提供依据；可以通过数据交换实现远程监控；其他延伸功能。

（4）防雷技术。

信号电源设备的防雷措施应按照"系统防雷、分级防雷和概率防雷"的原则，在两路交流电输入侧（信号电源屏前端）需要加上 B 级防雷；信号电源屏内输入防雷单元采用 C ＋D 级防雷器组合，输出防雷单元根据电源类型选取相应防雷器或采用输入防雷板组件，如图 4-3 所示。

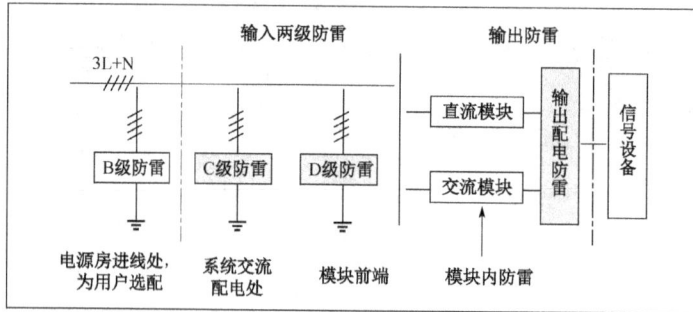

图 4-3　电源系统的雷电防护措施

4．智能电源屏的分类

根据采用系统技术的不同，智能电源屏可分为以下 4 种类型。

（1）第一类，采用工频数字电压补偿型交流稳压电源或参数式稳压变压器、工频硅整流直流电源、工频 50Hz 铁磁分频器 25Hz 电源，配备各种形式的工业控制计算机或单板计算机的智能数字型监测辅助功能。根据用户要求和现有信号设备对电源技术指标的要求，第一类可组成如下几种电源系统组成方式：交流集中稳压+工频交流隔离+工频直流整流（全工频方式）。

该电源系统的工作方式：两路电源一主一备输入后，由一套交流集中稳压器稳压；交流集中稳压器故障后自动转为旁路供电；模块单元的备用方式可采用 1+1、N+1 等备用方式，备用模块可手动或自动转换，此种备用方式可减少备用容量和数量。

（2）第二类，采用电力电子高频交流稳压电源、高频直流开关电源、高频电子 25Hz 电源，独立模块组合成电源系统，配备单板计算机的智能数字型监测辅助功能。目前有两种主电路结构。

① 交流集中稳压+工频交流隔离+高频开关直流电源（工频+高频相结合）。

该电源系统的工作方式：两路电源一主一备输入后，由一套交流集中稳压器稳压后，在分回路经过工频交流变压器进行变压、隔离后向信号点灯、轨道电路、道岔表示等交流信号设备供电；向区间自动闭塞、继电器、直流电动转辙机等直流信号设备供电的直流电源是从两路电源切换后，经高频开关型直流电源并联均流输出的；交流集中稳压器故障后自动转为旁路，由电网直接供电；模块单元可采用 1+1、N+1 等备用方式，备用模块可手动或自动转换。

优点：交流电源基本采用传统的工频电磁型电源技术，抗输入电源浪涌和抗输出负载的冲击性能比较好，工频器件可靠性高，寿命长；高频开关型直流电源模块具有完善的输入、输出保护功能；直流电源模块采用并联均流输出，N+1 或 N+M 备用方式，模块故障后可自动退出，不影响系统正常工作。

缺点：交流部分采用一套集中稳压设备，故障后没有备用设备，直供后，失去了稳压功能，降低了供电质量；交流电源模块不能并联输出，因此，两路输入电源转换时造成输出交流电源供电中断。

② 交流分散稳压+高频开关直流电源（工频+高频相结合）。

该电源系统的工作方式：两路电源一主一备输入后，经过分散的工频交流稳压器稳压，实现各交流、直流电源模块的输出；模块单元可采用 1+1、N+1 等备用方式，交流备用模块可手动或自动转换。

优点：分散式交流稳压电源采用工频电磁型电源，如参数式稳压器或无触点工频数字电压补偿型交流稳压器。工频电磁器件，抗输入电源浪涌和抗输出负载的冲击性能比较好；直流电源采用高频开关型直流电源模块，并联均流输出；采用 N+1 或 N+M 备用方式，模块故障后可自动退出，不影响系统正常工作。

缺点：采用分散式交流稳压电源，数量多，同时故障点多；交流电源模块不能并联输出，因此，两路输入电源转换时造成输出交流电源供电中断。

（3）第三类，采用工频交流稳压（参数稳压器）、整流后，构成直流母线；分回路经DC/DC 变换成直流电源，为各种直流信号设备供电；分回路经 DC/AC 逆变成各种交流电源，为各种交流信号设备供电，配备各种形式的工业控制计算机或单板计算机的智能数字型监测辅助功能。

此种类型电源系统的组成方式：工频整流构成 DC 400V 母线+高频 50Hz、25Hz 交流开关电源+高频直流开关电源（工频+高频）。

该电源系统的工作方式：两路电源一主一备输入，经交流接触器自动切换后，经过工频稳压器或工频整流变压器升压、整流构成 DC 400V 直流母线，或两路电源同时各自升压、整流后，并联构成直流母线；直流母线可并接电容或电池储存电能；然后，经过高频 DC/AC 逆变为交流电源输出，DC/AC 逆变模块可并联均流输出，向信号点灯、轨道电路、道岔表示等交流信号设备供电；经过高频 DC/DC 变换为各种直流电源输出，DC/DC 电源模块可并联均流输出，向区间自动闭塞、继电器、直流电动转辙机等直流信号设备供电；模块单元采用热备 N+1 或 N+M 冗余备用方式。

此种电源系统在结构上可将模块单元做成标准化的模块。采用直流母线储能，或两路电源同时整流并联工作，因此，在两路电源切换时，输出交流、直流电源不间断；同时，所有输出交流、直流电源模块全部采用并联均流方式，不存在有接点的切换，因此，真正做到了在任何转换条件下的"零秒"切换。DC/AC 逆变模块采用并联均流输出，可构成大容量交流电源输出，单相、三相电源均能实现。

（4）第四类，高频化整流，构成直流母线；分回路经 DC/DC 变换成直流电源，为各种直流信号设备供电；分回路经 DC/AC 逆变成各种交流电源，为各种交流信号设备供电，配备各种形式的工业控制计算机或单板计算机的智能数字型监测辅助功能。

此种类型电源系统的组成方式：高频整流构成 DC 400V 母线+高频 50Hz、25Hz 交流开关电源+高频直流开关电源（完全高频化）。

该电源系统的工作方式：两路电源一主一备输入，经交流接触器自动切换后，经过并联均流的高频整流器升压、整流构成 DC 400V 直流母线；直流母线可并接电容或电池储存电能；然后，经过高频 DC/AC 逆变模块并联均流输出交流电源，向信号点灯、轨道电路、道岔表示等交流信号设备供电；经过高频 DC/DC 变换为各种直流电源输出，模块并联均流输出，向区间自动闭塞、继电器、直流电动转辙机等直流信号设备供电；模块单元采用热

备 $N+1$ 或 $N+M$ 冗余备用方式。此种电源系统实现了真正意义上的全高频化、全模块化。

5. 智能电源屏的特点

随着电力电子和控制技术的发展，信号智能电源屏逐步向智能化、网络化、模块化方向发展，具备了如下特点。

（1）网络化：通过多种形式的组网方式，进行远程遥测和集中监测，实现整条线路信号的实时监控，可极大地提高电源屏的巡检效率。

（2）智能化：采用智能监控技术，可实时监测电源屏系统的工作状态，进行数据实时监测、故障报警、记录和定位，便于维修查询，缩短了故障判断时间。

（3）模块化：依据铁路信号的特点，电源屏实行模块化设计，达到系统的免维修、少维护以及维修更换方便的目的。

（4）输入切换：两路交流输入可自动切换，切换时间小于 150ms。确保当外电网波动时，电源屏内部电源的相对稳定。

（5）$N+M$ 热机备份：各电源模块采用 $N+M$ 方式热机备份，提高了可靠性。

（6）热插拔：电源模块采用无损伤热插拔技术，在线更换时间小于 3min，提高了可维修性。

（7）高效率：整机效率大于 85%，整流模块的效率大于 90%。

（8）安全可靠：系统设计符合国际安全标准 EN 60950。

4.1.3 相关规范、规程与标准

（1）运基信号〔2005〕458 号《铁路信号智能电源屏技术条件（暂行）》，第 3 条"术语和定义"、第 5 条"主要技术要求"相关条文。

（2）铁运〔2006〕26 号《铁路信号设备雷电及电磁兼容综合防护实施指导意见》，第 2 条"铁路信号设备专用防雷保安器 SPD 的要求及设置"相关条文。

任务 4.2 PZG 系列信号智能电源屏维护

4.2.1 工作任务

认知 PZG 系列信号智能电源系统并能按要求进行维护。

4.2.2 知识链接

PZG 系列信号智能电源屏根据用途可分为继电联锁电源屏、计算机联锁电源屏、驼峰电源屏、25Hz 电源屏、区间电源屏、交流电动转辙机电源屏（又称提速电源屏）或以上几种类型的综合电源屏。区间电源屏、25Hz 电源屏及交流电动转辙机电源屏一般不单独设屏，它们通常与继电联锁电源屏或计算机联锁电源屏合并在一起使用，组成综合电源屏。PZG 系列信号智能电源屏如图 4-4 所示。

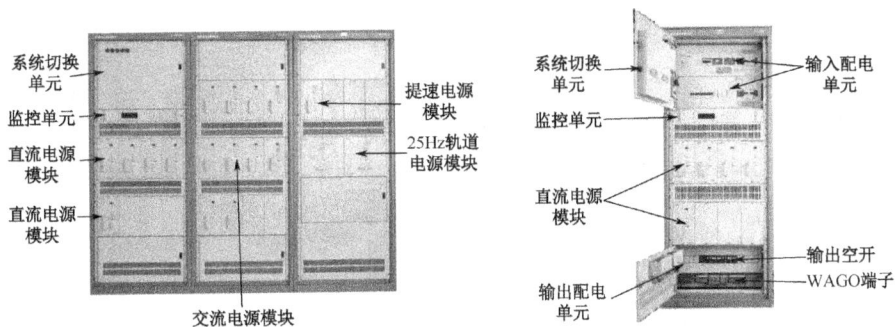

图 4-4　PZG 系列信号智能电源屏

1．电源屏系统的结构

PZG 系列信号智能电源屏的组成按功能分主要包括配电、模块、防雷、监测等几大部分，电源系统的结构框图如图 4-5 所示。

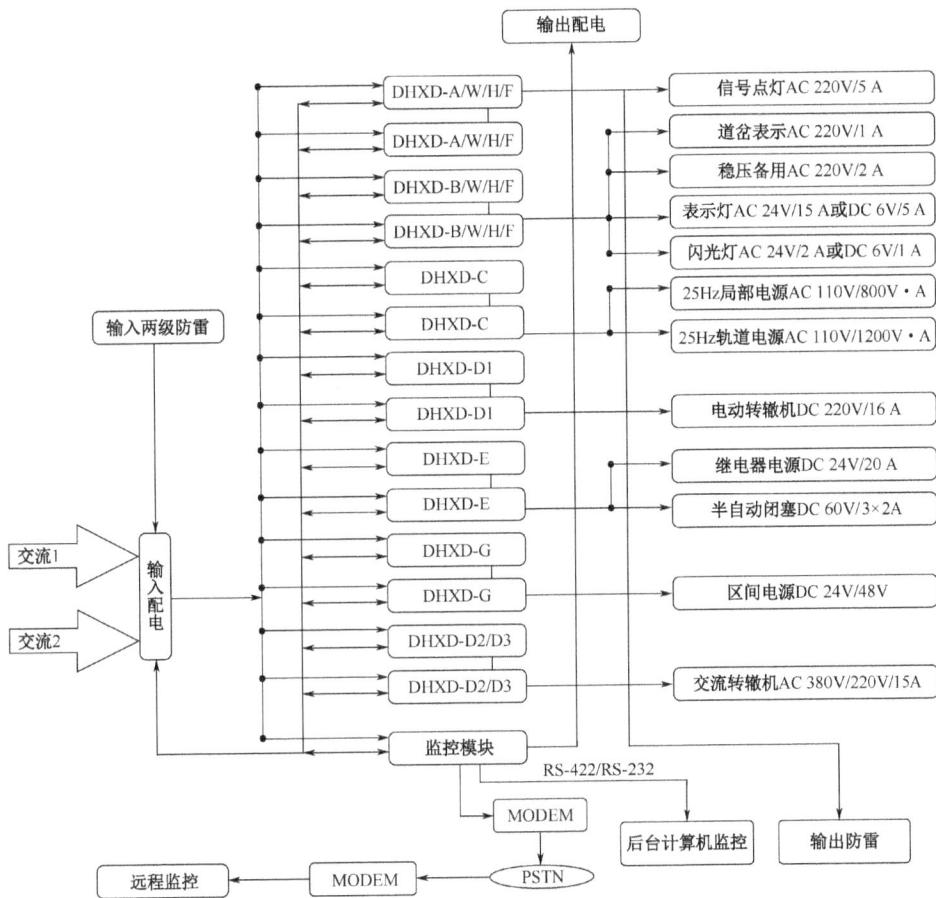

图 4-5　PZG 系列智能电源屏系统的结构框图

电源屏由外电网输入两路市电，经输入配电后进入电源模块进行稳压及变换处理，处理后的电压再经过适当的转换变换为能直接为信号设备供电的洁净电源，通过输出端子为负载供电。在系统工作过程中，监测模块始终对系统各参数进行监控，如有异常即发出警报。当发生雷电危害时，防雷单元泄放过大的电流，保护电源设备。

2. 智能电源屏的特点

PZG 系列信号智能电源屏广泛应用于城市轨道交通电源系统中。该系列电源屏具有综合化、模块化、智能化、网络化等特点，其高频电源模块和监控模块运用了多种先进技术，具有高可靠性、高效率、便于维护等优点。主要特点如下。

（1）模块化设计：多种电源模块可灵活组成各种系统，模块监测单元实现实时监测，便于维护。

（2）高频化设计：所有交流、直流模块均采用高频开关电源，应用有源功率因数校正（PFC）技术、脉宽调制（PWM）技术、正弦波脉宽调制（SPWM）技术，功率因数达 0.99。

（3）分散稳压设计：每路输出电源均由各自的稳压模块提供，各模块间互不影响，更加安全可靠。

（4）交流模块热机备份：交流模块采用 $1+1$ 或 $N+1$ 多种备份模式，保证了系统的高可靠性。

（5）直流模块均流输出：直流模块采用均负载、大冗余的输出模式，保证了直流电源的可靠输出。

（6）热插拔技术：电源模块采用无损伤热插拔技术，在线更换时间小于 1min，维护快捷方便。

（7）高效率：发热少，自身损耗电能少，整流模块的效率大于 90%，整机效率大于 85%。

（8）智能切换：独特的两路交流电源输入自动切换装置和系统方案，可以保证系统的交流、直流电源输出不间断。

（9）智能监控：可实时监测系统的工作状态，故障及时显示和告警，并具有故障记忆功能。

（10）网络化设计：可远程监控和集中监测组网，与微机监测设备实现无缝对接，最终实现信号电源的无人值守。

3. 命名原则及系统单板

（1）命名规则。

PZG 系列信号智能电源屏为 PZ 系列的第二代产品，其命名规则如图 4-6 所示。

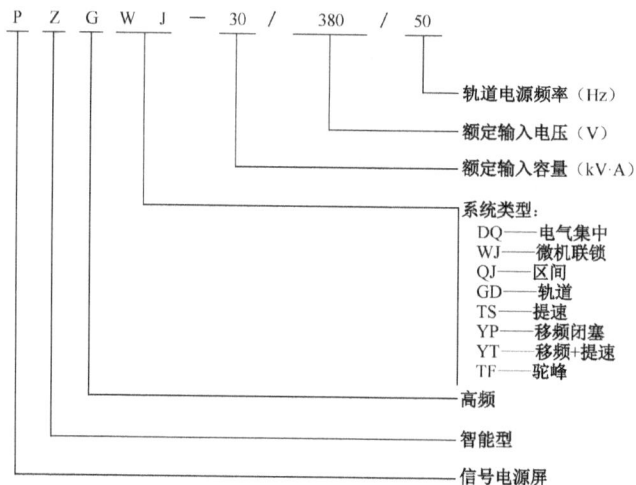

图 4-6　PZG 系列信号智能电源屏的命名规则

（2）系统单板及其功能。

PZG 系列信号智能电源屏系统的单板有交流切换电源板、交流切换控制板、24V 辅助电源板、配电监控板、电流采样板、空开检测板、同步时钟板、短路切除板等，如图 4-7 所示。

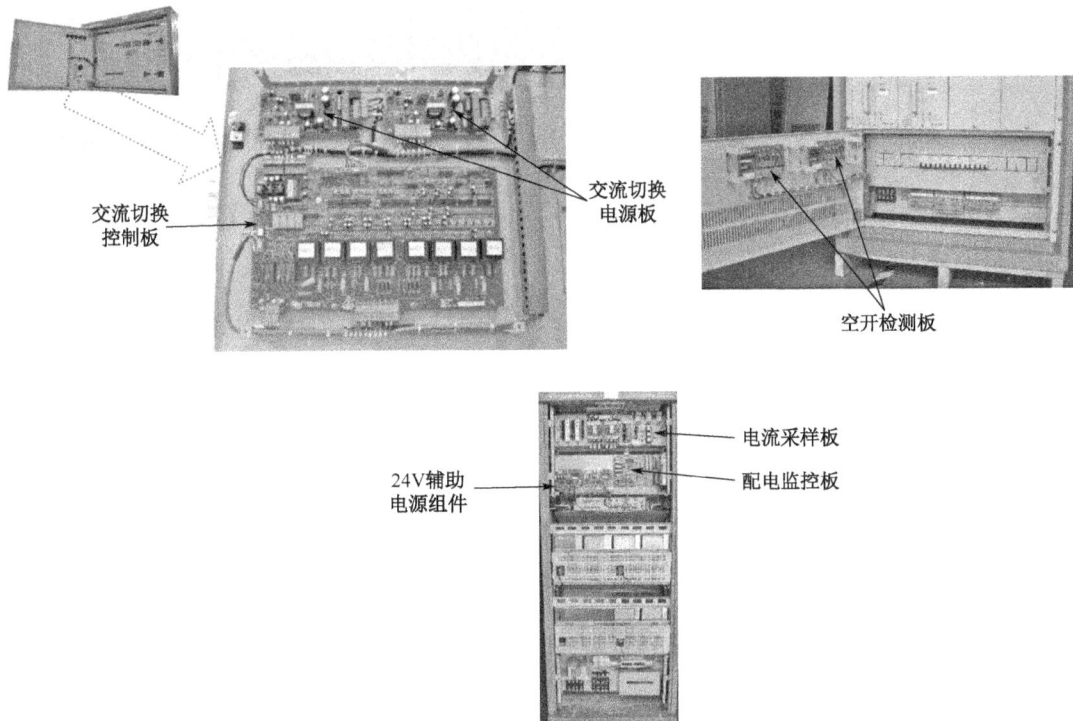

图 4-7　PZG 系列信号智能电源屏系统单板示意图

① 交流切换电源板：给交流切换控制板提供 DC 12V、DC 16V 电源。

② 交流切换控制板：通过对两路外电网电压、相序的检测，实现交流接触器的自动切换。出厂默认设置为无优先级切换，自动相序检测。当电源屏输入电源相序错时，对应交流接触器不能励磁吸合。

③ 24V 辅助电源板：为监控系统提供 DC 24V 工作电源，可提供 3 路。

④ 配电监控板：对空开检测板、空开告警节点、C 级和 D 级防雷告警节点等提供的开关量，以及系统输入的电压和电流等模拟量进行处理，将信号送给监控单元。

⑤ 电流采样板：实现对输入电源的电流采样。

⑥ 空开检测板：对电源屏输出空开进行采样。

⑦ 同步时钟板：给电源模块（如 SC1、SC2、SH1 等）提供 25Hz 或 50Hz 同步时钟信号。

⑧ 短路切除板：对 SC1/SC2 模块提供的 25Hz 轨道电源进行分束，实现一路电源短路切除一路，保证其他的轨道电源不受影响。

4．PZG 系列信号智能电源屏的模块

（1）电源屏模块的命名原则。

PZG 系列信号智能电源屏模块的命名原则如图 4-8 所示。

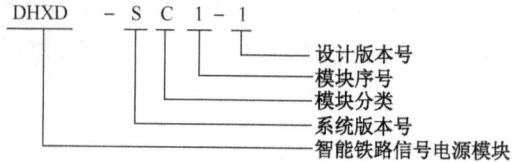

图 4-8　PZG 系列信号智能电源屏模块的命名原则

（2）电源模块的尺寸及输出指标。

PZG 系列信号智能电源屏的电源模块有直流模块、交流模块、提速电源模块和 25Hz 电源模块。

① 电源模块的尺寸。

各电源模块的尺寸如表 4-1 所示。

表 4-1　PZG 系列信号智能电源屏电源模块的尺寸

电源模块	模块尺寸	输出类型	模块名称	输出指标
	1/2 模块	交流	DHXD-SC1	AC 220V/1.2kV·A；AC 110V/0.8kV·A
			DHXD-SC2	AC 220V/2.4kV·A；AC 110V/1.6kV·A
			DHXD-SW1	AC 220V/23A
		直流	无	
	1/4 模块	交流	DHXD-SH1	AC 220V/11A
			DHXD-SD2	AC 380V/15kV·A
			DHXD-SD3	AC 380V/30kV·A
		直流	DHXD-SD1	DC 220V/16A
			DHXD-SE1	DC 24V/20A；DC 24～60V/2A×3
			DHXD-SE2	DC 24V/20A
			DHXD-SE3	DC 24V/50A
			DHXD-SE4	DC 24V/50A；DC 24～60V/2A×2
			DHXD-SE5	DC 24～60V/2A*4

② 输出指标。

a．25Hz 相敏轨道电源。

DHXD-SC1：AC 220V/1.2kV·A；AC 110V/0.8kV·A（25Hz）。

DHXD-SC2：AC 220V/2.4kV·A；AC 110V/1.6kV·A（25Hz）。

b．直流转辙机电源。

DHXD-SD1：DC 220V/16A。

c．交流转辙机电源。

DHXD-SD2：AC 380V/15kV·A。

DHXD-SD3：AC 380V/30kV·A。

d．站内轨道电路电码化电路、继电器、区间轨道电路。

DHXD-SE3：DC 24V/50A。

DHXD-SE4：DC 24V/40A；DC 24～60V/2A×2。

e．站间联系电源。

DHXD-SE5：DC 24～60V/2A×4。

f．信号集中监测、环境监测、TDCS、道岔表示、信号点灯、计算机联锁。

DHXD-SH1：AC 220V/10A（50Hz）。

g．信号集中监测、列控中心、LEU。

DHXD-SW1：AC 220V/22.7A（50Hz）。

（3）交流模块。

现在在产的交流 50Hz 高频模块只有 DHXD-SH1。模块在电源屏系统中采用 1+1 或 2+1 备份方式。1+1 备份方式主要出现在客专系统中，一台模块工作，一台模块备份，两台模块通过模块内的互锁保证只有一台模块输出。模块采用无主切换方式，先上电的模块工作，后上电的模块备用。两台模块可自动切换，切换时间小于 150ms，一般在 40ms 左右。2+1 备份方式在国家铁路系统中较为常见。在机柜同一个插框内的 3 台 SH1 模块，正常情况下左侧两台工作，右侧一台为备用。模块工作与备用的切换通过 2+1 切换板实现，切换时间小于 150ms。

现在在产的交流 50Hz 工频隔离模块有 DHXD-SF1、DHXD-SF2、DHXD-SF3。电源屏系统中，工频隔离模块一般接到 SH1 模块的输出端做输出隔离使用，由于其内部主要采用变压器实现，因此无须备份，单独使用。

现在在产的交流 50Hz 三相模块有 DHXD-SD2、DHXD-SD3。电源屏系统中，交流 50Hz 三相模块，只作为三相提速变压器的监测模块，其故障不会影响电源屏的输出，因此无须备份，单独使用。

现在在产的交流 25Hz 模块只有如下两种：DHXD-SC1、DHXD-SC2。模块在电源屏系统中采用 1+1 备份工作方式。模块采用无主切换方式，先上电的模块工作，后上电的模块备用。两台模块可自动切换，切换时间小于 150ms，一般在 40ms 左右。在实际系统配置中，模块使用略有不同，在系统中，配置两台 SC1/SC2，模块可独立输出供电；系统配置 4 台及以上 SC1/SC2 模块时，需要外加同步时钟板，模块才可正常工作。

交流模块由前面板、散热器和盖板组成。前面板上有电源指示灯、保护指示灯、故障指示灯、通信拨码开关和操作把手等。通过操作把手可带电插拔，便于维护。

（4）直流模块。

现在在产的直流模块主要有如下几种：DHXD-SD1、DHXD-SE1、DHXD-SE2、DHXD-SE3、DHXD-SE4、DHXD-SE5。这些模块在电源屏系统中采用 1+1 或 N+1 备份方式。直流模块在系统中同时工作，并联、均流输出，其备份方式和系统配置容量及系统类型有关。直流模块提供直流转辙机电源、继电器电源、半自动闭塞或站间条件电源、区间闭塞电源。

交流模块由前面板、散热器和盖板组成。前面板上有电源指示灯、保护指示灯、故障指示灯、通信拨码开关和操作把手等。通过操作把手可带电插拔，便于维护。

5．模块单板

下面以 SH1 电源模块为例，介绍 PZG 系列信号智能电源屏的模块组成及模块单板。SH1 电源模块的外形如图 4-9 所示，由模块散热片和模块机箱组成。模块机箱由模块前面板和模块各单板组成。

（1）SH1 电源模块单板及其功能。

SH1 电源模块单板包括模块主板、模块控制板、模块 PFC 板、模块滤波板、模块 CPU 通信板，如图 4-10 所示。

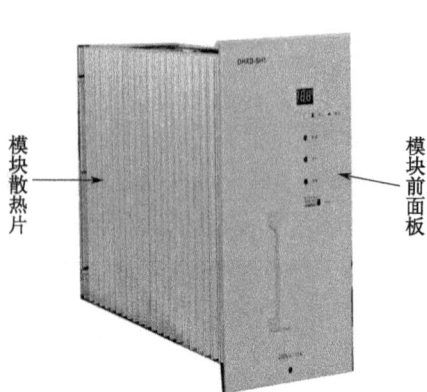

图 4-9 SH1 电源模块的外形

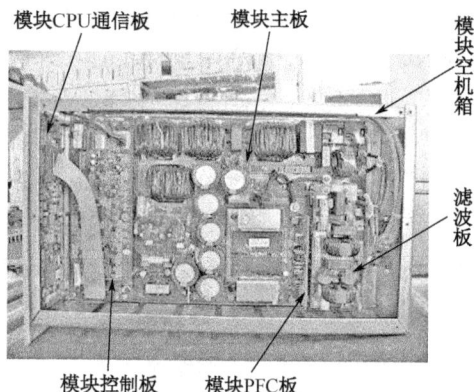

图 4-10 SH1 电源模块单板

① 模块主板的主要功能：输入电源的全桥整流（AC/DC）、直流逆变（DC/AC）、输出滤波。

② 模块控制板的主要功能：检测模块主板的电压、电流及外部同步时钟信号，迅速做出判断，对模块主板进行电压调整，保证模块的输出。

③ 模块 PFC 板的主要功能：PFC（Power Factor Correction）板的主要功能是功率因数校正。

④ 模块滤波板的主要功能：滤除模块输入电源的高次谐波。

⑤ 模块 CPU 通信板的主要功能：模块电压、电流及告警信息的采集与监控单元的通信。

（2）电源模块的使用。

① 电源模块在机柜上的安装。

在安装电源模块之前，首先需要将各个电源模块后部的定位销安装好，防止模块插错位置。模块定位销如图 4-11 所示。

图 4-11 模块定位销

安装或拔出模块时，双手配合，一手握住拉手，一手托住模块底部。按照产品配置图插入相应的槽内，缓慢地推到底，待模块后部的各插针能够与机柜插接完全吻合后拧紧模块前面板固定螺钉（拔出模块时过程则相反）。

② 电源模块地址的设置。

在电源模块的前面板上有八位地址设置开关，用于设置电源模块的通信地址，如图 4-12 所示，处于同一个监控模块控制下的各个电源模块应有相应的地址码，以便于监控模块正确识别各个监控对象。

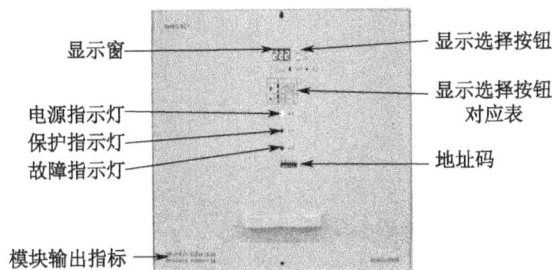

图 4-12　电源模块前面板

地址设置开关表示八位二进制数，高位在左。开关置上，则表示此位为"1"；置下，则表示此位为"0"。例如，八位地址设置开关的位置如图 4-13 所示，表示二进制数 10100111。

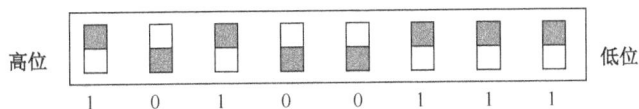

图 4-13　电源模块地址的设置示意图

6. PZG 系列信号智能电源屏的电路分析

（1）两路电源切换电路。

两路电源采用 Y 型切换方式来进行供电，通过两个断路器 QF1、QF2 分别控制两路三相交流电源的输入。两路交流输入电源的切换电路如图 4-14 所示。

两路交流电源自动切换由交流切换控制板来完成。假设 I 路电源供电故障时，切换控制板发出指令，通过切换驱动板使 KM1 失磁断开，KM2 励磁吸合，自动转为 II 路电源供电。两路交流电源手动切换由 QF1、QF2 来实现。假设 I 路电源需要手动切换到 II 路电路时，断开 QF1 使 KM1 失磁断开，KM2 励磁吸合，转为 II 路电源供电。当切换电路故障时，可选择 I 路/II 路电源直供电，直供模式通过 QF4 闭合、QF5/QF6 的闭合来选择 I 路直供电或 II 路直供电。

屏面上设置了 4 个指示灯：HL1（I 路有电时亮红灯）、HL2（II 路有电时亮红灯）、HL3（I 路正常工作时亮绿灯）、HL4（II 路正常工作时亮绿灯）。两路输入电源分别设有 C 级防雷装置，切换后的三相电源设有 D 级防雷装置。

（2）直流电源。

直流转辙机电源由直流模块 DHXD-SD1（DC 220V/16A）供出，通过双模块背板转接。分别通过 QF11、QF12 闭合将交流电源引至双模块背板，通过 QF31 闭合输出。继电器电源由直流模块 DHXD-SE4（DC 24V/40A）供出，通过双模块背板转接。分别通过 QF15、

QF16 闭合将交流电源引至双模块背板，通过 QF40 闭合输出。闭塞电源也是经过双模块背板，通过 QF41、QF42 闭合输出的。

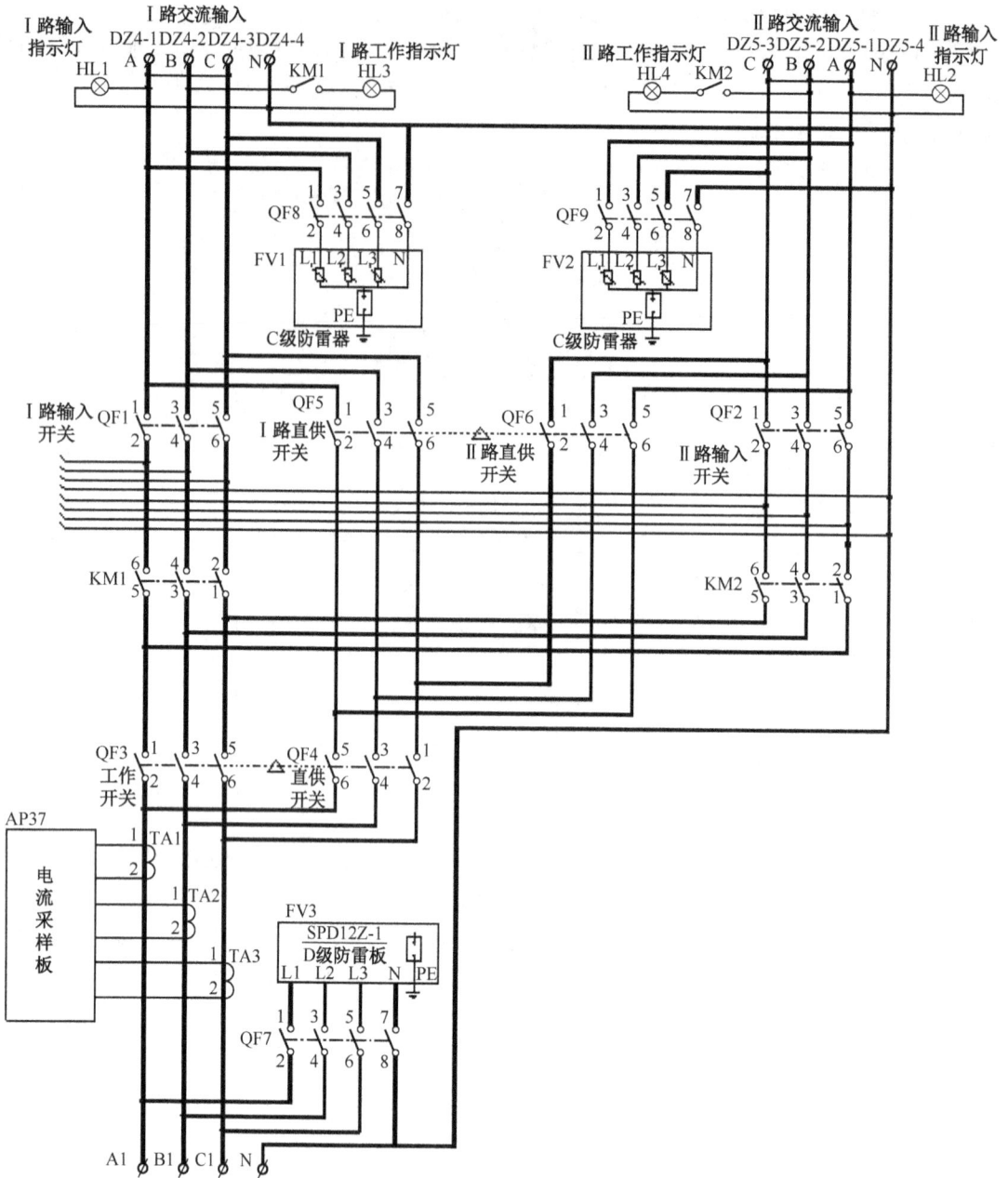

图 4-14　两路交流电源的切换电路

（3）交流电源。

交流电源由 4 个 DHXD-H3 模块组成 3+1 方式运行。4 路交流电源通过 QF3、QF4、QF5、QF6 接至背板 DB2。DB2 输出 4 路电源，各路电源都引至多绕组变压器，通过变压器次级绕组隔离开关的闭合进行有效输出。第一路电源为机房环境监控用稳压电源和控制台稳压备用电源；第二路电源为道岔表示电源和列控设备稳压电源；第三路电源为提速道岔监控机电源和稳压备用电源。

（4）25Hz 轨道电路电源。

25Hz 轨道电源由 25Hz 的 DHXD-SC1（AC 220V/1.2kV·A；AC 110V/0.8kV·A）和 DHXD-SC2（AC 220V/2.4kV·A；AC 110V/1.6kV·A）分别供出轨道电源和局部电源。两模块通过双模块背板转接。分别通过 QF14、QF15 和变压器将交流电源引至双模块背板，通过相应隔离开关闭合输出。

7．PZG 系列信号智能电源屏的监控系统

（1）监控体系的结构。

PZG 系列信号智能电源屏采用三级监控系统，电源监控的核心是三级监控单元：配电监控和模块监控；监控单元；后台监控。如图 4-15 所示。

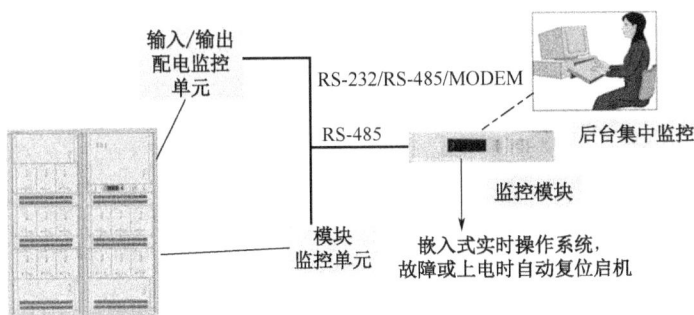

图 4-15　三级监控系统示意图

配电监控内容包括交流输入监控、系统告警、输出断路器监控；模块监控内容包括监测模块输出电压和电流、运行状态并上报监控单元。

监控单元作为电源屏系统的监控部件，主要负责 UPS 监测、上报消息给后台监控、输出信息给微机监测。

后台监控是通过 RS-485/RS-422、TCP/IP 等通信接口并通过相关监控软件对设备进行远程集中监控的。监控系统最主要的特点是要能体现出电源屏的智能化。

（2）监控原理。

PZG 系列信号智能电源屏的监控原理如图 4-16 所示。监控系统采用三级集散式监控体系，各级监控自成体系，下级监控保证在上级监控故障或不存在时能独立工作，产生告警信息；上级监控可以对下级监控的工作状态和数据进行汇总处理。

① 第一级：模块监控和配电监控。

第一级监控为模块监控和配电监控，监测模块信息和系统配电信息。每个电源模块都是一个智能单元，电源模块内有一块模块监控 CPU 板。

模块监控板的功能：采集模块的输出电压、电流值；采集电源模块的工作状态，包括保护、故障、工作/备用；显示该模块的保护、故障告警信息；通过 RS-485 口与监控模块通信。

配电监控板的功能：对整个系统的配电状态进行监测，完成输入、输出配电的数据采集、干接点输出控制、声光报警及通信等功能。

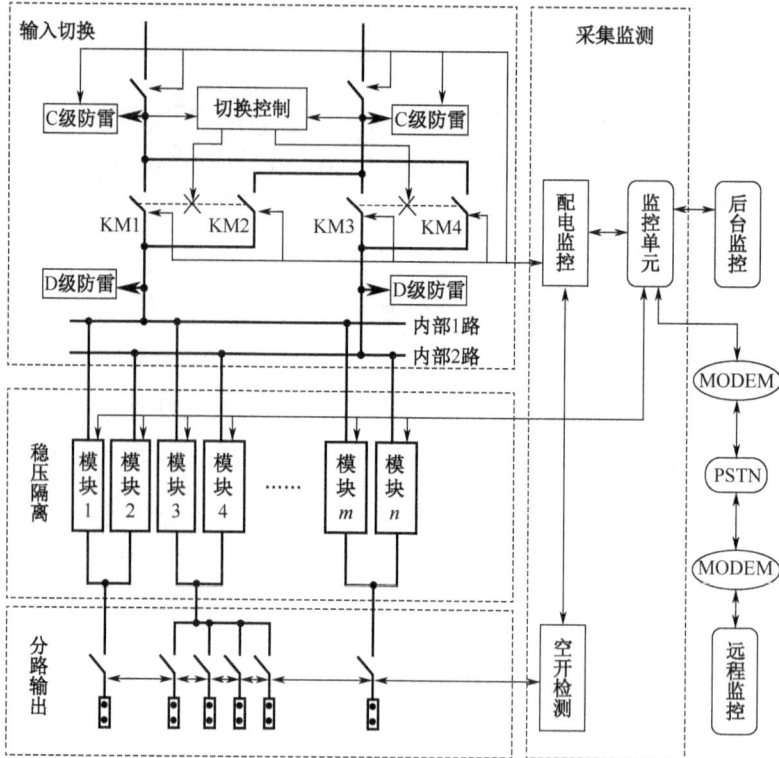

图4-16　PZG系列信号智能电源屏的监控原理

② 第二级：监控单元。

第二级监控为监控单元，为电源系统的人机交互接口，对第一级监控数据进行汇总显示和故障定位。

a. 显示与设置功能：能实时显示电源系统的各项运行参数、运行状态、告警状态、设置参数、系统配置数据。全汉字显示，界面友好，具有在线帮助、数据边界检查功能。

b. 遥测、遥信功能：监控模块可对系统输入、模块输出模拟量进行遥测；实现配电系统开关量、模块状态量等信号的遥信功能。

c. 告警与记录功能：监控模块可根据采集到的数据对系统故障进行声光报警，产生相应的动作，同时能上报到后台主机。告警分为紧急告警、一般告警和不告警3种级别，用户可根据实际情况设定告警级别，并可为每种告警类型设定对应的继电器输出，也可设为无继电器输出。用户可查阅历史告警记录和当前记录，历史告警记录包括告警类型名、发生顺序时间、结束时间，当前记录中则只有告警类型名和发生时间，按发生时间的先后来显示。

d. 通信功能：监控模块具有与后台主机和下级设备通信的功能。与后台主机的通信支持MODEM、RS-232、RS-485/RS-422等方式，与下级设备的通信支持RS-485方式。

e. 故障回叫：在设有监控后台的电源系统中，当系统发生紧急告警时，监控模块通过MODEM向监控后台发出告警信息。用户可设置回叫次数、回叫时间间隔、回叫电话号码（最多3组），设置时必须通过密码校验。

f. 干接点输出功能：监控单元具有7个干接点信号输出，当系统发生任何告警时，用户可根据需要设置成其中一个干接点信号输出。

③ 第三级：后台监控。

第三级监控为后台监控，监控全线电源的信息汇总。电源系统采用 64kb/s RS-422 串行接口，以共线通信通道方式进行集中组网监测。控制中心集中监测系统工作站对全线智能电源屏的工作情况进行远程实时动态监测和管理。

（3）监控单元。

DPSM-C2 监控单元的正面、背面结构如图 4-17 所示。监控单元是三级监控系统的核心，与后台主机和下级设备均可进行通信。监控单元的前面板的液晶显示屏用来显示系统的各种状态数据；用户操作键盘用于对各项参数进行设置。监控单元的背面有多个通信接口，用于数据通信。

① DPSM-C2 监控单元前面板。

液晶屏：显示各种信息。

指示灯：电源指示灯显示监控单元电源的情况；故障灯显示监控单元和系统的工作状态。

方向键：用来选择；在主屏幕时，左、右键用来调整液晶屏的亮度。

数字键：用来设置数据和按数字选择菜单。

确认键：单项数据设置完成后通过确认键来确认数据的更改。

功能键：F1、F2、F3、F4，用来进行如上页、菜单、帮助、下页等操作。

复位键：在进行维护级设置后或发生其他异常情况可用复位键使监控系统重新启动。

（a）正面

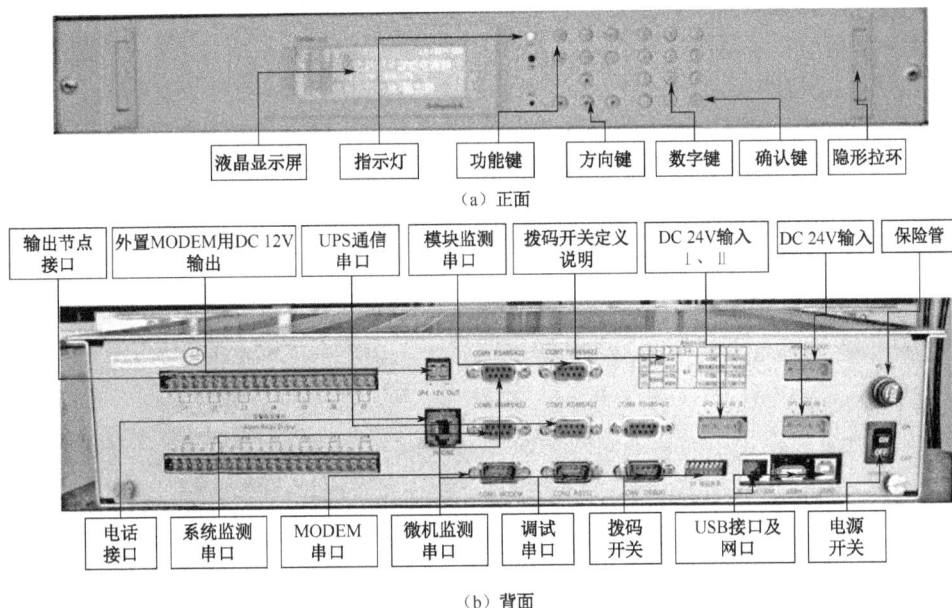

（b）背面

图 4-17   DPSM-C2 监控单元的结构

② 监控单元机箱背面板。

输出 1～输出 7：1～7 号继电器的输出干接点。

串口 1：RS-485/RS-422 接口，连接微机监测。

串口 2：RS-232 接口，连接后台主机。

串口 3：连接 MODEM。

串口 4：RS-485/RS-422 接口。

串口 5：RS-485/RS-422 接口，连接其他智能设备 UPS。

串口 6：RS-485/RS-422 接口，系统检测串口。

串口 7：RS-485/RS-422 接口，连接模块。

MODEM（＋－）：给外接 MODEM 供电的电源接口。

电话口：电话线输入口。

4 芯口：20～40V 直流电源输入。

DPSM-C 监控模块以嵌入式 CPU 为主控器，以 RTOS（实时多任务操作系统）为系统平台，具有以下特点：全汉字显示，具有强大的在线帮助功能；可接上级监控中心，组成电源集中监控系统；通过声光报警和显示屏提供各种工作状态、故障类型和故障部位指示；可存储多达 100 条历史告警记录。

（4）监控单元对外接口。

① 与微机监测的接口。

物理通信接口为 RS-485/RS-232 接口（通用接口）。信息传输方式为异步，起始位 1 位，数据位 8 位，停止位 1 位，无校验。数据传输速率为 9.6kb/s。监控单元与微机监测的通信方式为：监测单元主动上传模式，定时上传一组信息，微机监测超时收不到信息认为通信失败。通信协议采用《铁路信号智能电源屏与微机监测设备通信协议》。

② 与 UPS 的接口。

物理通信接口为 RS-485/RS-232 接口。传输方式和速率根据 UPS 确定。通信方式采用问答的方式进行，UPS 根据监控模块下发命令回复所需要的数据。不同的 UPS 采用不同的通信协议，常用的有电总协议、U_talk 协议、MODBUS 协议。

③ 与其他设备的接口。

广州地铁对 SRS 接口：监控单元直接对阿尔卡特的 SRS 传输数据，数据内容由阿尔卡特确定。传输通道：以太网（监控单元串口转接）。传输方式：监控单元直接上传（和微机监测相同）。

沈阳地铁监控单元对浙大网新设备传输信息，数据内容与微机监测相同，传输通道为 RS-485，传输方式采用监控单元直接上传的方式。

8. PZG 系列信号智能电源屏的维护

（1）日常维护。

PZG 系列信号智能电源屏的日常维护项目包括机房环境、电源设备、接地和防雷装置的维护。

① 机房环境维护的主要内容。

a. 温度：-5～50℃。

b. 湿度：相对湿度＜90%。

c. 粉尘：无明显积尘。

d. 照明：可以满足机箱内维护。

e. 通风：有良好通风，定期开启门窗通风。

f. 消防器材：符合布置和有效期要求。

g. 密闭性：门窗防风良好；屋顶无渗漏，窗户与管线无进水等。

② 电源设备维护的主要内容。

a. 电压电流显示。

检测标准：监控单元显示的各电源模块输出电压、电流与用仪器所测电压、电流偏差在技术指标范围之内。

检测工具：万用表、钳形表。

检测方法：从监控单元读取各电压值、电流值，根据以上标准做出判断。

b．电网波动。

检测标准：范围要求为 304～437V（176～253V）。

检测工具：万用表或查阅日常记录。

检测方法：测量点为受电端子，记录电网电压的最大值和最小值。

c．参数设定。

检测标准：根据上次设定参数的记录（参数表）做符合性检查。

处理方法：对不符合既定要求的参数重新设定。

d．通信功能。

检测标准：系统各单元与监控单元通信正常；历史告警记录中没有某一单元多次通信中断告警记录。

e．告警功能。

检测标准：发生故障必须告警，告警指示灯和蜂鸣器正常。

检测方法：对现场可试验项抽样检查，可试验项包括交流停电、防雷器损坏（带告警灯或告警接点的防雷器）、输出空开断等。

f．内部连接。

检测标准：电缆布线应固定良好，保持布线整齐；无电缆被金属件挤压变形；连接电缆无局部过热和老化现象；各种开关、熔断器、插接件、接线端子等部位应接触良好，无电蚀。

g．重要板件检查。

检测标准：切换控制板、配电监控板、2+1 切换板、切换辅助电源板、D 级防雷板、24V 辅助电源板的指示 LED 灯指示正常。

h．电池维护。

检测标准：测量电池组正、负极电压等于单体浮充电压×电池单体个数；检查电池壳、盖有无漏液、鼓胀及损伤；检查无灰尘污渍；检查机柜、架子、连接线、端子等处无生锈；检查螺栓和螺母连接牢靠。

检测工具：万用表、绝缘扳手。

i．备品备件。

检测标准：常用的模块、重要板件、元器件等需要就近留有充足备品备件，以便在设备发生问题时能够迅速地更换，减少故障延时。管理员要对备品备件做定期的清点和整理。对于被替换掉的备品备件要及时进行补充。

j．档案资料。

检测标准：为了有效维护电源设备，必须建立完整的维护档案资料。通常维护档案资料包括电源设备图纸、用户手册、维护日常记录文件等。

③ 接地和防雷装置维护的主要内容。

a．接地电阻。

检测标准：接地电阻小于 10Ω 且两次测量没有明显差别。

检测工具：地阻仪。

检测方法：从监控单元读取各电压、电流值，根据以上标准做出判断。

b．接地连接。

检测标准：地网引出点焊接良好，无锈蚀；接地排上的接地线连接牢固可靠。

c．防雷部件。

检测标准：防雷接地连接良好，C 级防雷部件无变色、变形、开裂等，防雷空开工作正常，处于闭合状态；D 级防雷器和输出防雷板所有指示灯亮。

检测方法：监控单元无防雷告警，目测 D 级防雷器和输出防雷板指示灯亮正常。

（2）常见故障及其处理。

① PZG 系列信号智能电源屏故障处理的一般步骤如下。

a．查看告警内容。系统出现故障时，一般会有声光告警：故障灯亮，蜂鸣器告警；监控单元故障灯亮，蜂鸣器告警。查看系统监控单元的告警内容，根据告警内容便可以确认故障范围。电源模块发生故障时，一般还可以根据模块面板上的状态指示灯大致判断模块的故障内容。

b．根据故障内容，对故障进行核实。

c．故障检修。根据故障内容和实际情况，应该积极地消除故障隐患，保证设备的安全运行。

d．记录故障系统编号、故障部件编号、故障现象，填写维修单据。

② PZG 系列信号智能电源屏常见故障的类型及处置。

a．输入切换类故障及其处置。

故障现象：输入交流接触器全部不吸合或者部分不吸合；交流接触器频繁吸合、释放。

故障分析：电网存在问题，可能电压超过设备工作范围；电网相序不对；接触器控制线缆回路存在虚接或脱路的情况；接触器控制板损坏；接触器损坏。

处理方法：改善电网条件；改正电网相序；检查接触器控制回路线缆，对虚接或脱落的线路重新进行连接；更换控制板；更换接触器。

如果确定电网相序及电压频率都不存在问题，而故障仍未消除，可采用电源屏紧急直供方法，暂时恢复供电，缩短故障延时时间。待售后工程师前往现场后，再进行进一步排查。

b．电源模块类故障及处置。

故障现象：模块故障灯亮；模块保护灯亮；模块通信中断。

故障分析：模块自身质量存在问题；模块在受到非正常电网或负载冲击后内部器件出现损坏故障；模块承担的负载超过自身容量或负载短路导致模块过载保护；室内温度过高导致模块过温保护；模块内部通信板坏或者地址码拨错，导致模块无法通信。

处理方法：更换故障模块或将模块返厂维修；对于负载过载造成模块保护的情况，需要降低负载量以满足模块容量要求；对于负载短路造成模块保护的情况，需要查找短路原因，待负载恢复后，模块会自动恢复。此类故障可以通过分断输出断路器以脱离负载，观察模块是否能自动恢复来进行判断。

由于 PZG 系列信号智能电源屏配置的模块都有冗余热备份（交流模块）或并联使用（直流模块），因此系统上任何一个模块故障都不会造成系统输出中断。对于因为主、备模块同时保护造成输出中断的情况，需要考虑外界电网或负载故障原因。

c．系统配电类故障及处置。

故障现象：空开跳闸；防雷告警；板件故障；线缆、空开烧毁。

故障分析：负载短路或过载，防雷器受到浪涌冲击；板件自身质量问题或由外界非正常因素造成；线缆错接、虚接、短路或线缆最大载流量小于实际电流造成。

处理方法：找到负载短路或者过载原因，降低负载或恢复负载正常供电；更换防雷器；更换板件或采用应急直供措施；检查配电线路是否存在错接、虚接、短路或容量不匹配情况，如果有，需修正。修正完毕后更换烧坏的线缆及空开。

d．系统监控类故障级处置。

故障现象：监控单元黑屏、花屏或死机；配电监控板通信中断；模块通信中断；监控单元提示"××输出断"或"××故障"，实际相应部位没有故障，误告警；监控单元显示值和实际值不符。

故障分析：监控单元故障，同时需重写监控单元软件；配电监控板或监控单元通信口故障，也可能是通信线没有插接牢靠；模块通信板或监控单元通信口故障，也可能是通信线没有插接牢靠；采集板故障或者采集线虚接或脱落；采集板采集精度误差或者监控单元软件问题。

处理方法：更换监控单元，同时重写监控单元程序；先检查通信线是否插牢，再分别确认配电监控板和监控单元串口是否有效，如果确认失效就进行整体更换；先检查通信线是否插牢，如果是单个模块通信中断，则更换单个模块通信 CPU 板，如果是所有模块通信中断，则更换监控单元；检查线路是否存在虚接，对虚接或脱落的线路重新连接，如果线路连接良好，则更换采集板；若更换相应采集板后显示仍有误差，则应通知厂家进行处理。

（3）典型故障案例及处置。

① 模块故障。

型号完全相同的模块可以互换。当某一型号的模块主备全部故障而影响输出时，如果有备份模块则可以直接更换；如果没有备份模块，而机柜上有同一型号作为备份的其他模块正常，可以临时取下进行更换。更换后地址码按原模块地址码拨动即可。

② 配电监控板更换。

a．拆下直流屏后侧监控单元上方盖板，拆下盖板后固定在机柜左方的板件便是配电监控板。

b．仔细观察此板各个插头及线头位置，适当做好标记。

c．关掉监控单元。

d．首先拔掉此板 24V 电源插头 J0，再依次拔掉插头 J1、J2，串口 1J2，50 针插头 JP1、JP2（先拨开 50 针插座两侧的固定销）。

e．拆下配电监控板的 4 个固定螺钉，把故障板取下。

f．把新板换上，先插好 50 针插头 JP1、JP2（固定好 50 针插座两侧的固定销），然后插好串口 1J2。把配电监控板的 4 个固定螺钉安装好，使该板固定到机柜上。然后依次插好 J1、J2，最后插好 24V 板件工作电源插头 J0。在插 J1、J2、J0 时，请注意插头的正反方向，切勿插反。

g．重新启动监控单元。

h．当配电监控板上的 LED3 二极管常亮，LED1、LED2 二极管分别闪烁后，表明该板工作正常，监控单元告警应该消失。

i．盖上盖板。

③ 25Hz 短路切除板故障。

短路切除板由于自身问题发生故障后，可采用以下两种方法之一进行模块直供，恢复供电：

a. 直接拔下左上方的 24V 电源线，即可正常供电。

b. 拔下左下方靠右侧的各路输出插头，对应插到左侧空闲的直供插座上。

④ 系统输出故障。

系统的所有输出中，相同的电源可以通过没有占用的输出端子紧急输出（如 AC 220V 道岔表示电源可用没有占用的 AC 220V 微机监测电源代替），50Hz 电源可以临时通过不稳压备用端子输出。

4.2.3　相关规范、规程与标准

铁总运〔2015〕238 号《普速铁路信号维护规则 技术标准》，第 12 条"电源屏"相关条文。

任务 4.3　PMZG 系列信号智能电源屏维护

4.3.1　工作任务

认知 PMZG 系列信号智能电源屏并能按要求进行维护。

4.3.2　知识链接

1. PMZG 系列信号智能电源屏初步认知

PMZG 系列信号智能电源屏依据铁路信号电源标准和信号设备用电要求，采用最新的电力电子技术研制而成，具有综合化、标准化、模块化、智能化、网络化等特点，可为国家（地方）铁路、城市轨道交通信号设备提供优质稳压、净化电源。

PMZG 系列信号智能电源屏具有较好的兼容性，可实现不同厂家同类电源模块的互换，统一了监测单元与微机监测系统的通信协议。

不同电源模块进行组合，可组成各种电源系统，模块采取无损伤热插拔方式，适应性强，维护方便。所有元器件均降额使用，电源模块采用 $N+M$ 或 1+1 方式备份，确保系统的高可靠性。系统可纳入微机监测进行组网，实现远程监测和集中管理。监测单元可实时监测系统的运行参数及工作状态，并具有故障定位、存储及报警功能。

（1）电源屏的组成及分类。

PMZG 系列信号智能电源屏主要由输入切换模块、监测模块、输出转换电源模块组成，由 A 屏、B 屏、C 屏和 T 屏 4 面屏组成，为车站联锁、自动闭塞、调度集中等信号设备集中进行供电。

PMZG-25W20S-TJ 型电源屏由 3 面屏组成，分别为 A 屏、B 屏、T 屏，其正面布置如图 4-18 所示。按照电源屏的用途，可分为车站联锁电源系统、提速电源系统、区间电源系统、驼峰电源系统 4 种类型；每种类型根据容量不同又可分为 5kV·A、10kV·A、15kV·A、

20kV·A、30kV·A 5 种配置。

（2）电源屏的特点。

① 网络化：可实现远程监测和集中组网，最终实现信号电源系统的无人值守。

② 智能化：实时监测系统的工作状态和运行参数，具有故障定位、存储及报警功能。

③ 模块化：电源系统由各种型号的模块组合而成，系统配置方便；模块支持热插拔，在线维护性好。

④ 可靠性高：电源模块采用 $N+M$ 或 1+1 备份；所有元器件均降额使用。

⑤ 适应外电网能力强：输入电源电压范围宽，兼容单相、三相两种制式；电网切换期间输出供电零中断。

⑥ 保护功能完善：具有模块输入过压、欠压，输出过压、过流、短路、过温等完善的保护功能。

⑦ 合理的散热设计：整机散热采用自然冷却方式，消除了风扇故障对系统的影响，同时降低了系统噪声。

⑧ 绿色环保：采用有源功率因数校正技术，系统功率因数大于 0.99，有效抑制对外电网的污染，并降低了运行成本。

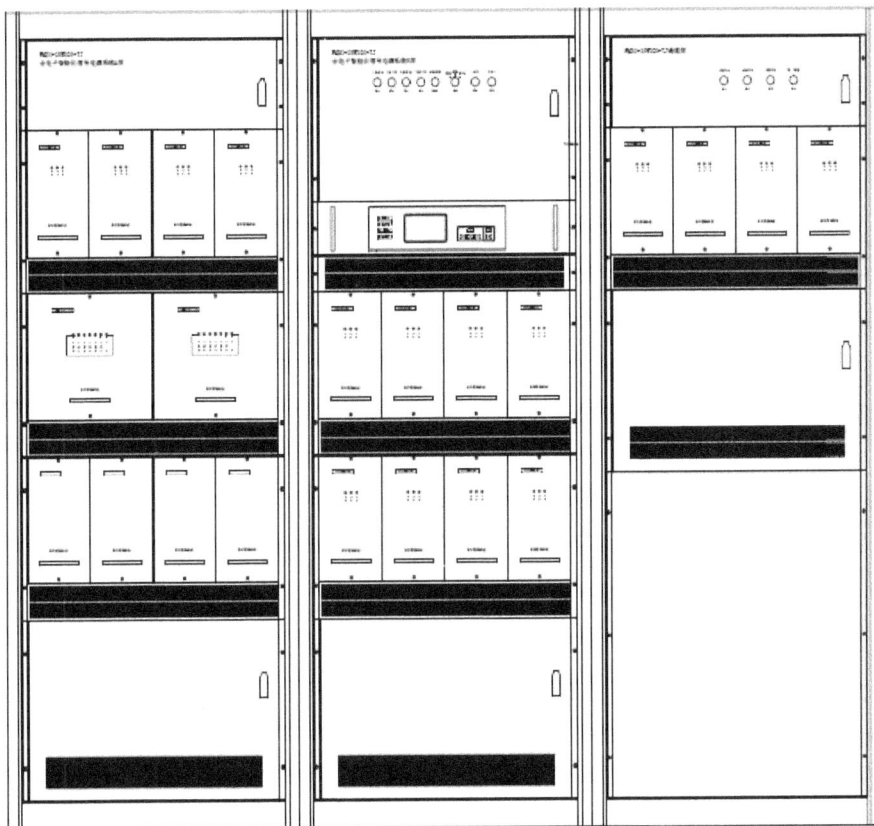

图 4-18　A 屏、B 屏、T 屏的正面布置

（3）PMZG 系列信号智能电源屏的命名规则。

各型号电源系统的命名规则如下。

① 车站联锁电源系统。

车站联锁为电气集中联锁、计算机联锁等信号设备进行供电。车站联锁电源系统根据不同站场、不同容量配置，电源系统最多可由 4 面屏组成，并配有一套监测单元，其命名规则如图 4-19 所示。

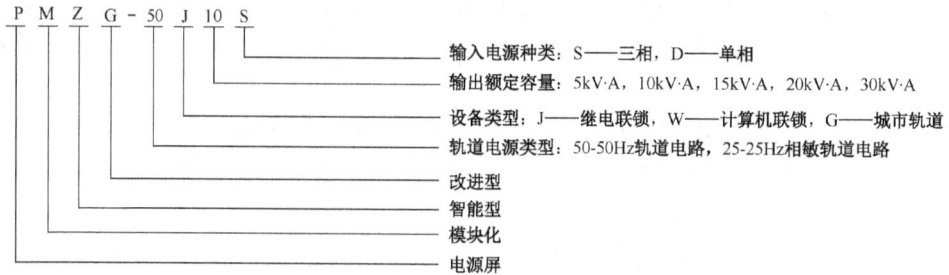

PMZG-50J10S

输入电源种类：S——三相，D——单相
输出额定容量：5kV·A，10kV·A，15kV·A，20kV·A，30kV·A
设备类型：J——继电联锁，W——计算机联锁，G——城市轨道
轨道电源类型：50-50Hz轨道电路，25-25Hz相敏轨道电路
改进型
智能型
模块化
电源屏

图 4-19　车站联锁电源系统的命名规则

② 提速电源系统。

提速电源系统为交流三相转辙机提供隔离的、可靠的交流三相电源。该电源系统可由一面屏组成，也可集成在其他电源系统中，其命名规则如图 4-20 所示。

PMZG-T10

输出额定容量：5kV·A，10kV·A，15kV·A，20kV·A，30kV·A
提速道岔电源
改进型
智能型
模块化
电源屏

图 4-20　提速电源系统的命名规则

③ 区间电源系统。

区间电源系统为自动闭塞及半自动闭塞等信号设备提供稳定的电源。该电源系统一般由一面 B 屏或 A、B 两面屏组成，无特殊要求也可将区间电源和车站联锁电源配置在一套电源系统中，其命名规则如图 4-21 所示。

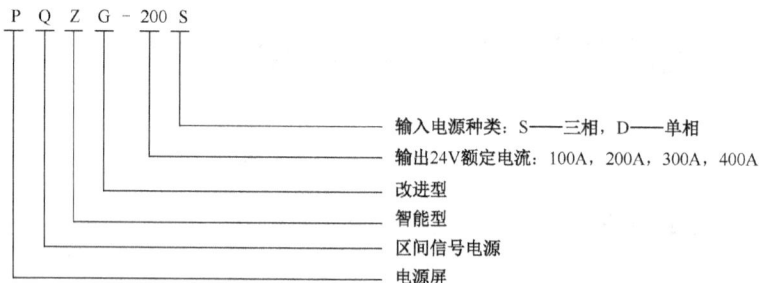

PQZG-200S

输入电源种类：S——三相，D——单相
输出24V额定电流：100A，200A，300A，400A
改进型
智能型
区间信号电源
电源屏

图 4-21　区间电源系统的命名规则

④ 驼峰电源系统。

驼峰电源系统为驼峰编组场信号设备提供稳定的电源。供驼峰转辙机用直流电源均配有备用电源。驼峰电源系统的命名规则如图 4-22 所示。

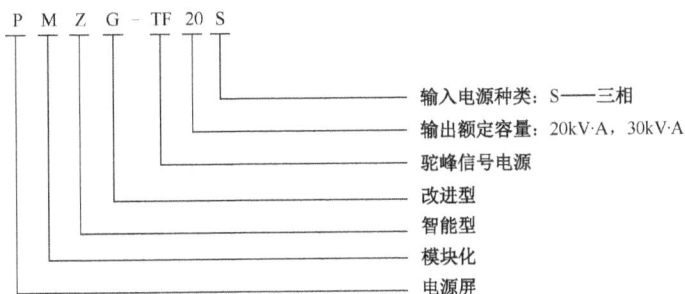

图 4-22 驼峰电源系统的命名规则

2．PMZG 系列信号智能电源屏的工作原理

PMZG 系列信号智能电源屏的工作原理如图 4-23 所示。

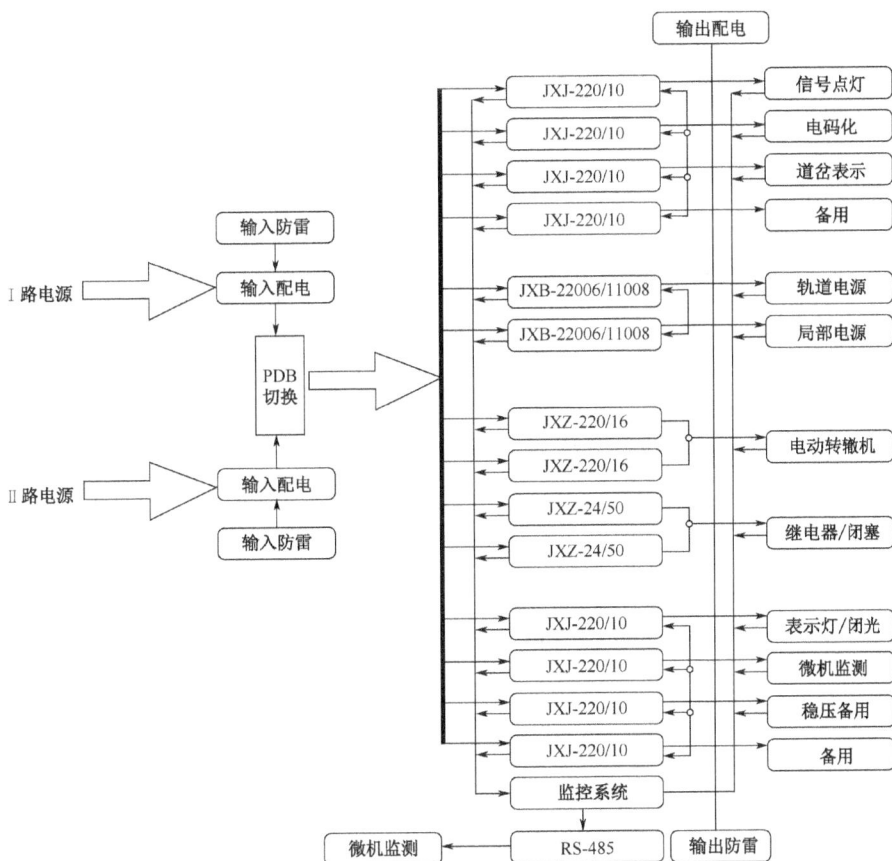

图 4-23 PMZG 系列信号智能电源屏的工作原理

系统从外网取得的两路独立交流输入电源，通过输入配电模块可实现两路电源之间的自动、手动切换，保证切换时间不大于 0.15s 即可保证一路主用，另一路备用。主用电源经各模块实现稳压、AC—AC 变换或 AC—DC 变换后经输出配电单元输出至各信号设备电路中。监测单元实时监测各模块及单元的工作状况，可实现故障诊断及报警功能。

（1）B 屏。

B 屏实现系统总输入配电、输入防雷、本屏输入配电、交直流转换、输出配电、输出防雷、数据采集及系统故障监测等功能。

B 屏由上插箱、中心监测单元、模块插箱及下插箱组成，B 屏的结构（组成及布局）如图 4-24 所示。

① 上插箱。

B 屏上插箱实现系统总输入配电、输入防雷及本屏输入配电等功能。

系统总输入配电及输入防雷的工作原理如图 4-25 所示。B 屏输入配电实现本屏电源模块、中心监测单元（MCU）及数据采集单元（DCP）的输入配电功能。

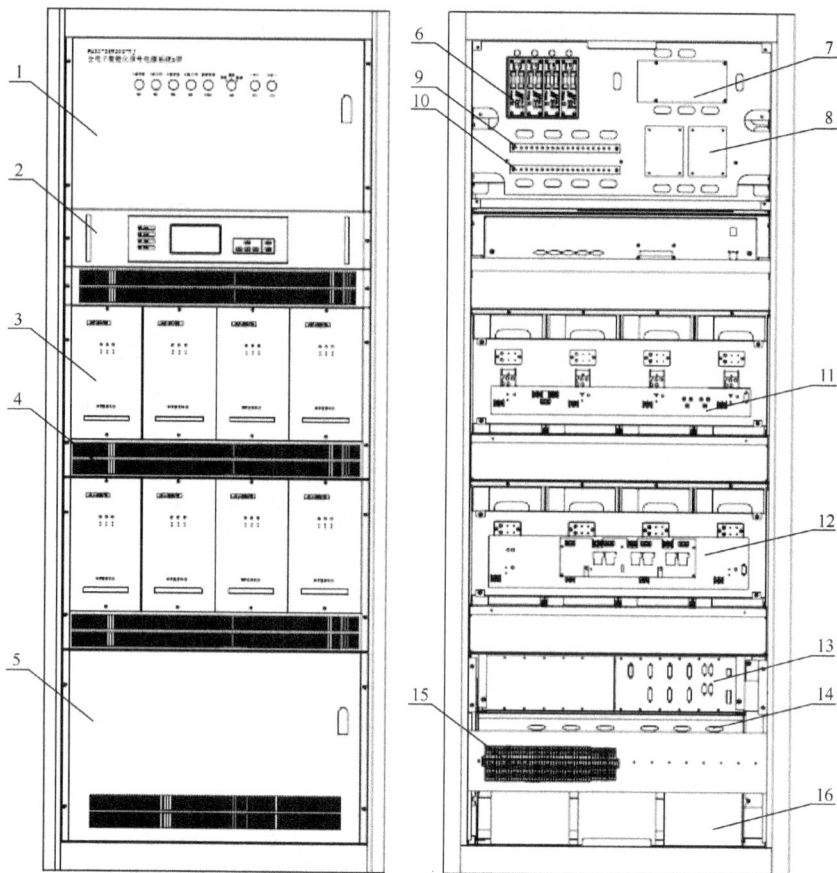

1——上插箱；2——中心监测单元（MCU）；3——模块插箱；4——风道；5——下插箱；6——输出支路防雷板；
7——输入传感器板（ISB）；8——交流接触器；9——零线汇流排（TD4）；10——地线汇流排（TD5）；
11——第一层模块后背板；12——第二层模块后背板；13——数据采集单元（DCP）；
14——电压/电流传感器板数据接口；15——输入/输出端子排；16——输出隔离变压器

图 4-24　B 屏的结构

B 屏上插箱包含上插箱门、上插箱前安装板及上插箱后安装板等。上插箱门正面安装有系统工作状态指示灯、报警状态转换开关及输入手动切换按钮，如图 4-26 所示。

HL1——"Ⅰ路有电"红色指示灯，Ⅰ路输入正常时点亮。

HL2——"Ⅰ路工作"绿色指示灯，Ⅰ路主用、Ⅱ路备用时点亮。

HL3——"Ⅱ路有电"红色指示灯，Ⅱ路输入正常时点亮。

HL4——"Ⅱ路工作"绿色指示灯，Ⅱ路主用、Ⅰ路备用时点亮。

HAU1——故障报警蜂鸣器，当系统故障时发出声光报警。

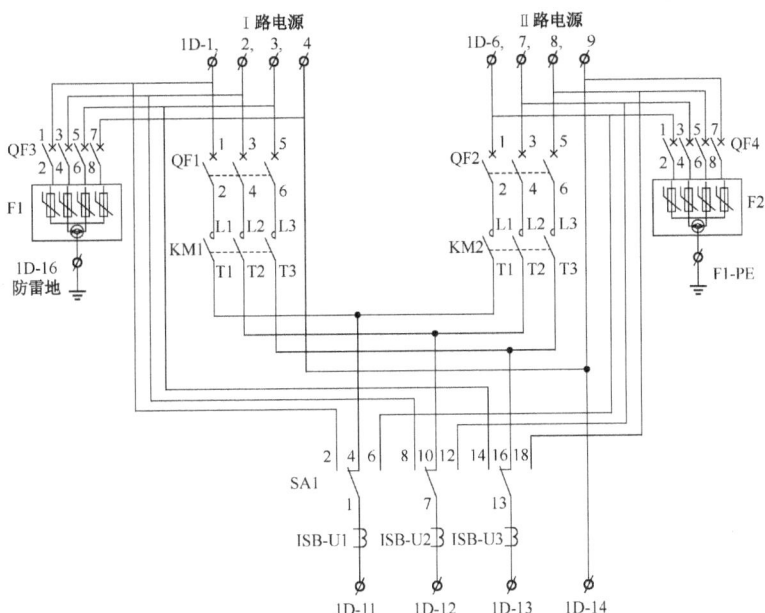

图 4-25　系统总输入配电及输入防雷的工作原理

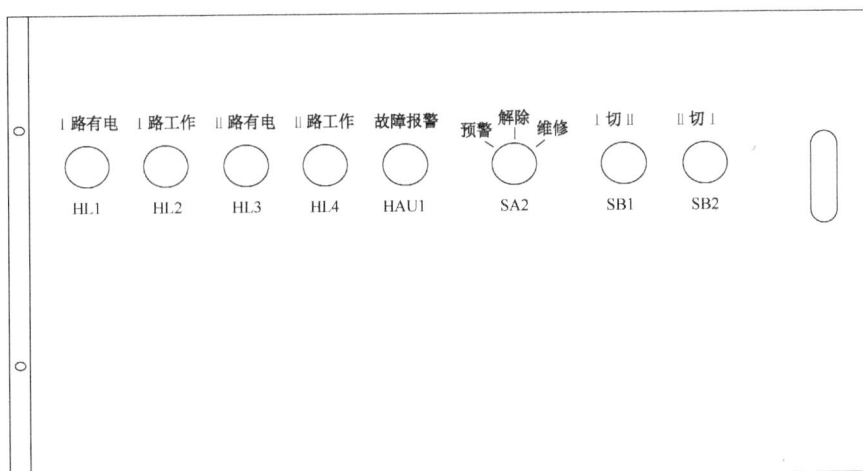

图 4-26　B 屏上插箱门的结构

SA2——报警状态转换开关，有"预警""解除""维修"3 种状态。

预警状态：置于此位，系统故障时蜂鸣器发出声光报警，正常工作时置于此位。

解除状态：屏蔽蜂鸣器声光报警，置于此位时，有无故障蜂鸣器均不报警。

维修状态：置于此位，系统正常时蜂鸣器发出声光报警，系统维修时置于此位。

SB1——"Ⅰ切Ⅱ"按钮，按下此按钮时，系统由Ⅰ路供电转为Ⅱ路供电。

SB2——"Ⅱ切Ⅰ"按钮，按下此按钮时，系统由Ⅱ路供电转为Ⅰ路供电。

B 屏上插箱前安装板装有系统Ⅰ路、Ⅱ路输入开关，系统Ⅰ路、Ⅱ路输入防雷器，直供开关和模块输入开关等器件，如图 4-27 所示。

B 屏上插箱门背面装有输入切换控制板（PDB 板）。PDB 板采用无优先、互为主备的工作方式，若系统采用Ⅰ路电源供电，当Ⅰ路电源故障时，系统自动切换到Ⅱ路电源供电；若系统采用Ⅱ路电源供电，当Ⅱ路电源故障时，系统将自动切换到Ⅰ路电源供电。

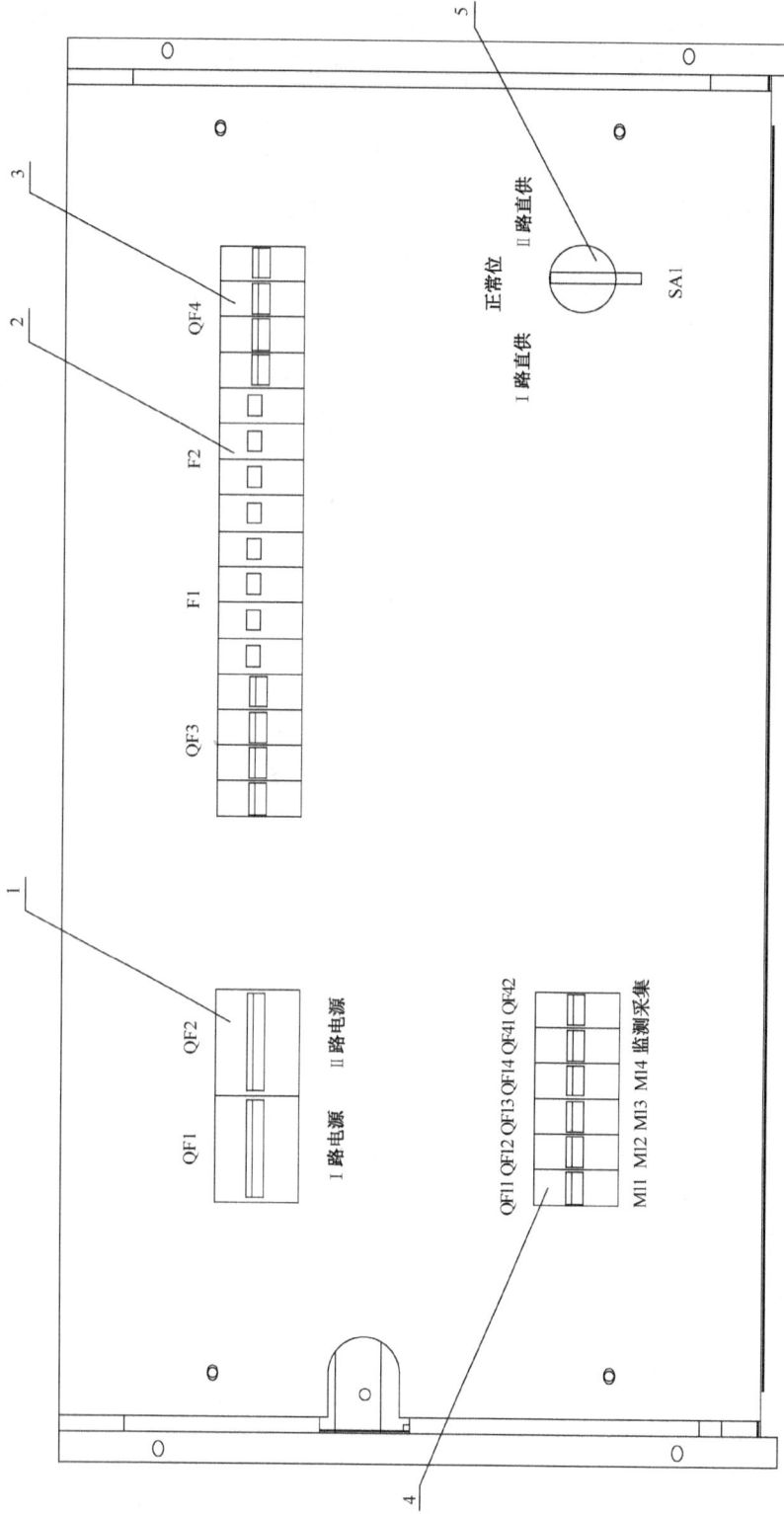

图 4-27 B 屏上插箱前安装板的结构

1—QF1、QF2 分别为系统 I 路、II 路输入开关；
2—F1、F2 分别为系统 I 路、II 路输入防雷器；
3—QF3、QF4 分别为 I 路、II 路输入防雷阻断开关；
4—QF1x（QF2x）、QF41、QF42 分别为模块、中心监测单元及数据采集单元的输入开关；
5—SA1 为直供开关，有 "正常" "I 路直供" "II 路直供" 3 种状态：
正常：正常工作时置于此位，两路输入电源经单元切换单元切换后给系统供电；
I 路直供：应急时置于此位，I 路输入直接给系统供电；
II 路直供：应急时置于此位，II 路输入直接给系统供电。

② 中心监测单元。

中心监测单元实现系统工作状态和运行参数的处理、显示功能，形成规范化的数据和告警信息，并提供与微机监测系统的通信接口。中心监测单元的外形和后视图分别如图 4-28 和图 4-29 所示。

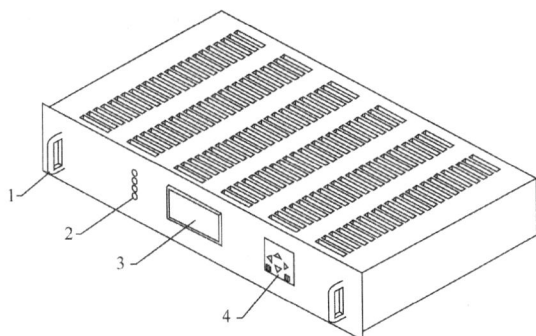

1——把手；
2——指示灯，从上到下依次为
- "工作"指示绿灯，中心监测单元工作时闪亮；
- "一般报警"指示红灯，系统一般故障时点亮；
- "紧急报警"指示红灯，系统紧急故障时点亮；
- "蜂鸣屏蔽"指示红灯，中心监测单元蜂鸣器报警屏蔽时点亮。
3——液晶显示屏，显示系统的状态和数据；
4——操作键盘，进行相关设置，查看相应的显示内容。

图 4-28 中心监测单元的外形

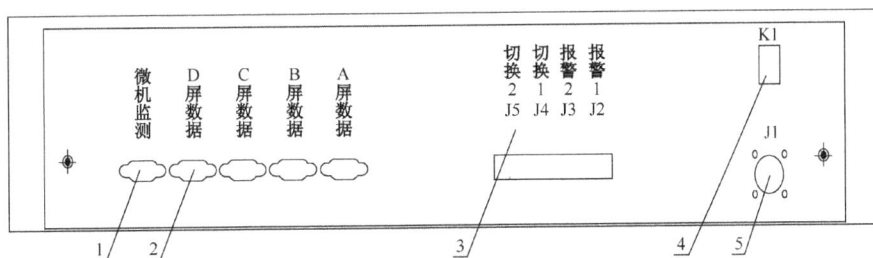

1——"微机监测"通信口，系统与微机监测的通信接口；
2——系统内部通信口，从左到右依次为：
- D 屏数据，通过 DB15 通信线与 D 屏数据采集单元相连；
- C 屏数据，通过 DB15 通信线与 C 屏数据采集单元相连；
- B 屏数据，通过 DB15 通信线与 B 屏数据采集单元相连；
- A 屏数据，通过 DB15 通信线与 A 屏数据采集单元相连。
3——系统状态接口，从左到右依次为：
- J5，切换 2：Ⅰ路、Ⅱ路电源主、备工作状态，预留；
- J4，切换 1：Ⅰ路、Ⅱ路电源主、备工作状态，给控制台；
- J3，报警 2：系统故障报警接口，给控制台；
- J2，报警 1：系统故障报警接口，电源系统自用。
4——K1，电源开关；
5——J1，航空插头，输入电源插头。

图 4-29 中心监测单元的后视图

中心监测单元通过"微机监测"接口纳入微机监测网，实现远程监测和集中管理，通信协议采用铁道部统一的标准协议，和各微机监测厂家兼容。监测系统组网如图 4-30 所示。

③ 模块插箱。

B 屏配有两层 1/4 模块插箱，最多配置 8 个 1/4 模块。模块插箱后面装有模块后背板，后背板有 DC 220-24-2BS-HB、DC-2BS-QJ-HB、2AC-2DC-BS-HB 和 AC 220V-HB 4 种型号，其中 2AC-2DC-BS-HB 后背板需和一备一切换板配合使用，AC 220V-HB 后背板需和三备一切换板配合使用。根据系统模块配置的不同，后背板的类型也不尽相同。

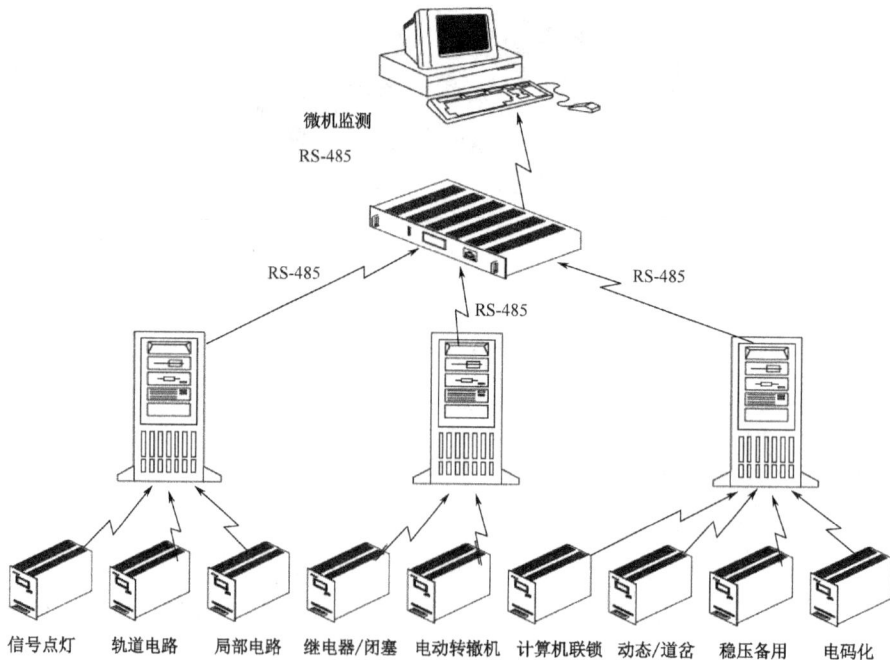

图 4-30   监测系统组网

④ 下插箱。

下插箱实现输出配电、输出实时数据、状态采集等功能。直流输出和交流输出的配电原理如图 4-31 和图 4-32 所示。

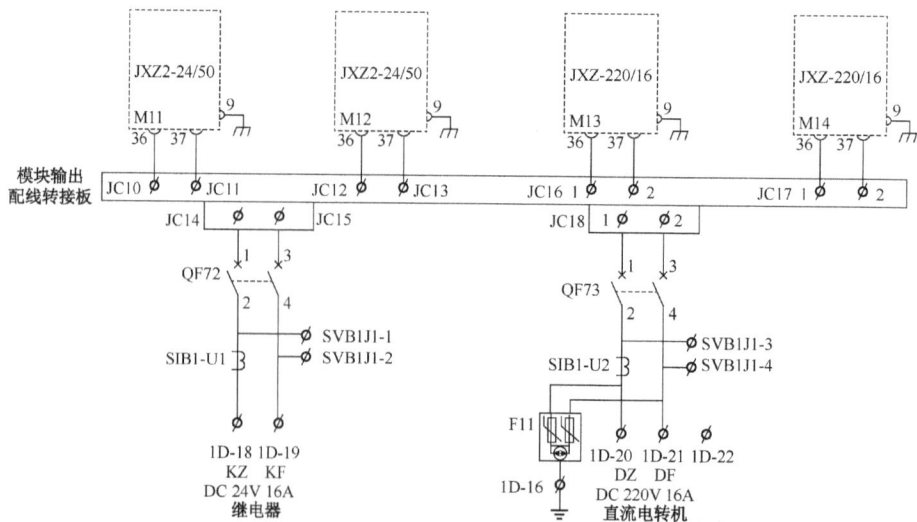

图 4-31   直流输出的配电原理

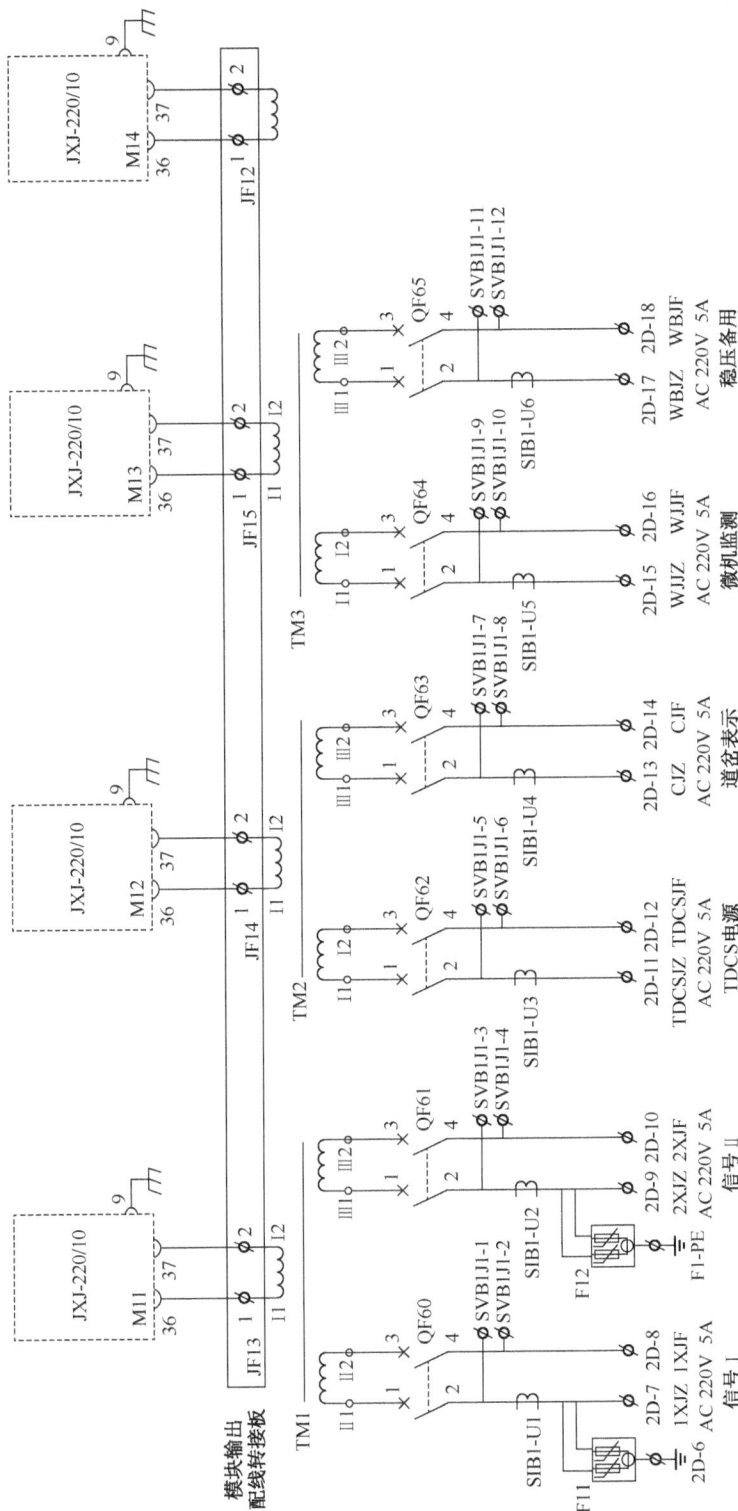

图 4-32　交流输出的配电原理

B屏下插箱包含下插箱门、数据采集单元（DCP）插箱、断路器及输出传感器板插箱、接线端子安装板以及输出隔离变压器安装板等。接线端子安装在下插箱后面，输入/输出端子的分配见随屏接线图及端子分配表。输出隔离变压器安装在下插箱底部，最多可以安装3台。对于区间电源系统的B屏，只能安装一台隔离变压器。

输出电压、电流传感器板安装在断路器及输出传感器板插箱的顶部。输出传感器板最大配置为6块，从左到右，前3块为电压传感器板，后3块为电流传感器板。电压、电流传感器板分为直流和交流两种类型，传感器板根据输出电源类型进行配置。

（2）A屏/C屏。

C屏的原理及结构与A屏相同，下面以A屏为例进行介绍。

A屏实现本屏输入配电、交直流转换、输出配电、输出防雷及数据采集等功能。A屏由上插箱、模块插箱及下插箱三部分组成，如图4-33所示。

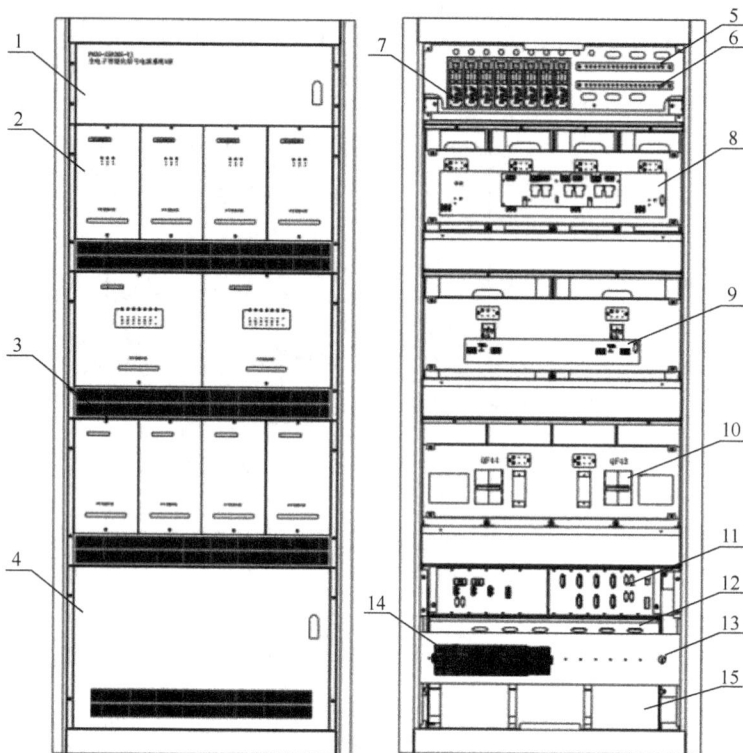

1——上插箱；2——模块插箱；3——风道；4——下插箱；5——零线汇流排（TD4）；6——地线汇流排（TD5）；
7——输出防雷板；8——第一层模块后背板；9——第二层25Hz模块后背板；10——25Hz模块输入隔离变压器开关；
11——数据采集单元（DCP）；12——电压/电流传感器板数据接口；13——闪光板主、备切换开关；
14——输入/输出端子排；15——输出隔离变压器

图4-33　A屏的结构

① 上插箱。

上插箱实现模块及数据采集单元（DCP）输入配电功能。上插箱包含上插箱门、前安装板、后安装板等。A屏上插箱门不安装器件，前安装板安装有模块和数据采集单元输入开关。后安装板安装有零线汇流排、地线汇流排及输出防雷板等器件。

② 模块插箱。

A 屏模块插箱分为 3 层。第一层为 1/4 模块插箱。当系统配有 1/2 轨道/局部模块时，第二层为 1/2 模块插箱，否则为 1/4 模块插箱。第三层为 1/4 模块插箱或变压器插箱。模块插箱后面装有模块后背板，后背板有 25Hz-HB、DC-2BS-QJ-HB、2AC-2DC-BS-HB 和 AC 220V-HB 4 种型号。

③ 下插箱。

A 屏下插箱由下插箱门、数据采集单元（DCP）插箱、短路切除板和闪光板、断路器及输出传感器板插箱、接线端子安装板以及输出隔离变压器安装板等组成。数据采集单元的正面如图 4-34 所示。

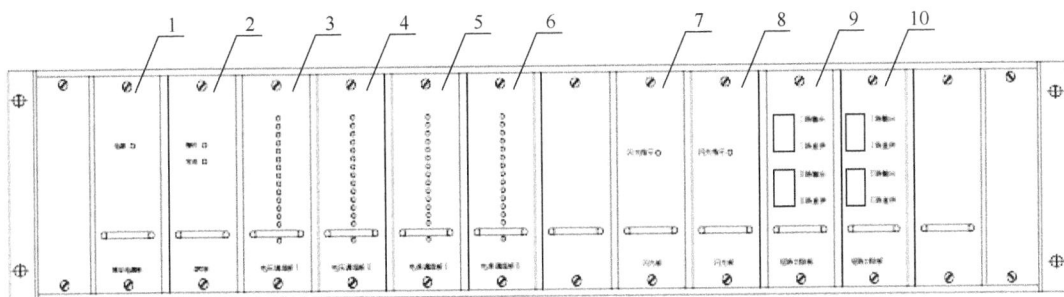

1——辅助电源板，为数据采集单元各功能板件提供电源；
2——CPU 板，对 32 路电压量、32 路电流量及开关量进行采集，并将数据发送给中心监测单元；
3——电压信号调理板 1，对 1～16 路电压模拟量进行微调；
4——电压信号调理板 2，对 17～32 路电压模拟量进行微调；
5——电流信号调理板 1，对 1～16 路电流模拟量进行微调；
6——电流信号调理板 2，对 17～32 路电流模拟量进行微调；
7——闪光板 1，主用闪光电路闪光指示；
8——闪光板 2，备用闪光电路闪光指示；
9——短路切除板 1，切除故障的轨道 Ⅰ、Ⅱ 支路；
10——短路切除板 2，切除故障的轨道Ⅲ、Ⅳ支路。

图 4-34　A 屏数据采集单元的正面

a．闪光板：系统有"闪光电源"时，配一主一备两块闪光板，采用钮子开关进行手动切换，钮子开关位于插箱后面的端子排旁。

b．短路切除板：有 25Hz 电源模块时配置两块短路切除板，用于切除过载或短路的轨道支路。短路切除板自身故障时，将短路切除板面板上的开关扳到"直供"位置，可进行应急供电。

（3）T 屏。

T 屏即提速屏，分为独立 T 屏和混合 T 屏。独立 T 屏为交流转辙机提供可靠的、隔离的三相交流电源；混合 T 屏除了为交流转辙机供电外，还可为其他设备提供稳定的交流、直流电源。

① 独立 T 屏。

独立 T 屏与 B 屏一样，有完整的输入配电单元和中心监测单元，可以独立组成提速电源系统。独立 T 屏实现系统总输入配电、输入防雷、输出配电、数据采集、断/错相监测等功能，并设有中心监测单元。

独立 T 屏由上插箱、中心监测单元、下插箱及三相隔离变压器 4 部分组成。独立 T 屏的外观结构如图 4-35 所示。

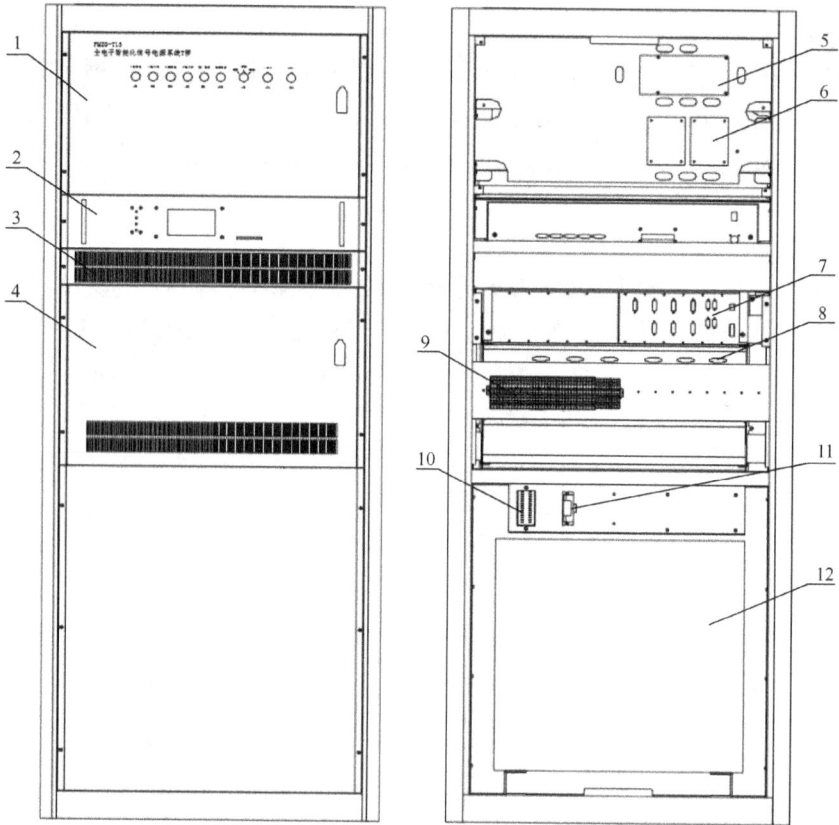

1——上插箱；2——中心监测单元（MCU）；3——风道；4——下插箱；5——输入传感器板（ISB）；6——交流接触器；
7——数据采集单元（DCP）；8——电压/电流传感器板数据接口；9——输入/输出端子排；10——相序监控器（XQ）；
11——电流互感器；12——三相隔离变压器

图 4-35　独立 T 屏的外观结构

a. 上插箱。

上插箱由上插箱门、前安装板、后安装板 3 部分组成。上插箱门正面安装有系统工作状态指示灯、断/错相指示灯、报警状态转换开关及输入手动切换按钮。上插箱门的正面如图 4-36 所示。

独立 T 屏上插箱门背面和 B 屏相同，也安装有 PDB 板。独立 T 屏上插箱前安装板装有系统Ⅰ路、Ⅱ路输入开关，Ⅰ路、Ⅱ路输入防雷器，直供开关，以及三相隔离变压器输入开关等器件，如图 4-37 所示。

独立 T 屏上插箱后安装板和 B 屏上插箱后安装板相同。

b. 中心监测单元。

独立 T 屏的中心监测单元与 B 屏相同，只是本屏的Ⅰ路、Ⅱ路电源的工作状态及报警信息不纳入站场控制台。

c. 下插箱。

独立 T 屏下插箱与 B 屏下插箱相同。

d. 三相隔离变压器。

三相隔离变压器是 T 屏的核心部件，提供隔离的、可靠的三相交流电源，其规格为 5～40kV·A 可选。

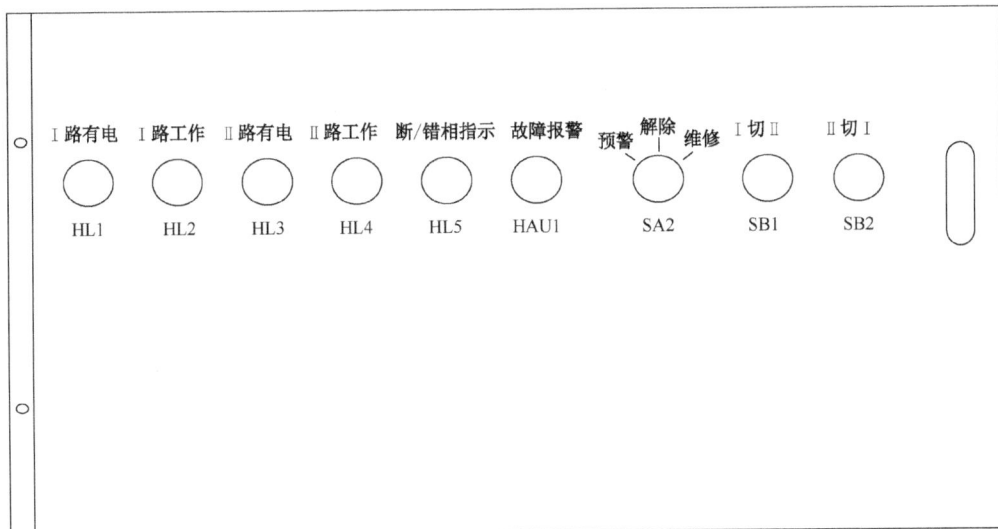

HL1——"Ⅰ路有电"红色指示灯，Ⅰ路输入正常时点亮；

HL2——"Ⅰ路工作"绿色指示灯，Ⅰ路主用、Ⅱ路备用时点亮；

HL3——"Ⅱ路有电"红色指示灯，Ⅱ路输入正常时点亮；

HL4——"Ⅱ路工作"绿色指示灯，Ⅱ路主用、Ⅰ路备用时点亮；

HL5——"断/错相"红色指示灯，当系统有断/错相故障时点亮；

HAU1——故障报警蜂鸣器，当系统故障时发出声光报警；

SA2——报警状态转换开关，有"预警""解除""维修"3 种状态：

　　● 预警状态：系统故障时蜂鸣器发出声光报警，正常工作时置于此位；

　　● 解除状态：屏蔽蜂鸣器声光报警，置于此位时，有无故障蜂鸣器均不报警；

　　● 维修状态：系统正常时蜂鸣器发出声光报警，系统维修时置于此位。

SB1——"Ⅰ切Ⅱ"按钮，按下此按钮时，系统由Ⅰ路供电转为Ⅱ路供电；

SB2——"Ⅱ切Ⅰ"按钮，按下此按钮时，系统由Ⅱ路供电转为Ⅰ路供电。

图 4-36　上插箱门的正面

② 混合 T 屏。

混合 T 屏无独立的输入配电单元和中心监测单元，必须和 B 屏配合使用。混合提速屏由上插箱、模块插箱、下插箱及三相隔离变压器 4 部分组成。混合 T 屏实现本屏输入配电、输出配电、数据采集、断/错相监测等功能，其工作原理如图 4-38 所示。

a．上插箱：由上插箱门、前安装板、后安装板 3 部分组成。上插箱门正面安装有系统有电指示灯和断/错相指示灯。

b．模块插箱：混合 T 屏预留一层 1/4 模块插箱。

c．下插箱：混合 T 屏下插箱和 B 屏下插箱相同。

d．三相隔离变压器：T 屏的核心部件，提供隔离的、可靠的三相交流电源，其规格为 5～40kV·A 可选。

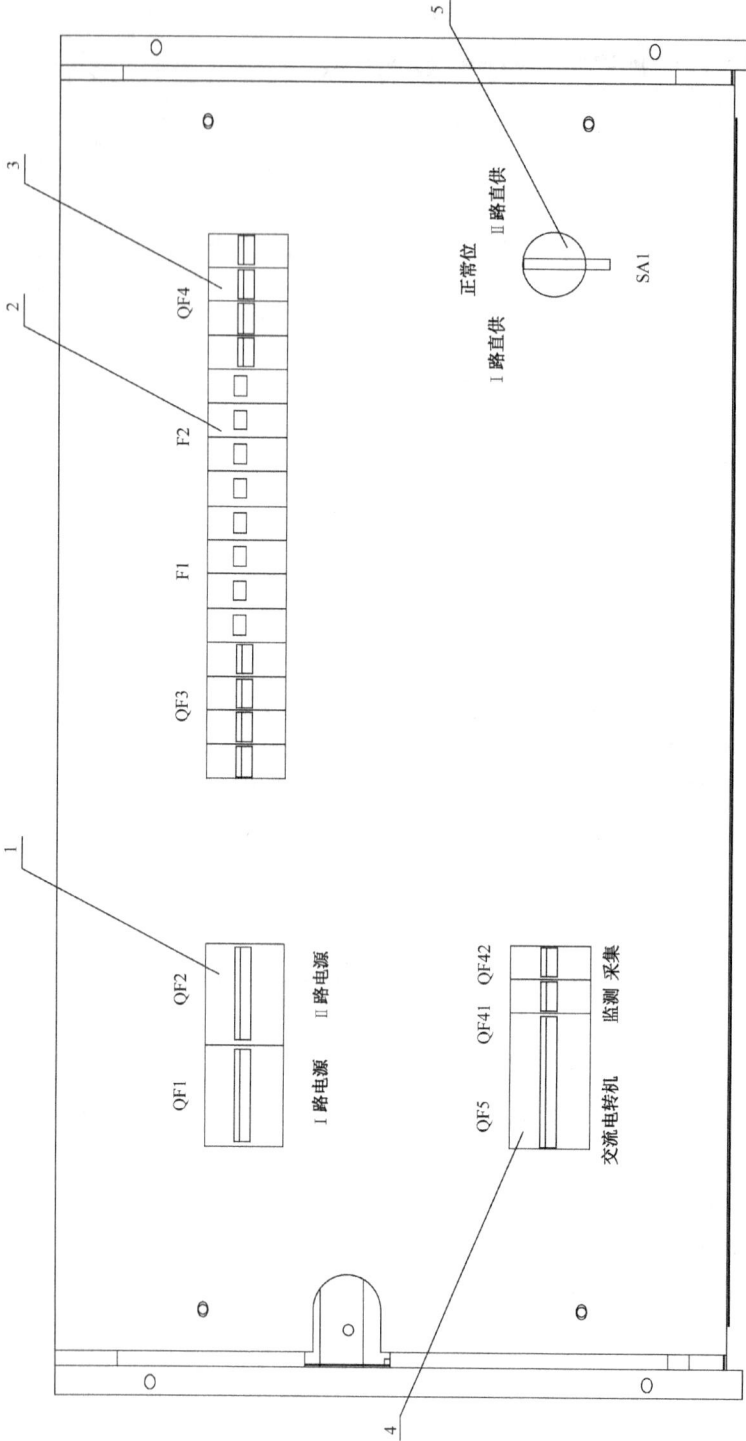

图4-37 上插箱箱前安装板示意图

上插箱前安装板上的元器件及功能：

1——QF1、QF2分别为系统I路、II路输入开关；

2——F1、F2分别为I路、II路输入防雷器；

3——QF3、QF4分别为I路、II路输入防雷阻断开关；

4——QF5、QF41、QF42为隔离变压器、中心监测单元及数据采集单元输入开关；

5——SA1为直供开关，有"正常""I路直供""II路直供"3种状态。

● 正常：正常工作时置于此位，两路输入电源经输入切换单元切换后给系统供电；

● I路直供：应急时置于此位，I路输入直接给系统供电；

● II路直供：应急时置于此位，II路输入直接给系统供电。

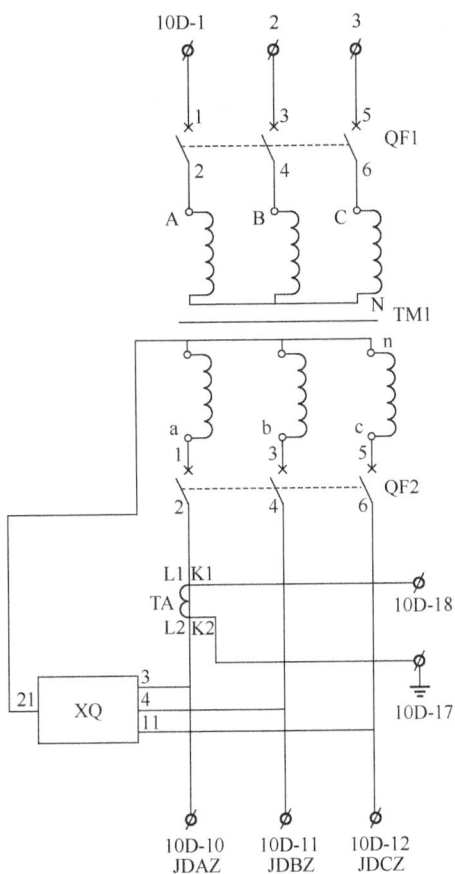

图 4-38 混合 T 屏主电路的工作原理

3. 电源模块

（1）电源模块的命名原则。

PMZG 系列信号智能电源屏电源模块的命名原则如图 4-39 所示。

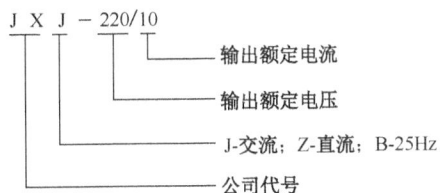

图 4-39 PMZG 系列信号智能电源屏电源模块的命名原则

（2）电源模块的分类。

电源模块用于向铁路信号继电联锁、计算机联锁、25Hz 相敏轨道电路、区间自动闭塞等信号设备供电。M×× 指模块在系统中的安装位置，×× 中的第 1 位表示模块所在的层号，第 2 位表示模块在该层中从左向右的排列序号。例如，M12 表示第 1 层从左向右的第 2 个模块。

根据输出电源种类不同，模块可分为 50Hz 交流模块、25Hz 交流模块、直流模块 3 类。

根据外形尺寸的差异，模块分为两类：1/2 模块和 1/4 模块。模块分类对照如表 4-2 所示。

表 4-2　PMZG 系列信号智能电源屏模块分类对照

序　号	名　　称	分　类	结 构 形 式
1	JXJ-220/10	50Hz 交流模块	
2	JXZ-220/16	直流模块	1/4 模块
3	JXZ-24/50		
4	JXZ2-24/50		
5	JXB-22006/11008	25Hz 交流模块	1/2 模块
6	JXB-22011/11015		

4．PMZG 系列信号智能电源屏的基本操作

（1）关机操作。

系统在使用过程中，因紧急情况需要关机时，操作步骤如下：

① 断开系统各支路输出开关。

② 断开各模块、数据采集单元、中心监测单元输入开关。

③ 最后断开总开关 QF1、QF2。

（2）开机操作。

故障解除后，系统重新开机的操作步骤如下：

① 闭合系统输入总开关 QF1、QF2。

② 依次闭合各模块的输入开关。

③ 依次闭合各支路输出开关。

④ 依次闭合 A 屏、B 屏、C 屏的数据采集单元和中心监测单元开关。

（3）信息查询。

用户可根据不同选项的操作来实现用户操作、实时数据查询、报警信息查询、历史记录查询等功能。

在主界面中选择【用户操作】选项，如图 4-40 所示。确认后进入【请输入密码】界面，如图 4-41 所示。

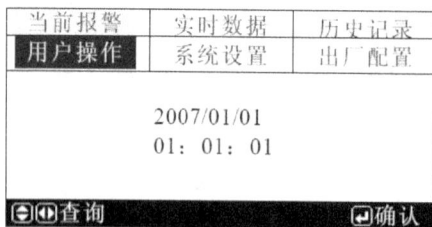

<table>
<tr><td>

当前报警　实时数据　历史记录
用户操作　系统设置　出厂配置

2007/01/01
01：01：01

◆▶查询　　　　　　◀┘确认

</td><td>

【请输入密码】

— — — — —

◆▶选择　▲▼设定　◀┘确认　◀退出

</td></tr>
</table>

图 4-40　系统主界面　　　　　图 4-41　【请输入密码】界面

输入正确的密码，确认后进入系统设置界面，如图 4-42 所示。在【用户操作】界面中，选择【系统时间设定】选项，确认后进入【系统时间设定】界面；在【用户操作】界面中，选择【蜂鸣告警开关】选项，确认后进入【蜂鸣告警开关】界面，如图 4-43 所示；在【用户操作】界面中，选择【用户密码设置】选项，确认后进入【用户密码设

置】界面。

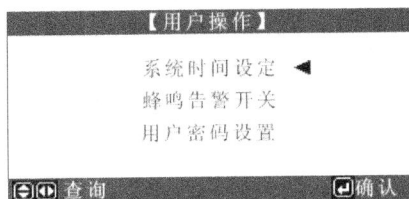

图 4-42　【用户操作】显示主界面

图 4-43　【蜂鸣告警开关】操作界面

在主界面中选择【实时数据】选项,确认后进入数据查询主界面;在【实时数据】界面中,选择【交流输入】选项,确认后进入【交流输入】界面,如图 4-44 和图 4-45 所示;在【实时数据】界面中,选择【A 屏数据】选项,确认后进入【A 屏数据】界面,如图 4-46所示。向下翻页,查看完毕后选择【退出】选项,如图 4-47 所示。

图 4-44　交流 I 路输入数据显示界面

图 4-45　交流 II 路输入数据显示界面

图 4-46　【A 屏数据】界面 1

图 4-47　【A 屏数据】界面 2

在系统主界面中选择【当前报警】选项,可以查询系统故障时的报警信息;在系统主界面中选择【历史记录】选项,可以查询历史报警记录。

5．PMZG 系列信号智能电源屏的维护

为了保证系统安全、稳定运行,应采用日检、定检两种方式对系统进行维护。

（1）系统日检。

检查内容包括以下几项:

① 温、湿度:信号室的温度应在-5～40℃;相对湿度应在 5%～95%。

② 交流输入电压和电流:从中心监测单元读取交流输入电压、电流值,并做出相应判断。

③ 各输出支路电压和电流:从中心监测单元读取各输出支路电压、电流值,并做出相应判断。

④ 防雷器件:观察防雷器件的工作状态,及时更换故障器件。

（2）系统定检。

系统定检建议每月一次，检查内容包括以下几项：

① 检查交流输入的切换功能。

② 检查交流模块的主备切换功能。

③ 检查闪光板的主备切换功能。

④ 绝缘电阻测试。

⑤ 系统输入、输出电压测试（端子上）。

（3）常见故障及处理。

PMZG 系列信号智能电源屏的常见故障及处理如表 4-3 所示。

表 4-3　PMZG 系列信号智能电源屏的常见故障及处理

序　号	故 障 现 象	故 障 原 因	故 障 处 理
1	Ⅰ路、Ⅱ路电网正常，但输入接触器不吸合，模块断电，设备输出中断	输入配电单元故障	手动把输入配电单元的直供开关（SA1）转换到Ⅰ路直供或Ⅱ路直供
2	支路输出供电中断，主、备模块工作指示灯均熄灭，监控报相应模块、支路输出故障	主、备模块均故障	用同型号备用模块更换
3	模块工作正常，监控报"××支路输出故障"，支路输出中断	输出断路器故障	短接断路器，并及时更换
4	监控系统报"轨道×支路输出故障"，25Hz 轨道/局部模块工作正常，轨道支路无输出	短路切除板故障	将短路切除板面板上的开关扳到"直供"位置，进行应急供电，并及时更换
5	监控报"Ⅰ/Ⅱ路输入某一相断电"	Ⅰ/Ⅱ电路电网缺相	检修电网
		输入采集单元对应的采集 CPU 板、电压调理板或输入传感器板故障	更换损坏的采集 CPU 板件、电压调理板或输入传感器板
6	监控报"Ⅰ/Ⅱ路输入某一相欠压"	Ⅰ/Ⅱ路外电网输入相应相欠压	检查外电网对应相电压是否正常
		输入采集单元对应的电压调理板或输入传感器板故障	更换损坏的电压调理板或输入传感器板
7	监控报"Ⅰ/Ⅱ路输入某一相过压"	Ⅰ/Ⅱ电路电源输入的 X 相电压过高	检查外电网对应相电压是否正常
		输入采集单元对应的电压调理板或输入传感器板故障	更换损坏的电压调理板或输入传感器板
8	监控报"A/B/C/T 屏 M×× 模块故障"	对应模块未插到位	将模块重新插拔并紧固
		模块内部故障	更换模块
		过载造成模块保护	切断异常负载，检修后恢复带载
9	监控报"××支路输出故障"	输出短路器断开	闭合对应断路器
		输出采集单元的采集 CPU 板、电压调理板或输出传感器板故障	更换损坏的相关板件

续表

序 号	故 障 现 象	故 障 原 因	故 障 处 理
10	监控报"局部轨道相位超限"	轨道或局部支路输出短路器断开	检修负载,正常后,闭合输出短路器
		轨道支路输出过载,短路切除板过载切除	检修过载支路(负载电流不超过 2.7A)
11	监控报"A/B/C/T 屏采集单元故障"	A/B/C/T 屏数据采集单元与中心检测单元(MCU)间的数据线松动或破损	紧固松动的接插件,或更换数据线
		A/B/C/T 屏数据采集单元辅助电源板故障(指示红灯熄灭)	更换辅助电源板
		A/B/C/T 屏数据采集单元 CPU 板故障(接收、发送指示灯不闪烁)	更换数据采集单元 CPU 板
		中心检测单元(MCU)中的监控主板故障	更换 MCU 中的监控主板
12	监控报"交流电转机输出相序故障"	输入相序错误	从系统总输入端调整相序
		相序检测器故障	更换相序检测器
13	监控报"交流电转机输出断相故障"	输入缺相	检修电网
		相序检测器故障	更换相序检测器

4.3.3 相关规范、规程与标准

运基信号〔2005〕458 号《铁路信号智能电源屏技术条件(暂行)》,第 5 条"主要技术要求"相关条文。

任务 4.4　DSG 系列信号智能电源屏维护

4.4.1 工作任务

认知 DSG 系列信号智能电源屏并能按要求进行维护。

4.4.2 知识链接

DSG 型铁路信号智能电源系统是向国有铁路、客运专线、地方铁路、工矿企业及城市轨道交通等的信号机点灯、轨道电路、计算机联锁、CTC、列控、转辙机、区间移频、ATS 等信号设备提供稳定的交流、直流电源的供电设备。

1. DSG 系列信号智能电源屏的分类

（1）按用途分类。

DSG 系列信号智能电源屏按用途可分为继电联锁智能电源屏、计算机联锁智能电源屏、驼峰信号智能电源屏、25Hz 轨道智能电源屏、区间智能电源屏、提速电源屏，以及以上几种类型的综合智能电源屏。此外，还有城市轨道交通信号智能电源屏。

（2）按系统容量分类。

联锁用电源屏按系统容量可分为 5kV·A 电源屏、10kV·A 电源屏、15kV·A 电源屏、22kV·A 电源屏、25kV·A 电源屏、30kV·A 电源屏，或根据现场供电需要组成的电源系统。

25Hz 轨道电源屏可分为 800V·A 电源屏、1600V·A 电源屏、2000V·A 电源屏、4000V·A 电源屏、6000V·A 电源屏。

区间电源屏可分为 5kV·A 电源屏、8kV·A 电源屏、10kV·A 电源屏、用户特殊需要容量的电源设备。

（3）按输入电压形式分类。

DSG 系列信号智能电源屏按输入电压形式可分为单相电源系统信号智能电源屏和三相电源系统信号智能电源屏。

2. 系统命名规则

DSG 系列信号智能电源屏的系统命名规则如图 4-48 所示。

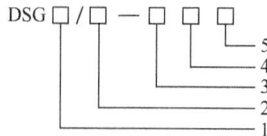

```
DSG □/□ — □□□
              5
              4
              3
            2
          1
```

DSG——特征字母，代表 2006 新标准制式的智能电源屏。
1——设计序号，常用序号字符如下：
- 交流 220 V "N+1（PLC）" 热机备用方式：1。
- 交流 220 V "N+1（N≤3）" 热机备用方式：2。
- 交流 1+1 热机备用方式：缺省。
- 客运专线专用：K。
2——电源屏的用途特征，常用特征字符如下：
- 区间电源型：Q。
- 站内电码化电源型：M。
- 提速电源型：T。
- 驼峰电源型：TF。
- 25 Hz 电源型（或包含 25 Hz 电源时）：25。
- 综合电源型：缺省或代表性特征字符。
3——电源屏的标准额定输出容量，单位为 kV·A，常见容量有 3、5、10、15、20、30、40 等。
4——电源屏的输入电网的类型，规定如下：
- 三相输入型：S（10 kV·A 以上可以不标注）。
- 单相输入型：D（10 kV·A 以下可以不标注）。
5——电源屏配置车站的联锁制式特征。常用特征字符规定如下。
- 计算机联锁型：w。
- 继电联锁型：空缺。

图 4-48　DSG 系统命名规则

3．系统电源模块的命名规则

系统电源模块的命名规则如图 4-49 所示。

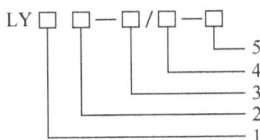

LY——国铁路阳公司字头。

1——模块功能类别：

　　J：交流输出；Z：直流输出；R：输入；W：稳压；B：隔离变压；JC：监测；BP：变频。

2——设计序号或功能特征码。

3——额定输入或输出电压（V）。

4——额定输入或输出电流（A），多路输出时为"电流值"×"路数"。

5——设计版本号。

例如：

LYJ-220/10：代表输出电压 220 V、电流 l0 A 的交流模块；

LYR-380/34：代表输入电压 380 V、电流 34 A 的三相输入模块；

LYW-220/23：代表输出电压 220 V、电流 23 A 的稳压模块；

LYZ-24/50：代表输出电压 24 V、电流 50 A 的直流模块；

LYZ-24～120/2×4：代表输出电压 24～120 V 可调、输出 4 束电流 2 A 的直流模块；

LYB-220/5×2：代表输出电压 220 V、输出 2 束电流 5 A 的交流隔离组件。

图 4-49　电源模块命名规则

4．系统的整体结构组成及说明

30kV·A 智能型信号电源屏由三面屏组成，分别为 1#屏、2#屏和 3#屏。工频交流输出电源 N+1（N≤3）热机备用方式的系统布置图如图 4-50 所示。

（1）输入配电单元。

输入配电单元（电源屏前视图）如图 4-51 所示。

注意：1#屏内输入配电单元中，Ⅰ路、Ⅱ路电源旁路直供开关（1PK、2PK）用于对输入模块进行检修或故障更换。

对输入模块进行检修时，应确认另一输入模块处于良好状态。若检修的输入模块的供电电源可靠，此时可以不转至另一路备用电源，直接将该路电源直供供电开关闭合后，断开模块输入开关，即可对输入模块进行检修。需要特别注意的是，若供电不可靠，在检修时停电，则系统不能转至另一路电源供电，会导致整个系统输出停电。

系统正常使用时，Ⅰ路、Ⅱ路电源旁路直供开关（1PK、2PK）处于断开位置。严禁同时闭合两路电源的直供开关，否则容易造成停电事故。直供开关处设置机械挡块，保证只有其中一路直供开关可以闭合。

（2）输出配电单元。

输出配电单元（电源屏前视图）如图 4-52 所示。

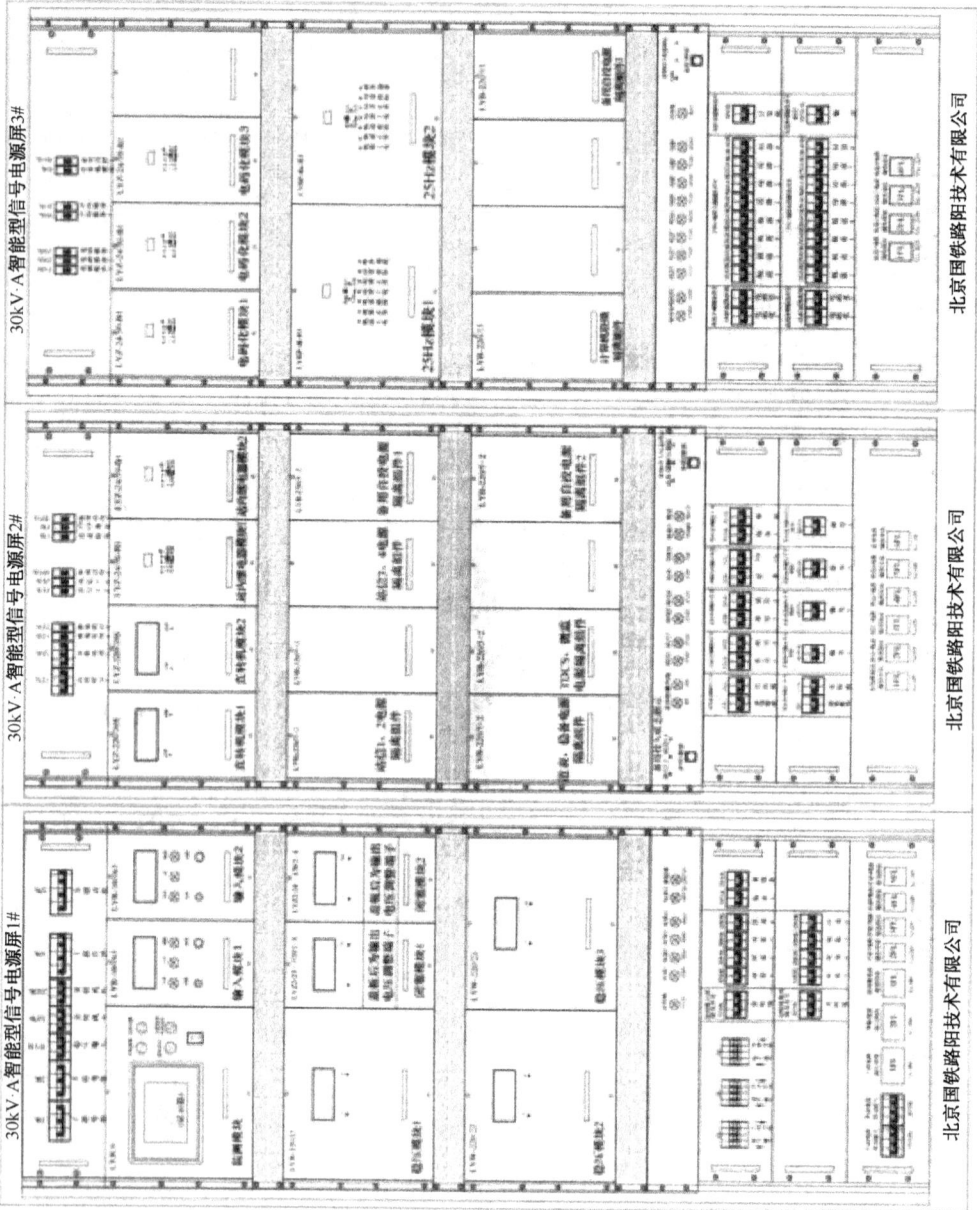

图 4-50 DSG 系列信号智能电源屏的系统布置框图

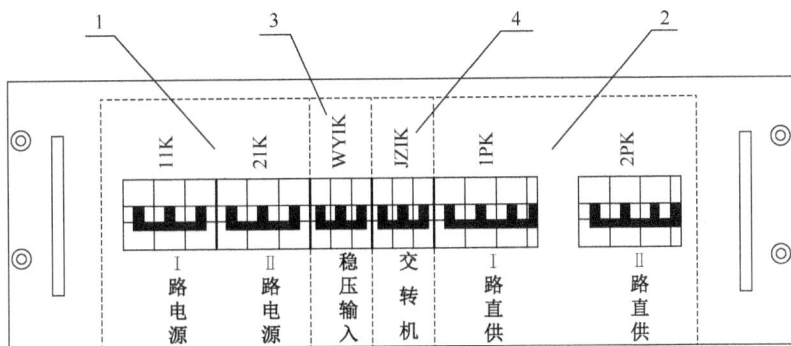

1——11K、21K 为系统Ⅰ路、Ⅱ路电源输入开关；2——1PK、2PK 为系统Ⅰ路、Ⅱ路电源直供开关；
3——WYIK 为稳压模块输入开关；4——JZIK 为屏内配电模块输入开关

图 4-51　系统 1#屏输入配电单元示意图

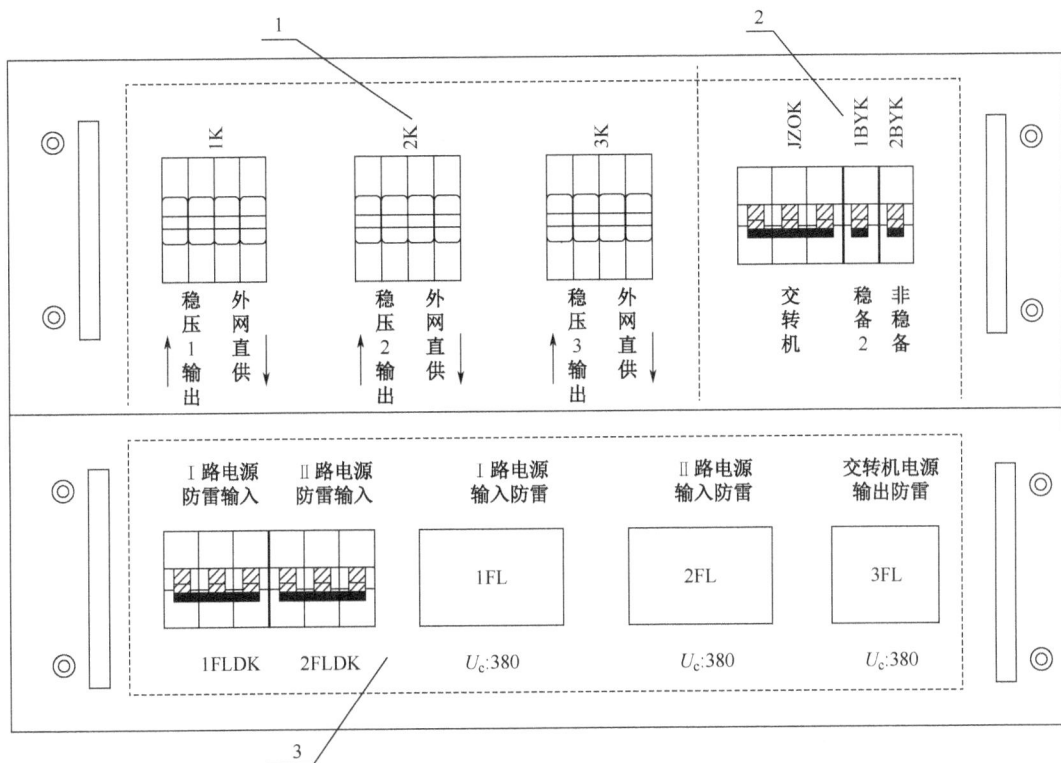

1——稳压模块"稳压输出/外网直供"开关；2——负载分束输出开关；
3——系统Ⅰ路、Ⅱ路电源防雷输入开关及输入、输出防雷

图 4-52　系统 l#屏输出配电单元示意图

注意：稳压模块具有故障直供功能，不会影响电源供电。在对稳压模块进行检修时，应将故障的稳压模块所对应的直供开关（1K～3K）由稳压输出下扳至外网直供位置，由外电网直供供电后再抽出稳压模块，以免造成停电事故。

（3）功能模块单元。

功能模块单元（电源屏前视图）如图 4-53 和图 4-54 所示。

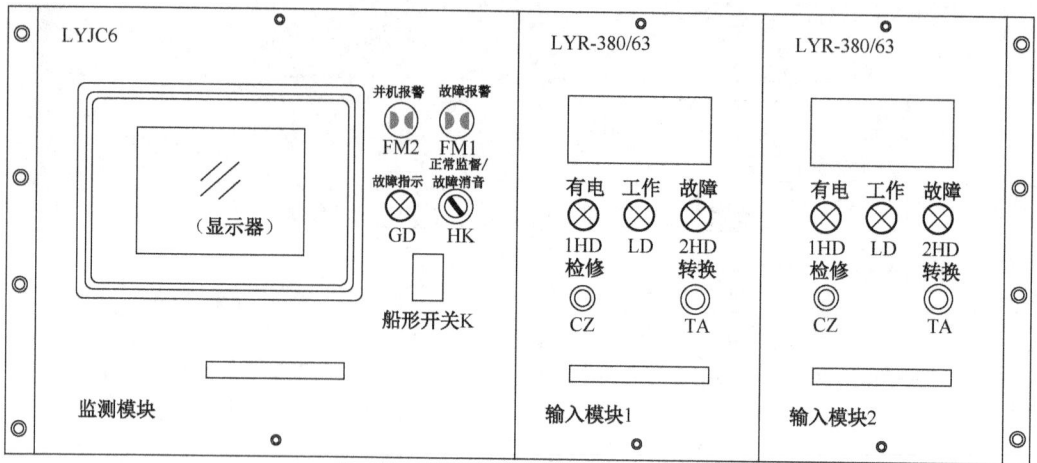

图 4-53　功能模块单元（输入模块、监测模块）示意图

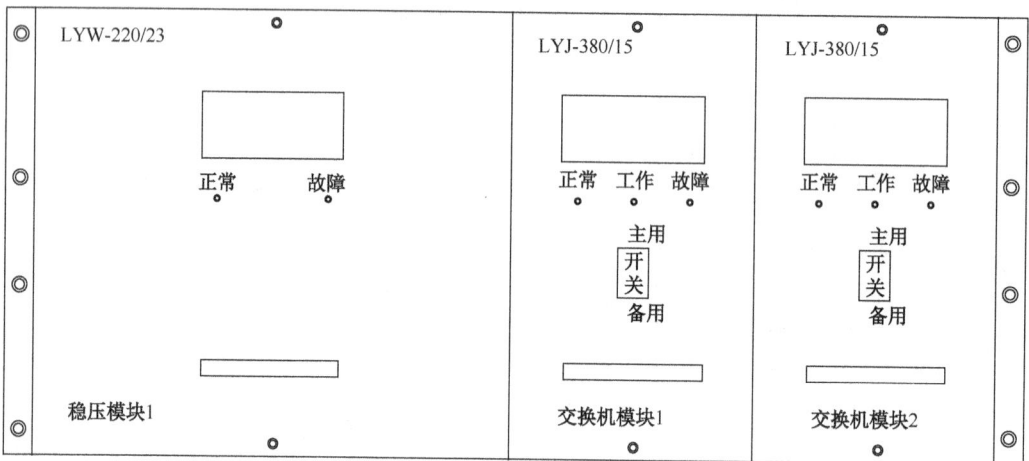

图 4-54　功能模块单元（稳压模块、交转模块）示意图

① 输入模块。

a．输入模块 1。

"有电"（1HD）——红色指示灯，Ⅰ路输入电源正常时点亮。

"工作"（LD）——绿色指示灯，Ⅰ路输入电源工作时点亮。

"故障"（2HD）——红色指示灯，Ⅰ路输入电源故障时点亮。

"转换"（TA）——红色按钮，用于输入电源Ⅰ路转Ⅱ路。

"检修"（CZ）——黑色插孔，对输入模块 2 进行检修时，将维修插头插入此孔。

b．输入模块 2。

"有电"（1HD）——红色指示灯，Ⅱ路输入电源正常时点亮。

"工作"（LD）——绿色指示灯，Ⅱ路输入电源工作时点亮。

"故障"（2HD）——红色指示灯，Ⅱ路输入电源故障时点亮。

"转换"（TA）——红色按钮，用于输入电源Ⅱ路转Ⅰ路。

"检修"（CZ）——黑色插孔，对输入模块 1 进行检修时，将维修插头插入此孔。

② 监测模块。

"并机报警"（FM2）——蜂鸣器，红色，交流 1+1 主备电源同时输出时发出声光报警。

"故障报警"（FM1）——蜂鸣器，红色，系统发生故障时发出声光报警，可通过"正常监督/故障消音"（HK）旋钮切除声光报警。

"故障指示"（GD）——红色指示灯，系统故障时点亮，恢复正常时灭灯。系统故障时不能通过"正常监督/故障消音"（HK）旋钮令其灭灯。

"正常监督/故障消音"（HK）——旋钮开关。系统正常时位于"正常监督"位置，系统故障时可旋至"故障消音"位置以切除"故障报警"（FM1）蜂鸣器声光报警并查找故障原因，但"故障指示"（GD）红色指示灯仍然点亮。当故障修复后，"故障报警"（FM1）蜂鸣器亦会发出声光报警，提醒值班员将旋钮恢复至"正常监督"位置。

"船型开关"（K）——监测模块电源开关。

③ 稳压模块。

"正常"——绿色指示灯，正常工作时点亮。

"故障"——红色指示灯，模块故障时点亮。

④ 交转模块。

"有电"——红色指示灯，模块输入有电时点亮。

"工作"——绿色指示灯，模块正常工作输出时点亮。

"故障"——红色指示灯，模块故障时点亮。

"船形开关"（K）——模块主用/备用选择开关，正常工作时，互为备用的两个交流模块前面板上的选择开关只能有一个置于主用位置（开关上方）。

（4）辅助报警单元。

系统辅助报警单元（电源屏前视图）如图 4-55 所示。

图 4-55　系统辅助报警单元示意图

"辅助报警"（FMQ）——蜂鸣器，红色，系统故障时发出声光报警。

"报警指示"（GD）——红色指示灯，系统故障时点亮。

"正常监督/故障消音"（HK）——旋钮开关，系统故障时可通过旋钮（HK）切除"辅助报警"蜂鸣器（FMQ）声光报警，但"故障指示"（GD）红色指示灯仍然点亮。

"辅助报警"（K）——船形开关，辅助报警电源开关。

"熔断器"（RD）——辅助报警电路输入电源保险。

"控制板"（KZB）——辅助报警电路控制板。

（5）模块插箱。

1#屏模块插箱（电源屏后视图）如图 4-56 和图 4-57 所示。

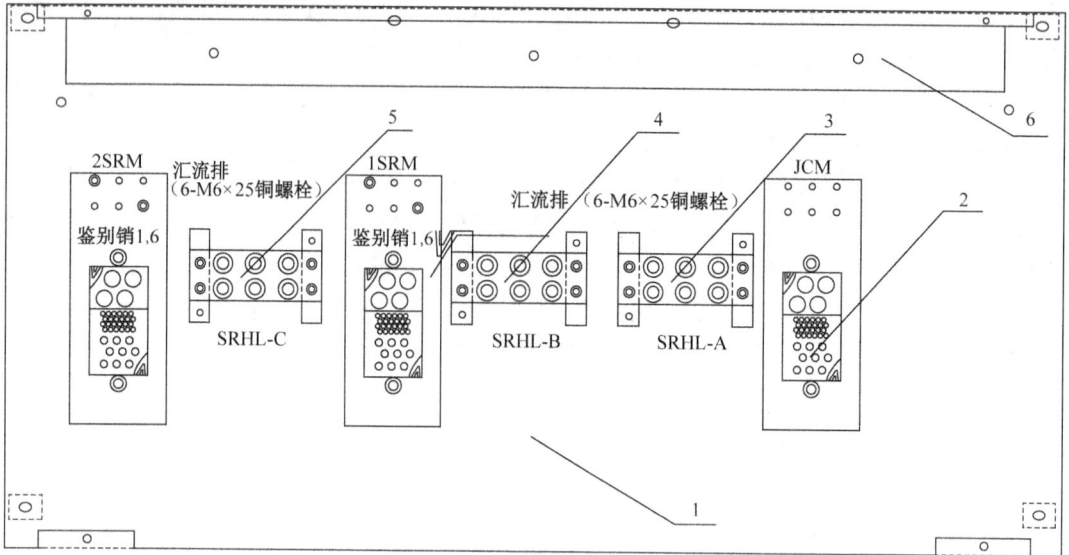

1——插箱后背板；2——电连接器插座；3——A 相汇流排（SRHL-A）；
4——B 相汇流排（SRHL-B）；5——C 相汇流排（SRHL-C）；6——线槽

图 4-56　系统 1#屏模块插箱示意图（以输入部分为例）

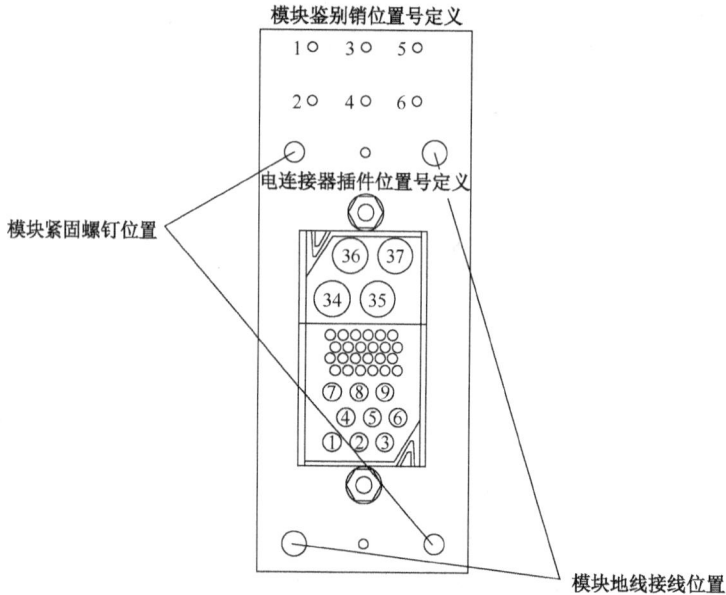

图 4-57　系统插座板电连接器、鉴别销等位置号定义示意图

注意：模块紧固螺钉仅用于设备运输过程中对模块的紧固，现场安装时取下。

（6）分屏监测采集处理单元（电源屏后视图）。

分屏监测采集处理单元（电源屏后视图）示意图如图 4-58 所示。

（7）电源屏顶层接线端子。

电源屏顶层接线端子（电源屏后视图）示意图如图 4-59 所示。

（8）电源屏底层接线端子。

电源屏底层接线端子（电源屏后视图）示意图如图 4-60 所示。

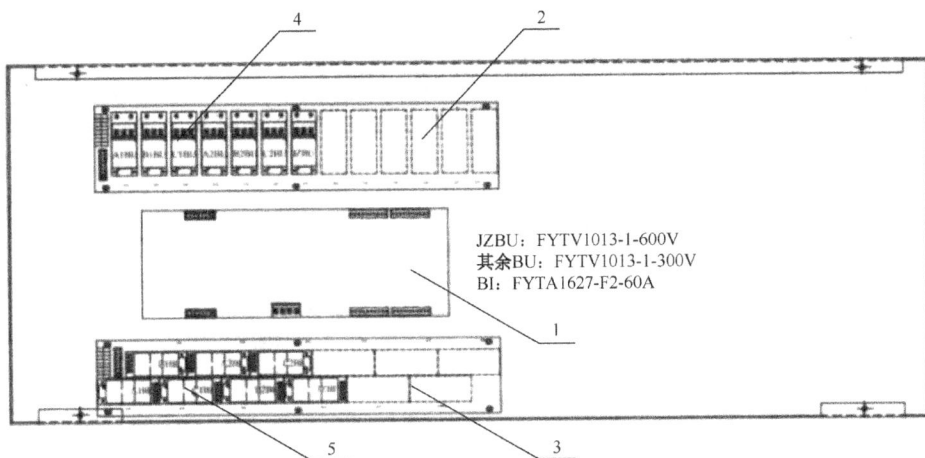

JZBU：FYTV1013-1-600V
其余BU：FYTV1013-1-300V
BI：FYTA1627-F2-60A

1——分屏集中监测采集板（母板、CPU 板、模拟量板、开关量板）；2——集中采集电压母板；
3——集中采集电流母板；4——交流电压传感器；5——交流电流传感器

图 4-58　分屏监测采集处理单元示意图

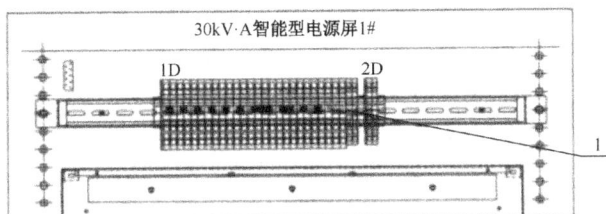

30kV·A智能型电源屏1#

1——电源屏顶层接线端子（只供屏间内部连线用，禁止接外部引入线）

图 4-59　电源屏顶层接线端子示意图

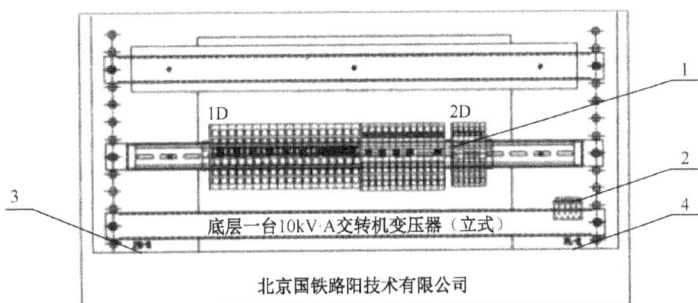

底层一台10kV·A交转机变压器（立式）

北京国铁路阳技术有限公司

1——电源屏底层接线端子（对外提供电源接线端子，供外部引入线使用）；2——与微机监测通信接口（RS-485）；
3——屏机壳保护接地（M8 铜螺栓）；4——屏防雷接地（M8 铜螺栓）

图 4-60　电源屏底层接线端子示意图

5．系统的工作原理

系统供电原理框图如图 4-61 所示。采用 Y 型切换系统，外电网Ⅰ路、Ⅱ路经过电源屏交流输入切换控制模块 LYR 实现 Y 型切换后成为内部交流总线，切换后的电源分别提供给不同的直流电源模块和 25Hz 电源模块，稳压模块分相稳压后提供电源给交流模块和部分直流模块，输出不同的信号电源。通过监控系统实时监控电源屏及各项工作状态。

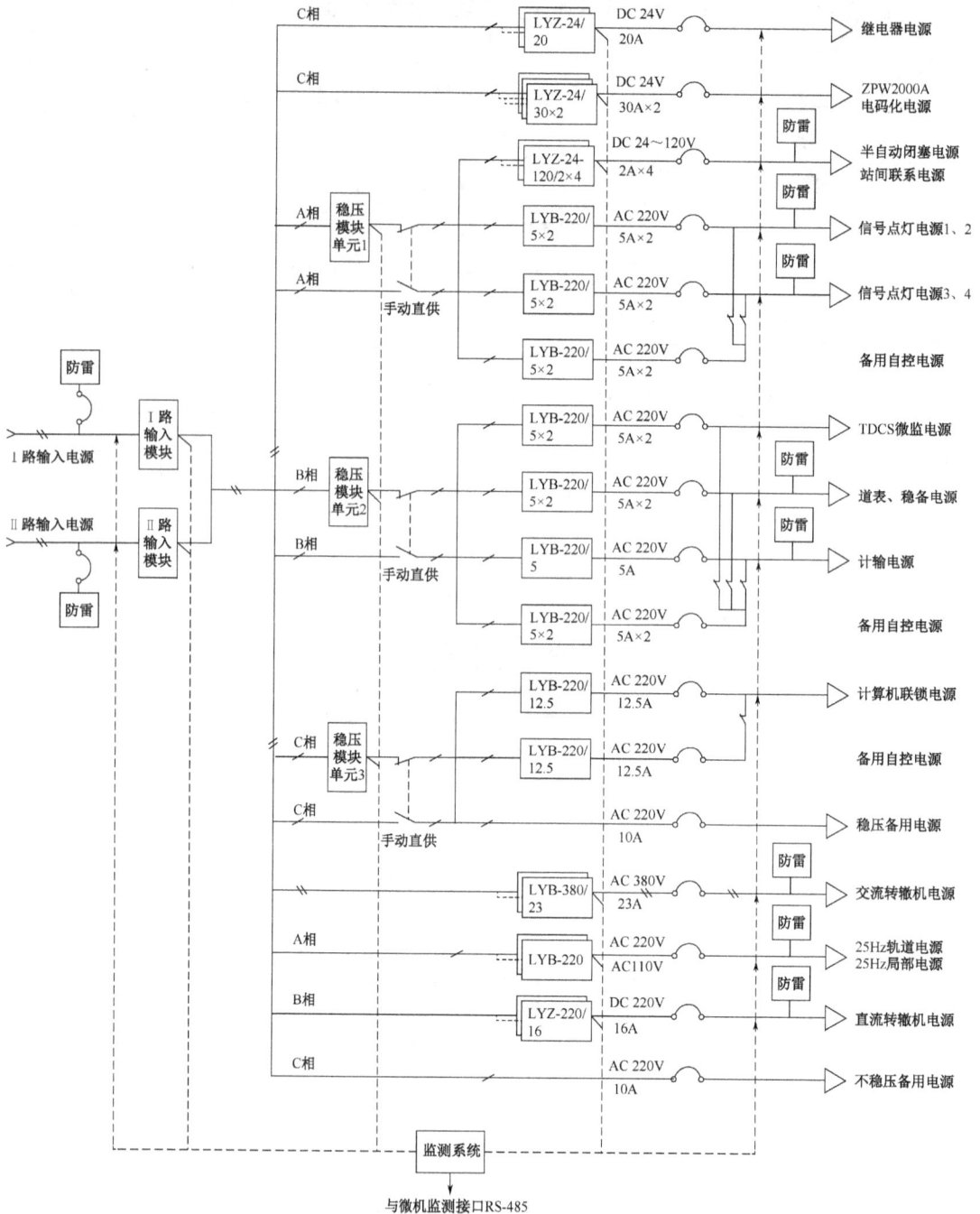

图 4-61　DSG 系列信号智能电源屏的原理框图［工频交流 220 V 电源 N+1（N≤3）热备方式］

下面以 1#屏为例，具体说明其工作原理。

1#屏由输入配电单元与输出配电单元、屏顶层（底层）接线端子、汇流排等组成，经过功能模块单元中的稳压模块，实现Ⅰ路、Ⅱ路输入电源的引入、选择、稳压（直供）、输入/输出防雷等功能，如图 4-62 所示。

（a）系统 1#屏输入/输出防雷原理

（b）系统 1#屏总输入配电原理

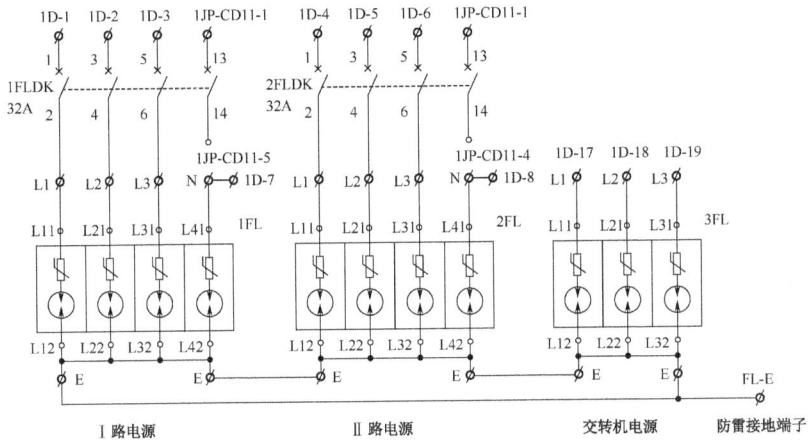

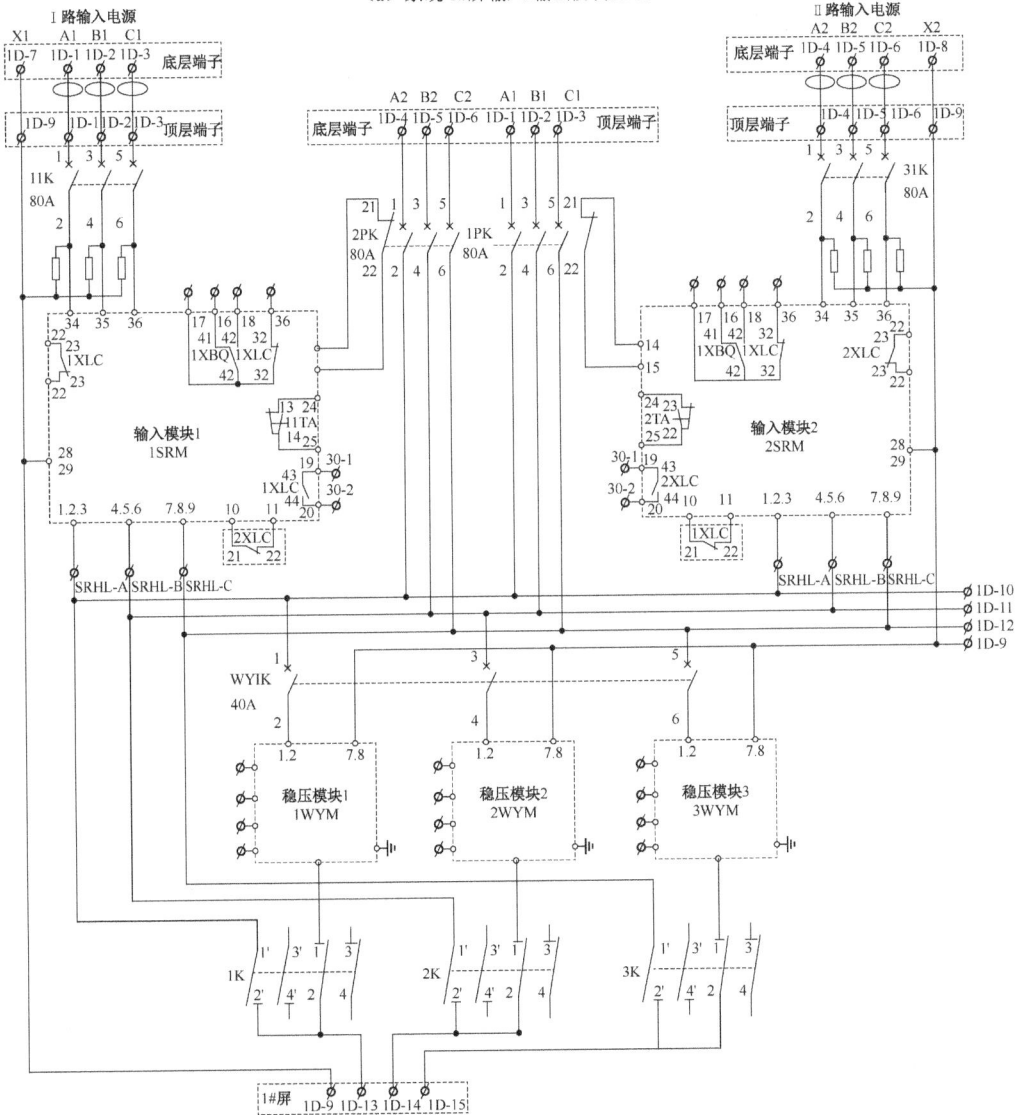

图 4-62　系统 1#屏的工作原理

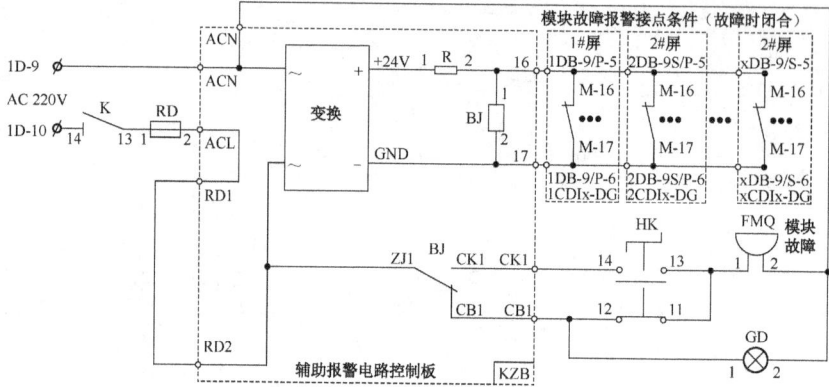

（c）系统 1#屏辅助报警原理

图 4-62　系统 1#屏的工作原理（续）

6．电源屏的日常维护

DSG 系列信号智能电源屏的日常维护如表 4-4 所示。

表 4-4　DSG 系列信号智能电源屏的日常维护

维 护 周 期	维护内容及要求
日检	1．电源屏外观检查 　检查 I 路、II 路有电指示灯及工作指示灯正常；故障灯应灭灯。告警蜂鸣器开关和告警开关置于开位置，无声音报警。 2．内部器件检查 　电缆应固定良好，无被金属挤压变形痕迹；连接电缆无局部过热和老化现象；各种开关、接插件、接线端子等部位接触良好，无电蚀。 3．防雷检查 　检查防雷单元的工作状态，尤其在雷雨天气期间，正常时防雷单元屏幕为绿色，遭雷击或过电压损坏后防雷单元屏幕变为红色。若发现防雷单元屏幕为红色时应及时更换。 4．模块、部件、UPS 检查 　模块工作正常，各个模块面板指示灯"工作"绿灯常亮，"保护"或"故障"灯不亮。直流模块电压、电流显示正确，均流良好。如出现有电压无电流的情况，请及时检查。 　各模块应无异常噪声，风扇运行正常。电源模块的表面温升一般不大于 45℃。检查各种电源模块、断路器、阻燃导线的温度，发现异常要及时查找原因并采取相应措施
月检	1．输入、输出电源测试 　利用天窗点完成电源屏 I 级测试各项目，检查各项技术指标是否符合维护规定要求。实测数值与监测单元显示的相应电压、电流数值做校准，其偏差是否在技术指标所允许的范围内。 2．通信功能检查 　检查监测单元故障记录中应没有某一单元多次出现通信中断的历史告警记录。对于由于电源屏自身问题多次出现自动告警并能恢复的历史告警数据，需要关注并分析原因。检查监测单元与微机监测通信良好，各项监测数据应齐全正确，报警功能正常。 3．清洁 　清理、消除系统机柜、电源模块、导体、绝缘体表面上的尘埃和污垢，清洁后注意检查电源模块插接，电源模块插接应牢固；模块面板开关应处于闭合位置

续表

维 护 周 期	维护内容及要求
季检	1．两路输入电源切换功能测试 　利用天窗点期间对两路交流输入电源进行切换功能试验，保证信号电源系统的切换功能正常，且在两路输入电源切换时各输出电源分路技术指标正常，信号设备工作不受影响。 　2．模块切换试验 　利用天窗点，手动对各个模块进行主、备切换。正常情况下，主、备模块能够互相切换，并且不会影响正常输出。如果出现模块无法正常切换或切换过程中出现部分电源输出中断，请及时处理。 　3．告警功能检查 　利用天窗点，对系统的可试验项进行抽样测试。可试验项包括模拟防雷器故障、模拟模块故障等，用以检查电源屏的告警功能是否正常。 　4．UPS 状态检查 　检查 UPS 面板指示灯和蜂鸣器，看是否有告警；确认 UPS 工作在市电逆变状态；检查 UPS 当前告警和历史告警。如有必要，断开 UPS 市电输入开关，检查电池后备时间。 　5．接地电阻与接地连线检查 　检测信号电源系统接地端子或接地排的接地电阻，其电阻值应小于 10Ω，且两次以上的测量值无明显差别；保证接地电阻或接地排上的接地线连接可靠，无锈蚀。 　6．电池组维护 　对监测单元用电池组进行维护。放电时，关闭系统供电模块（UR）的输入断路器，采用正常负载放电方式，放电期间检测电池组的端电压应不低于 DC 21V，放电时间一般应不超过 4h。在放电维护中需检查电池组的放电容量，当电池组的放电时间小于 30min 时，应及时更换电池组；电池组放电维护结束后，闭合系统供电模块（UR）的输入断路器，恢复供电模块供电，电池组采用在线浮充供电方式，供电模块输出电压应在 DC 24～30V
年检 （2 年一次）	1．防雷、开关箱、电缆槽路 　（1）开关箱内断路器开关螺钉紧固，压线良好，线头无损伤，断路器手柄通断试验灵活，无卡阻；开关箱内闸刀螺钉紧固，作用良好，用手背轻触闸刀塑料外壳无过热现象。 　（2）防雷设施齐全，防雷元件型号准确，编号清晰，不松动，无异状；地线作用良好（防雷元件及地线的测试数值见《地线及防雷元件测试方法及标准》）。 　（3）清扫、整理电缆槽路，电缆无外伤、无杂物、无尘土、无鼠害。 　（4）电缆槽路中不得有与信号电缆无关的其他电缆；当软线经由电缆槽路时，必须有防护措施。 　2．电源屏内部检修、清扫 　（1）屏内各部检查、清扫，带散热风扇的模块清扫。 　（2）各部螺钉紧固，螺帽垫片套管齐全。 　（3）断路器螺钉紧固，安装牢固，压线良好，线头无损伤，作用良好。 　（4）配线整洁，无破皮，无接地，焊接良好，套管不脱落。 　（5）器材类型正确，安装牢固，插接良好，运用不超期。 　（6）防雷元件、地线安装牢固，接触可靠，无错防、漏防。 　（7）变压器、交流接触器及各种电子模块无过热现象。 　3．转换试验、电器特性测试，数据校核 　（1）当输入电源屏的交流电源在 80%～115%范围内变化时，经稳压（调压）后的电源允许波动范围应不大于±3%。 　（2）两路电源自动、手动转换可靠，相序一致；交流输出电源间断时间应不小于 0.15s，直流输出电源不间断。 　（3）电源模块主备转换、N+1 转换、N+M 转换正常，稳压模块旁路转换（集中稳压方式）、外电网电源直供转换正常。 　（4）Ⅰ路、Ⅱ路输入电源，各路输出电源电气特性测试，并做好记录。 　（5）核对智能电源屏监控数据是否正确、齐全，与实测是否一致；与微机监测通信是否良好，数据是否一致，各项目报警功能是否良好

7. 故障分析及应急处理

（1）输入配电回路的故障分析及应急处理如表 4-5 所示。

表 4-5　输入配电回路的故障分析及应急处理

1	故障现象	输入模块工作正常，工作指示灯点亮，但后级部分模块无供电电源，导致部分输出电源停电
	原因分析	接触器主回路接线接触不良
	应急处理	按压工作模块上的转换按钮进行手动转换，转至另一路输入电源工作。若另一输入电源因故障也无法投入时，应急可先滑动机械互锁装置，闭合输入直供开关 1PK 或 2PK，采用输入直供方式。及时更换故障模块或严格按输入模块检修方法操作，查找故障点
2	故障现象	输入有电，断相/错相报警，模块不工作
	原因分析	控制回路断线，或输入电源相序错，或相序保护器故障
	应急处理	判定输入正常时，则输入模块内部故障。若另一路输入电源也无法投入工作时，应急可先滑动机械互锁装置，闭合输入直供开关 1PK 或 2PK，采用输入直供方式。及时更换故障模块或严格按输入模块检修方法操作，查找故障点
3	故障现象	主用/备用模块之间不能转换
	原因分析	接触器常闭互锁接点接线接触不良
	应急处理	应急可先滑动机械互锁装置，闭合输入直供开关 1PK 或 2PK，可将该路输入电源转为直供供电，立刻更换输入模块

（2）LYW 交流稳压电源模块的故障分析及应急处理如表 4-6 所示。

表 4-6　LYW 交流稳压电源模块的故障分析及应急处理

1	故障现象	稳压模块故障红灯亮
	原因分析	控制板故障
	应急处理	扳动故障模块相对应的稳压输出/外网直供开关，采取外网直供方式，更换故障模块或模块内部控制板
2	故障现象	稳压模块工作灯亮，但不稳压
	原因分析	变压器热保险熔断或控制板故障
	应急处理	扳动故障模块相对应的稳压输出/外网直供开关，采取外网直供方式，更换故障模块或模块内部控制板
3	故障现象	稳压模块频繁调压
	原因分析	输入电源容量太小或控制板故障
	应急处理	扳动故障模块相对应的稳压输出/外网直供开关，采取外网直供方式，调整模块或更换模块内部控制板

（3）交流电源隔离组件 LYB 的故障分析及应急处理如表 4-7 所示。

表 4-7　交流电源隔离组件 LYB 的故障分析及应急处理

故障现象	AC 220V 电源主回路故障，备投系统不投入
原因分析	备投系统故障
应急处理	将输出中断的负载线移接到备用或相同电源输出空位置上。 检测 AC 220V 电源主回路输入/输出开关、隔离组件、端子等部位，更换相关故障器件

（4）直流电源模块的故障分析及应急处理。

① 并联冗余的模块组中的一块模块故障，故障模块自动退出，不影响该组模块的正常

输出。此时监测单元告警，并显示故障模块的具体位置，提醒用户及时更换。关闭故障模块输入空开即可断电更换。

② 更换完毕应检查并调整均流良好。

（5）25Hz 相敏轨道电源模块的故障分析及应急处理。

25Hz 高频开关电源模块故障，系统自动转为备用模块输出。需要带电更换故障模块时，根据电源模块面板故障指示灯或监测单元显示的模块位置，关闭该模块的输入断路器，方可拔下故障模块进行更换，确认模块插接接触良好，闭合模块输入断路器，此时该电源模块处于备用工作状态。

当主用模块故障不能转换至备用模块时，建议立即将故障模块拔出。

（6）直流电源、交转机电源、25Hz 电源备用输出开关的故障分析及应急处理如表 4-8 所示。

表4-8　直流电源、交转机电源、25Hz 电源备用输出开关的故障分析及应急处理

1	故障现象	交转机电源无输出
	原因分析	断路器故障
	应急处理	断开交转机 A 回路输入、输出开关，按顺序合上交转机 B 回路电源输入、输出开关
2	故障现象	直流电源或 25Hz 电源某路输出开关入口侧有电，出口侧没电
	原因分析	断路器故障
	应急处理	断开故障的输出开关，合上该路对应的备用开关
3	故障现象	电源模块报警、故障灯亮
	原因分析	电源模块保护功能动作并报警，自身故障或外围条件超出保护值范围
	应急处理	更换电源模块，或检查输入、输出电压/电流后进行该模块的输入断路器的重合闸操作

注意：直流电源、交转机电源（25Hz 电源）主用输出开关平时处于闭合状态；直流电源、交转机电源（25Hz 电源）备用输出开关平时处于分断状态。只有当直流电源、交转机电源（25Hz 电源）主用输出开关故障或维修更换时，才能将对应电源的备用输出开关闭合。

4.4.3　相关规范、规程与标准

运基信号〔2005〕458 号《铁路信号智能电源屏技术条件（暂行）》，第 5 条"主要技术要求"相关条文。

项目小结

（1）除了具备电源屏各种功能外，智能电源还增加了遥测、遥信功能，以及自我诊断、故障定位、故障告警、故障记录、防雷等功能。

（2）信号智能电源屏的组成按功能分主要包括配电、模块、防雷、监测等几大部分。

（3）智能电源屏由外电网输入两路市电，经输入配电后进入电源模块进行稳压及变换处理，处理后的电压再经过适当的转换变换为能直接为信号设备供电的洁净电源，通过输出端子为负载供电。

（4）智能电源屏在系统工作过程中，监测模块始终对系统各参数进行监控，如有异常即发出警报。当发生雷电危害时，防雷单元泄放过大的电流，保护电源设备。

复习思考题

1. 简述信号智能电源屏的特点。
2. 简述信号智能电源屏系统的结构。
3. 简述 PZG 系列信号智能电源屏的结构。
4. 简单分析 PZG 系列信号智能电源屏两路输入交流电源的切换原理。
5. 简述 PZG 系列信号智能电源屏的工作原理。
6. PZG 系列信号智能电源屏常见的故障有哪些？如何处理这些故障？
7. 简述 PMZG 系列信号智能电源屏的结构及工作原理。
8. 独立 T 屏和混合 T 屏的区别是什么？
9. 举例说明 PMZG 系列信号智能电源屏故障处理的方法。
10. 简述 DSG 系列信号智能电源屏的结构组成及工作原理。

项目 5　蓄电池及 UPS 维护

　　铅酸蓄电池通常与整流模块或充电器并联浮充供电，可作为市电中断时的备用电源。阀控式密封铅酸蓄电池广泛应用于城市轨道交通不间断电源、照明系统，以及车辆、屏蔽门等动力设备上。由计算机、网络设备等构成的信号通信系统，最适合采用 UPS 系统进行供电。

任务 5.1　蓄电池维护

5.1.1　工作任务

认知蓄电池并能按要求进行维护。

5.1.2　知识链接

1. 电池

　　电池是一种将化学能直接转变成直流电能的电源，按照能量存储方式可分为：原电池，即不能周期性充电的电池，如锌锰干电池等；蓄电池，即可反复充电使用的电池，如铅酸蓄电池、镉镍蓄电池、锂离子蓄电池等。

　　蓄电池能把电能转变为化学能储存起来，使用时再把化学能转变为电能释放出来。电能转变为化学能的过程，称为蓄电池的充电；化学能转变为电能的过程，称为蓄电池的放电。在所有电池中，铅酸蓄电池因具有电压稳、容量大等特点，在工业领域有着广泛的应用。它通常与整流模块或充电器并联浮充供电，实现电能和化学能的转换，可作为市电中断时的备用电源。

2. 阀控铅酸蓄电池的结构

　　阀控式密封铅酸蓄电池（Valve-Regulated Lead-Acid battery）又简称为 VRLA 电池，

它可通过安装在蓄电池上的单向排气阀达到自动排出化学反应气体的目的，具有免维护的特点。

阀控铅酸蓄电池的结构如图 5-1 所示，由正、负极板，隔板，电解液，安全阀气塞，外壳等部分组成。

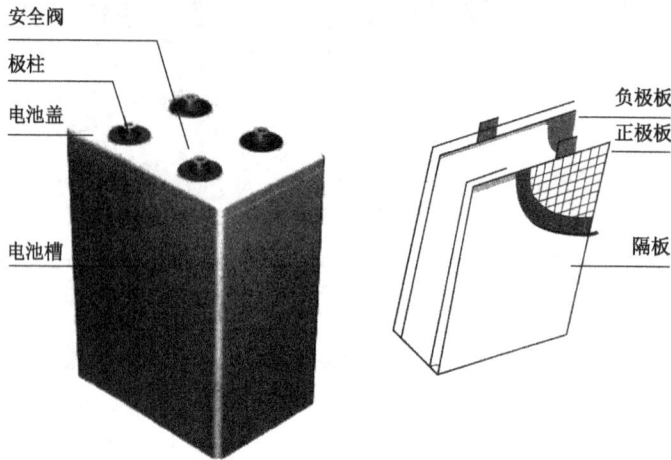

图 5-1　阀控铅蓄电池的结构

（1）正、负极板：由板栅和活性物质组成。正极活性物质的主要成分为二氧化铅（PbO_2），负极活性物质的主要成分为海绵状铅（Pb）。

（2）隔板：由 PVC、PE 塑料、微孔橡胶或玻璃纤维等制成，主要作用是防止正、负极板短路；使电解液中的正、负离子顺利通过；阻缓正、负极板活性物质的脱落，防止正、负极板因震动而损伤。

（3）电解液：由蒸馏水和纯硫酸按一定的比例配制而成。正、负极板上活性物质的性质不同，当两种极板放置在同一硫酸溶液中时，各自发生不同的化学反应而产生不同的电极电位，传导电流。

（4）蓄电池的壳体（电池槽、盖）：由 PP 塑料、橡胶等材料制成，是盛放正、负极板和电解液等的容器。

（5）其他：蓄电池除上述主要部件外，还有连接条、端子、极柱、电眼等零部件。

正、负极板分别由汇流排并联，间隔参插在一起，且正、负极板由隔板隔开，组成一个单体电池。由 3 或 6 个单体电池串联组成一个额定电压为 6V 或 12V 的蓄电池。

3．铅酸蓄电池（下称铅蓄电池）工作原理

铅蓄电池是一种能量转化系统，在充电时将电能转化为化学能储存在电池内，在放电时将电池内储存的化学能转化为电能供给用电设备。

在放电时，正、负极活性物质分别与电解液发生反应，转变成硫酸铅（$PbSO_4$）。充电时正好相反，正、负极活性物质分别恢复为二氧化铅和海绵状金属铅。充、放电过程中正、负极板上的化学反应方程式如下。

（1）充电过程。

正极：$PbSO_4 + 2H_2O \longrightarrow PbO_2 + 2H^+ + HSO_4^- + 2e^-$

负极：$PbSO_4 + 2H^+ \longrightarrow Pb + H_2SO_4 - 2e^-$

总反应：$2PbSO_4 + 2H_2O \longrightarrow PbO_2 + Pb + 2H_2SO_4$

（2）放电过程。

正极：$PbO_2 + 2H_2O + 2e^- + 2H^+ + H_2SO_4 \longrightarrow PbSO_4 + 4H_2O$

负极：$Pb + H_2SO_4 \longrightarrow PbSO_4 + 2H^+ + 2e^-$

总反应：$PbO_2 + Pb + 2H_2SO_4 \longrightarrow 2PbSO_4 + 2H_2O$

铅蓄电池充电时，电解液密度增加，内阻减小，电池电压升高，充电后期由于水的电解，将有大量气泡产生。铅蓄电池放电时，H_2SO_4 浓度下降，正极上的 $PbSO_4$ 增加，内阻增大，电解液密度下降。

电池的使用寿命是按照电池充、放电的次数来计算的。电池充饱电后放电 80%C5 后，再充饱电，视为一次充放循环。目前，牵引用铅酸蓄电池的最长使用寿命超过 1500 次。当电池的容量下降到 80%C5 以下时，一般认为该电池的使用寿命终止。

4．阀控铅酸蓄电池的应用要求

阀控铅酸蓄电池广泛应用于城市轨道交通的通信系统、信号系统、供电系统、地铁车辆等。由于工作环境、供电方式等不同，各系统对阀控铅酸蓄电池的实际应用各异。

（1）通信、计算机类系统。

通信、计算机类系统的主要供电对象有专用通信、民用通信、公安通信、综合监控、AFC 系统中的交换设备和服务器，以及 BAS 系统中的 PLC 等。该类系统通过 UPS 的逆变单元提供紧急供电电源，多采用 12V 蓄电池成组。

（2）信号系统。

信号系统的主要供电对象有信号机房设备，以及轨旁的转辙机、信号灯等。该类系统常通过综合电源屏提供紧急供电电源，多采用 12V 蓄电池成组。

（3）供电系统。

供电系统的主要供电对象有断路器测控保护单位、整流器温控单元、控制信号盘、接触网控制电机等。该类系统通过交流、直流电源屏提供紧急供电电源，多采用 12V 蓄电池成组。

（4）照明系统。

照明系统的主要供电对象有地铁车站的应急照明、导向装置等。该类系统通过 EPS 的逆变单元提供紧急供电电源，一般采用 12V 蓄电池成组。

（5）车辆。

车辆的主要供电对象有车辆空调和照明、车辆控制系统、车载广播和 PIS、车门等。城市轨道交通车辆通过内置的电源装置为车辆的 110V 控制电路提供紧急供电电源，为满足乘客安全逃生与供电需求，在紧急状态解除后能保证地铁车辆升弓并投入工作，要求蓄电池具有短时大电流放电能力和过载能力，多采用 2V 蓄电池成组。

（6）屏蔽门。

屏蔽门的主要供电对象有屏蔽门控制主机、门体驱动装置等。屏蔽门可通过 UPS 的逆变单元或直接由蓄电池为其控制、驱动装置提供紧急供电电源，要求蓄电池具有短时大电流放电能力和一定的抗冲击能力，多采用 12V 蓄电池成组。

5. 蓄电池的使用注意事项

（1）蓄电池使用前应清除外表面的灰尘及脏物，并逐个检查有无损坏，经检查无误后，根据需要将单体电池组成电池组。

（2）按照使用维护说明书的要求配制电解液。

（3）取下注液盖，将配制好的电解液注入电池至规定的液面高度。

（4）按照使用维护说明书的规定进行初充电。

（5）经过初充电并在正常情况下使用的电池，再充电时应按照使用维护说明书中的"正常充电"方法进行，充电量为上次放电量的1.2倍左右，但新电池前5次的充电量应为上次充电量的1.5倍左右。

（6）充电中电解液的温度不得超过55℃。

（7）使用中电解液中水的分解及蒸发，造成电解液的密度升高及液面降低，应加水调整；若因异常情况造成密度低于规定值，应加密度为$1.400g/cm^3$的硫酸溶液调整。密度调整应在充电末期进行。

（8）电池的表面、连接线及螺栓，应经常保持清洁、干燥。

（9）电池的连接必须保持接触良好。

（10）电池应避免过充电、过放电、强充电及充电不足。

（11）电池内不准落入任何有害杂质。

（12）电池盖上不准放置任何导电物品。

（13）电池放电后，应及时充电，最长间隔时间不得超过24h。

（14）电池使用中若出现落后电池，应及时查明原因，立即修复或更换。

（15）注入电池的水或硫酸溶液，温度应为10～35℃。

6. 蓄电池的充、放电方法

（1）蓄电池初充电。

蓄电池初充电分为两个阶段：第一阶段是用0.1C5A电流，充电至电池的端电压普遍升到2.40V；第二阶段是用0.05C5A电流充电至电解液剧烈冒升气泡，电压与密度稳定2～3h不变，且充电量达到额定容量的4.5～5倍。

（2）蓄电池正常充电。

经过初充电正常使用的电池，再进行充电称为"正常充电"。正常充电也分两个阶段：第一阶段是用0.14C5A电流，充电至电池的端电压普遍升到2.40V；第二阶段是用0.07C5A电流充电至电解液剧烈冒升气泡，电压与密度稳定2～3h不变，充电量为上次放电量的1.2倍左右，但新电池前5次的充电量应为上次放电量的1.5倍左右。蓄电池常见的充电方法有以下几种。

① 恒流充电法：一般采用10h率或20h率电流进行恒定电流充电。

② 分段恒流充电法：一般开始时用3～5h率电流进行充电，当端电压达到2.4V以上时，或者液温显著升高时，将电流降到10～20h率电流继续充电（又称递减电流充电法）。

③ 恒压充电法：按每个单体电池以2.3～2.5V恒定电压进行，因此充电初期电流相当大，随着充电的进行，电流逐渐减小，在终期几乎无电流通过。

④ 限流恒压智能充电法：首先设定恒定电流充电，当电池电压达到一定值后，自动转为恒压充电，充电电流随着充电时间的延长不断减小。目前比较好的充电机，在充好电后，再增加 1 或 2 个脉冲充电，即充、停、再充一小时。

⑤ 补充充电法：除了浮充电以外，尽管正常的充电进行得很好，但在搁置一段时间以后，由于自放电而使容量减小，因此根据搁置时间的长短，以 10～20h 率电流予以适当地充电，称为补充充电。蓄电池作为备用的情况下，充电后长期搁置不用时，应定期（如一个月）进行补充充电。

⑥ 均衡充电法：先将电池进行正常充电，待充电完毕，静置一小时，再用正常充电第二阶段的电流继续充电，直到产生剧烈气泡时，停充 1h。如此反复数次，直至电压、密度保持不变，于间歇后再进行充电便立即产生剧烈气泡为止。

电池在使用中，每月应进行一次均衡充电。如有下列情况之一时，均应进行均衡充电：放电电压经常降至终止电压以下；放电电流值经常过大；放电后未及时进行充电；电解液混入危害不大的杂质；经常充电不足或较长时间未使用；将极群组取出检查或清除沉淀物后。

（3）蓄电池的放电。

① 蓄电池的自放电。

电池非因工作原因而发生的放电现象，称为自放电。自放电的危害：能量损失、易硫化。电池自放电通常有以下几个方面的原因：过量补水造成电解液溢出，表面放电；加入含有杂质的酸或水；长期放置导致电解液分层。

② 蓄电池的深度放电。

电池在使用时，放出容量一般要求不得超过其额定容量的 80%，当电池放出容量超过 80% 时，即为电池深度放电。此时应该立即前往充电场所进行充电。

深度放电对电池的危害：易硫化，易使极板膨胀变形活性物质脱落致使容量下降、寿命缩短等。

7. 蓄电池的常见故障及处理

（1）极板硫酸盐化。

铅蓄电池在正常放电情况下，正、负极板上的活性物质（PbO_2 及 Pb）大都变为松软的硫酸铅小晶体。这些小晶体均匀分布在多孔的极板上，在充电时很容易和电解液接触，起化学反应而恢复为原来的二氧化铅和绒状铅。但如果维护管理不当，极板上的硫酸铅结晶，就会逐渐形成体积大而又导电不良的粗结晶硫酸铅，甚至可以结成面积较大、几乎不溶于电解液的较为坚实的硫酸铅结晶层，附在极板表面，造成极板硬化。这种结晶导电性差，体积大，会堵塞极板的微孔，妨碍电解液的渗透，增加了极板电阻，并在以后一般充电中很难使其恢复原状，这样就使极板上的活性物质减少，容量降低，严重时将使极板失去可逆作用而损坏。这就是所谓极板的硫酸盐化。

预防硫酸盐化的方法：不过放电；放电后及时进行充电；定期进行均衡充电；液面下降，及时补充纯水，切勿加浓硫酸；蓄电池因故倾倒，损耗酸液，应按倾倒前的密度补充；暂不用的蓄电池，应充足电，上好注液盖，清洁蓄电池上口，再放置。

（2）蓄电池内部短路。

蓄电池内部短路是因正、负极板搭接形成的。蓄电池内部短路的故障特征有：电解液温度升高；充电时电解液的密度上升慢或者不上升；充电时气泡少或无气泡；放电时开路电压低、电压下降快等。

造成这些故障可能的原因有：隔板破损；蓄电池内部落入导电物质；蓄电池槽底部的沉淀物太多；极板弯曲等。

处理的方法有：更换破损的极板；去除引起短路的导电物；排除蓄电池底部的沉淀物；更换新蓄电池等。

（3）蓄电池的容量不足。

蓄电池在使用中达不到额定容量的要求或容量不足，首先应该考虑电池初充电不足或使用后充电不足，检查电解液的密度是否较低，充电后是否有密度上升的现象。如果密度不变，应考虑外接线路不畅通，电阻较大。

电池容量如果逐渐降低，检查极板是否有硫酸盐化现象，电解液是否混入了有害杂质，电池是否有局部短路现象。电池因使用时间较长是否有板栅腐蚀、极板断裂、活性物质过量脱落，并分别采取处理措施。

电池在使用中容量突然降低，应首先检查电池接线端是否有白色硫酸铅析出物，测量电压是否有电池反极的现象，电池内部是否有短路，是否有极板或整个极群脱落的现象。

（4）蓄电池发生爆炸。

蓄电池充电到末期，两极转化为有效物质后，再继续充电，就会产生大量的氢气和氧气。当这种混合气体的浓度在空气中达到4%时，遇到明火就会发生爆炸。

预防爆炸的方法：控制充电量，不过充；充电中，接线点要牢固，不因松动产生火花；使用中采用低压恒压充电，析气量少；预防蓄电池外壳裂痕、电解液渗漏到电缆沟，引起线路短路，产生火花，起火爆炸。

（5）极板活性物质过量脱落。

电池槽底部短时间内积聚了大量的沉淀物，容量下降，温升高，电解液混浊，析气量大。这是极板活性物质过量脱落的主要特征。

极板活性物质过量脱落的原因：充电电流过大，时间过长，温度过高；经常过放电，生成大量硫酸铅，体积过分膨胀，结合力下降；电解液密度过大，腐蚀性大，活性物质机械强度下降；经常过充电，活性物质过度氧化、疏松，板栅受到腐蚀，失去承受活性物质的能力；经常处于高温下充电，正极活性物质形成泥浆软化，易脱落；杂质进入电池，碱性物质会引起负极多孔金属铅膨胀脱落。

（6）蓄电池反极。

蓄电池在多个串联使用中，如果有某个电池容量降低，甚至完全丧失容量，那么在放电过程中，它很快就放完了自己的容量。该电池不但不继续放电，还因为它的端电压比其他电池的端电压低而被反充电，致使它的极板的正、负极性发生逆转。

反极故障的主要原因多是过量放电后充电不足，或是初充电没有充足而造成极板硫酸盐化，或者极板间有短路故障存在。

5.1.3　相关规范、规程与标准

环境保护行业标准 HJ 519－2009《废铅酸蓄电池处理污染控制技术规范》，第 3 条"术语和定义"相关条文。

任务 5.2　UPS 维护

5.2.1　工作任务

认知 UPS 并能按要求进行维护。

5.2.2　知识链接

1. UPS

UPS 是不间断电源（Uninterruptable Power System）的英文简称，是能够提供持续、稳定、不间断的电源供应的重要电气设备。它是一种含有储能装置，以逆变器为主要元件，稳压稳频输出的电源保护设备。它可以解决现有电力的断电、低电压、高电压、突波、杂讯等现象，使信号、通信系统的运行更安全、可靠。

UPS 主要由整流器、蓄电池、逆变器和静态开关等几部分组成。UPS 一般使用阀控式密封铅酸蓄电池，以电池化学能为后备能量。市电输入正常时，UPS 将市电稳压后输出；在市电断电或发生异常等电网故障时，UPS 立即将机内蓄电池的直流电能，通过逆变器转换成交流电能提供给负载，使负载正常工作并保护负载的软、硬件不受损坏。

UPS 系统主要由整流器、逆变器、旁路/逆变静态开关、5 个开关组成，这 5 个开关是主路输入空开、旁路输入空开、维修旁路空开、输出空开及蓄电池开关。UPS 的原理框图如图 5-2 所示。

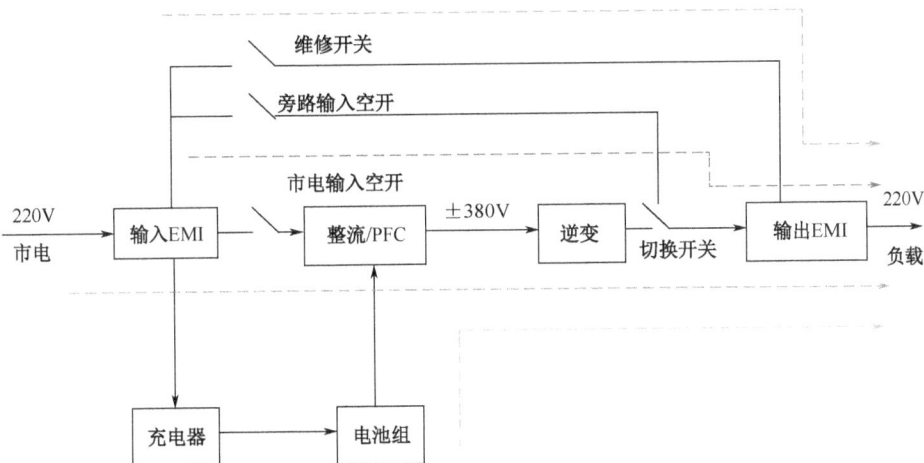

图 5-2　UPS 的原理框图

其中，空气断路器控制主路交流电源输入，整流模块将交流电源变成直流电源，逆变模块进行 DC/AC 变换，将整流模块和蓄电池提供的直流电源变换成交流电源，经过隔离变压器输出。蓄电池组在交流停电时通过逆变向负载供电。输入电源也可以通过旁路静态开关从旁路回路向负载供电。另外，要求对负载供电不间断而对 UPS 内部进行维修时，可使用维修旁路开关。

2．UPS 的功能

（1）隔离作用。瞬时断电、谐波干扰、电压及频率波动等都会影响负载的正常工作，UPS 可以将这些电网干扰进行有效隔离，在电网电压异常时（欠压、过压等）UPS 仍维持对负载的供电。

（2）稳压作用。当市电输入正常时，UPS 将市电稳压后供应给负载使用，此时的 UPS 就是一台交流市电稳压器；当市电偏低或偏高时，通过 UPS 内部稳压线路稳压后输出。

（3）电压变换作用。当市电中断（事故停电）时，UPS 立即将机内电池的电能，通过逆变转换的方法向负载继续供应 220V 交流电，使负载正常工作。

（4）频率变换作用。根据实际的需求可以实现电源输出频率的变换，频率的稳定则由变换器来完成，频率的稳定度取决于变换器的振荡频率的稳定程度。

（5）提供后备时间。在电网电压工作正常时，给负载供电，同时给储能电池充电；当电网停电时，UPS 能为负载提供一定的后备能量，后备时间为 10min、30min、60min 或更长。

3．UPS 的分类

从机械的角度来看，UPS 可分为旋转型和静止型两大类。目前广泛应用的 UPS 属于静止型 UPS。静止型 UPS 可按多种性能特点进行分类，而这些分类方式对于 UPS 选型应用有着较大的参考意义。

（1）按供电体系（按输入/输出方式）不同，可分为单进单出（单相输入/单相输出）、三进单出（三相输入/单相输出）和三进三出（三相输入/三相输出）UPS。

（2）按输出功率不同，UPS 可分为小功率（<10kV·A）、中等功率（10 kV·A～100kV·A）和大功率（>100kV·A）UPS。

（3）按工作方式不同，UPS 可分为后备式、在线互动式及在线式 UPS。

（4）按输出波形不同，UPS 可分为方波 UPS、梯形波 UPS 和正弦波 UPS。

（5）按逆变工作延时时间不同，UPS 可以分为标准机型和长延时机型。标准机型能在电力异常时提供 7～15min 的后备时间，一般长延时机型的延时时间有 0.5h、1h、2h、4h、8h 等，可以根据设备需求进行选择。

4．逆变器

逆变器是将直流电（DC）转换成交流电（AC）的变换器。逆变器的性能各有不同，输出的交流电波形有阶梯波与正弦波两种，失真系数（THD）也因逆变器的性能差异而各有不同。

（1）逆变器的结构。

现在使用的逆变器有两种结构，其原理结构如图 5-3 所示。

图 5-3（a）这种结构的交流旁路不经过逆变器处理，与负载是直通的；图 5-3（b）这种结构的逆变器交流旁路经过逆变器内部整流、逆变，对市电具有净化功能。

这两种结构的逆变器，逆变部分是一样的，不同之处在于交流旁路功能。如图 5-3（a）所示的结构一般输出功率在 1.5kV·A 以下，3kV·A 以上一般采用如图 5-3（b）所示的结构。图 5-3（b）所示结构与一般讲的 UPS 是非常类似的，不同之处在于直流输入的接入方式。

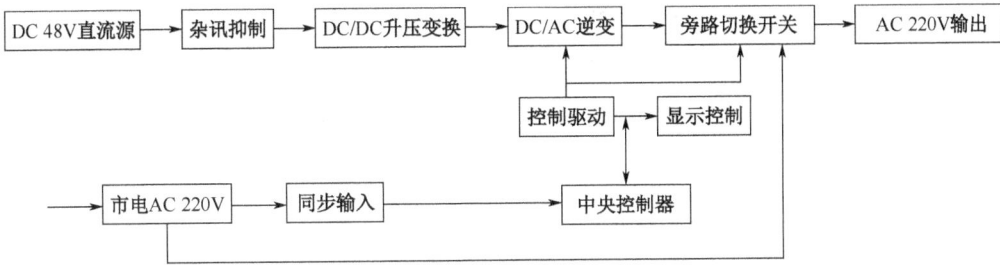

（a）结构 1

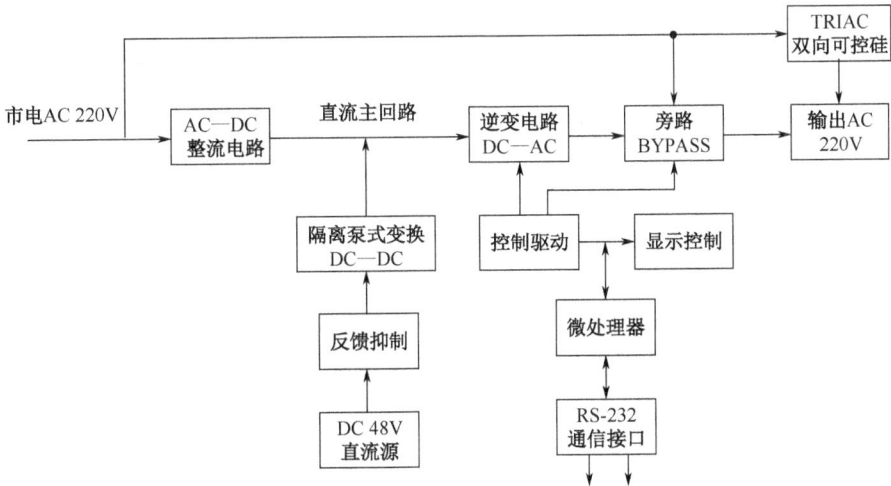

（b）结构 2

图 5-3　逆变器的原理结构框图

（2）冗余式逆变器的原理。

两台 1500V·A 的 DC 48V/AC 220V 逆变器的输出送至冗余开关，在逆变器 I、II 输出正常时，交流输出由逆变器 I 供电；在逆变器 I 输出异常时，冗余开关在 10ms 内将交流输出切换至逆变器 II 供电，实现不间断备份转换供电。

冗余式逆变器的原理如图 5-4 所示。

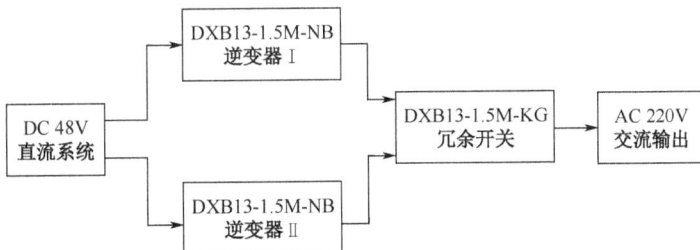

图 5-4　冗余式逆变器原理

（3）逆变器串联热备份。

逆变器在未得到确认前禁止直接并联使用。将主机的旁路输入由原来接市电改为接在从机的 UPS 输出，即构成串联热备份，如图 5-5 所示。

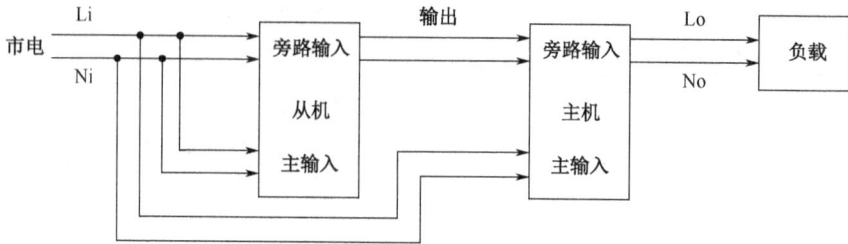

图 5-5　逆变器串联热备份

当主机出现故障时，主机将自动切换到旁路状态，此时从机输出承受负载，负载仍处于 UPS 逆变状态，从而保障设备安全运行。若主机处于旁路，从机又出现故障，则由市电来承受负载。

5. UPS 的工作模式

根据市电供电的具体情况，UPS 常见的工作模式有以下几种。

（1）正常工作模式：在主路市电正常时，UPS 一方面通过整流器、逆变器给负载提供高品质交流电源；另一方面通过整流器为电池充电，将能量储存在电池中。

（2）电池工作模式：当主路市电异常时，系统自动无间断地切换到电池工作模式，由电池通过逆变器输出交流电向负载供电。市电恢复后系统自动无间断地恢复到正常工作模式。

（3）旁路工作方式有两种：一种能自动恢复到正常工作模式；另一种需人工干预才能回到正常工作模式。

在逆变器过载延时时间到、逆变器受大负载冲击等情况下，系统自动无间断切换到静态旁路电源向负载供电。过载消除后，系统自动恢复正常供电方式。

在用户关机，或主路市电异常且电池储能耗尽，或发生严重故障等情况下，逆变器关闭，系统会切换并停留在旁路工作模式。此后若需恢复到正常工作模式，则需要用户重新开机。

（4）维修工作模式：对 UPS 系统及电池进行全面检修或设备故障维修时，可以通过闭合维护开关，将负载转向维修旁路直接供电，以实现对负载不停电维护。维修时需要断开 UPS 内部的主路输入开关、旁路输入开关和电池输入开关及输出开关，实现 UPS 内部不带电而对负载仍然维持供电的维修模式。

6. UPS 的工作原理

（1）后备式 UPS。

如图 5-6 所示，后备式 UPS 在市电正常时直接由市电向负载供电；当市电停电时，通过转换开关转为电池逆变供电。其特点是：结构简单，体积小，成本低，但输入电压范围窄，输出电压稳定精度差，有切换时间，且输出波形一般为方波。

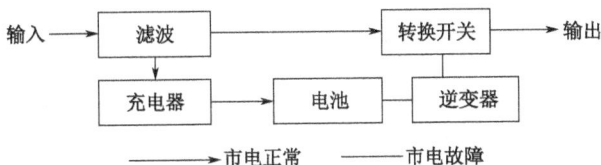

图 5-6 后备式 UPS 的原理框图

后备式 UPS 在有市电时仅对市电进行稳压，逆变器不工作，处于等待状态；当市电异常时，后备式 UPS 会迅速切换到逆变状态，将电池电能逆变成交流电对负载继续供电，因此后备式 UPS 在由市电转逆工作时会有一段转换时间，一般小于 10ms。

（2）在线互动式 UPS。

如图 5-7 所示，在线互动式 UPS 在市电正常时直接由市电向负载供电；当市电偏低或偏高时，通过 UPS 内部稳压线路稳压后输出；当市电异常或停电时，通过转换开关转为电池逆变供电。它具有较宽的输入电压范围、噪声低、体积小等特点，但同样存在切换时间。

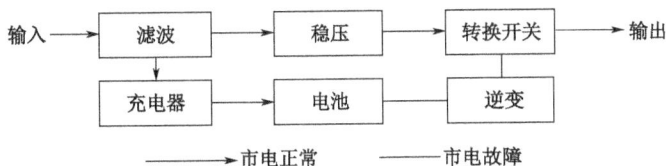

图 5-7 在线互动式 UPS 的原理框图

在线互动式 UPS 是指在输入市电正常时，UPS 的逆变器处于反向工作给电池组充电，在市电异常时逆变器立刻投入逆变工作，将电池组电压转换为交流电输出，因此在线互动式 UPS 也有转换时间。

同后备式 UPS 相比，在线互动式 UPS 的保护功能较强，逆变器的输出电压波形较好，一般为正弦波，而其最大的优点是具有较强的软件功能。

（3）在线式 UPS。

如图 5-8 所示，在线式 UPS 在市电正常时，由市电进行整流提供直流电压给逆变器工作，由逆变器向负载提供交流电；在市电异常时，逆变器由电池提供能量，逆变器始终处于工作状态，保证无间断输出。其特点是，有极宽的输入电压范围，无切换时间且输出电压稳定精度高，特别适合对电源要求较高的场合，但是成本较高。

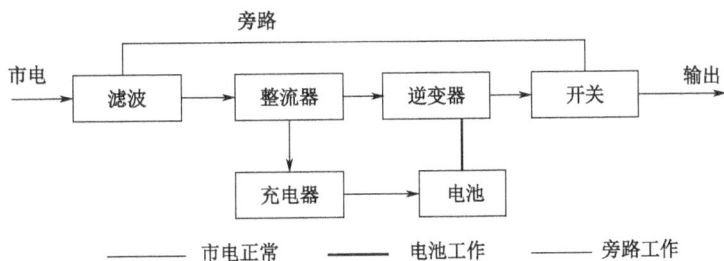

图 5-8 在线式 UPS 的原理框图

7. UPS 在城市轨道交通系统中的应用及供电方式

城市轨道交通中信号、通信、综合监控等，多为由计算机、网络设备等构成的重要负载，需要 AC 380V/220V 电源，最适合采用 UPS 系统进行供电。

（1）城市轨道交通系统设备对 UPS 的要求。

由于城市轨道交通运营环境及其设备系统的特殊性，一般要求提供电源的 UPS 满足下列要求：

① 可靠性高，能适应较为封闭的运行环境，以确保各设备系统全天候、稳定、可靠地运行。

② 安全性高，保护全面，不易造成人为设备故障。

③ 电源质量优，整机效率高，能源消耗少。

④ 绿色环保，避免污染电力环境及自然环境。

⑤ 便于近、远端管理，有标准的通信接口及开放的通信协议。

⑥ 尽量少占资源，节省安装空间。

除了上述通用要求外，城市轨道交通设备系统还对 UPS 有一些具体应用要求，如表 5-1 所示。

表 5-1 各设备系统对 UPS 的应用要求

系统名称	供电对象	负载类型	一般应用要求
通信	专用通信、民用通信、公安通信中的传输和交换设备等	容性负载	为通信系统中的设备提供紧急供电电源，一般要求供电维持时间大于 4h；UPS 单机容量多在 15kV·A 以上
信号	信号系统中机房设备及轨旁的转辙机、信号灯	容性负载、感性负载	为信号系统中的设备提供紧急供电电源，一般要求供电维持时间大于 0.5h；UPS 单机容量多在 20kV·A 以上
综合监控及 BAS	综合监控系统中的服务器和交换设备，以及 BAS 系统中的 PLC 等	容性负载	为综合监控及 BAS 系统中的设备提供紧急供电电源，一般要求供电维持时间大于 2h；综合监控系统 UPS 单机容量多在 15kV·A 以上，BAS 系统 UPS 单机容量多在 10kV·A 以下
AFC	AFC 系统中的服务器和交换设备等	容性负载	为 AFC 系统中的设备提供紧急供电电源，一般要求中央级供电维持时间不小于 2h；车站级供电维持时间不小于 0.5h；中央级 UPS 单机容量多在 20kV·A 以上，车站级 UPS 单机容量多在 10kV·A 以下
屏蔽门	控制主机、门体驱动装置等	容性负载、感性负载	为屏蔽门的控制、驱动装置提供紧急供电电源，一般要求供电维持时间大于 30min，或在一段时间内保证屏蔽门能够正常开关 3～5 次；具有短时大电流放电能力和较强的抗冲击能力；UPS 单机容量多在 15kV·A 以上

（2）UPS 在城市轨道交通系统中的应用。

① 信号系统。

信号系统在车站、控制中心和车辆段均设置有 UPS。车站信号系统为列车提供相关的控制、防护、运行等功能，采用的 UPS 供电容量较大，为 20kV·A；控制中心和车辆段均为小型 UPS，容量一般为 5kV·A～10kV·A。

② 通信系统。

通信系统在车站、控制中心和车辆段均设置有 UPS。一套通信系统中会有多台小容量UPS，为不同设备进行分散供电。

a．在车站设两套 UPS，一套为专用系统 UPS，为有线传输设备、交换机、无线电设备等供电，一般容量为 15kV·A～20kV·A；另一套为公共设备系统 UPS，为车站广播、时钟等设备供电，一般容量为 20kV·A～30kV·A。

b．在控制中心设置一套 UPS，为中央级设备进行供电。可根据控制中心服务线路的数量选择不同容量的 UPS，一般容量为 30kV·A～60kV·A。

c．在车辆段设置一套 UPS，为培训、维修设备及交换机等进行供电，一般容量为6kV·A～10kV·A。

③ 综合监控系统。

综合监控系统在车站、控制中心和车辆段均设置有 UPS。

a．在车站主控设备房设一套 UPS，容量为 10kV·A～20kV·A，为车站主控设备房和车站控制室内车站级主控系统的主要设备等供电。在其他设备室配置容量为 1kV·A～10kV·A的 UPS。

b．在控制中心设置一套 UPS，一般容量为 20kV·A～40kV·A，为综合监控系统设备进行供电。另外设置一套容量为 20kV·A～40kV·A 的 UPS，专门为大屏幕（OPS）设备供电。

c．在车辆段主控设备房设一套 UPS，容量为 10kV·A～20kV·A，为车站主控设备房内的主控系统设备供电。在其他设备室配置容量为 1kV·A～10kV·A 的 UPS。

④ BAS、PIS、AFC 系统。

在车站设置以上系统的 UPS，在车辆段主要设置 BAS 的 UPS。

a．在车站 BAS 系统设一套容量为 10kV·A 的 UPS，在车站 PIS 系统设一套容量为20kV·A～30kV·A 的 UPS，在车站 AFC 系统设一套容量为 10kV·A～20kV·A 的 UPS。

b．在车辆段 BAS 系统设一套容量为 10kV·A 的 UPS。

⑤ 屏蔽门系统。

在车站屏蔽门控制室设置一套 UPS，容量为 10kV·A～30kV·A，后备时间满足本车站站台所有屏蔽门、安全开门、安全关门的要求。

（3）UPS 电源的供电方式。

① 供电方式分析比较。

UPS 的供电方式可分为集中供电方式和分散供电方式两种，如表 5-2 所示。集中供电方式一般是指由单台大功率 UPS 或两台以上并联的中、大功率 UPS 向车站所有设备系统提供高质量的电源。分散供电方式则是根据各设备系统的需要分别配备适合的中、小功率UPS。国内早期建设的轨道交通线路各设备系统较为独立，加之当时成熟应用的大功率 UPS设备较少，所以多采用分散式供电方式。目前，随着大功率 UPS 设备及并机技术的日臻成熟，已有部分城市的新建线路采用 UPS 集中式供电。这两种 UPS 供电方式相比较各有利弊，但集中式供电更有利于资源的综合利用、设备的专业化维护与管理，有利于节省设备房使用面积、节省工程投资。

② 集中供电方式。

集中供电方式的具体方案选择应综合考虑土建设计、各系统设计方案、运营维护、造价成本等方面，在线路初步方案设计时就完全确定。

表 5-2 UPS 集中供电与分散供电方式的比较

项　目	大功率 UPS 集中供电	中、小功率 UPS 分散供电
可靠性	一般多采用冗余设计，可靠性较高	没有备份，可靠性低
故障影响	可能会使所有系统瘫痪，影响大	相互独立，影响小
性能指标	设计难度大，技术含量高	技术含量低，容易选购
占地面积	设备集中，占地面积小，节省土建成本	设备分散，总的占地面积大
蓄电池利用	集中裕量，节约成本	分散裕量，易造成浪费
布线	布线复杂，要求高	布线简单，要求低
维护管理	便于电源系统的统一维护管理	设备分散，维护管理工作量大
其他	轨道交通行业大功率 UPS 并机应用还不广泛	中、小功率 UPS 应用已非常成熟

a. 双机单总线集中供电方案。

该供电方案的拓扑结构如图 5-9 所示，由两台直接并联运行的 UPS 向所有负载供电，两台 UPS 均分负载。这种供电方案的设备采购数量少，容量冗余大，便于系统扩容，可靠性高于单机集中供电方案，但任何负载侧的故障都可能造成系统间的影响。

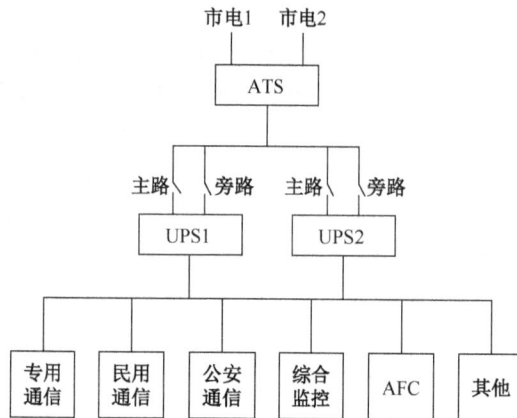

图 5-9　双机单总线集中供电方案的拓扑结构

b. 双机双总线集中供电方案。

该供电方案的拓扑结构如图 5-10 所示，由两台并联运行的 UPS 电源向所有负载供电，电源的输出端由 STS 控制向负载供电。在这种供电方案下，两台 UPS 的工作相互独立，可以减少相互间的故障影响，可靠性非常高，但设备采购费用非常高。在建设成本允许的条件下，这种供电方案是较其他方案更可靠、更灵活的多机集中供电方案，应该是将来城市轨道交通领域 UPS 供电发展的趋势。

③ 分散供电方式。

a. 单机分散供电方案。

该供电方案的拓扑结构如图 5-11 所示，各系统分别由单台 UPS 向其负载供电，即各个系统都配置独立供电的 UPS。这些 UPS 具有独立的监控系统，独立的蓄电池组，单台设备故障时只对所在系统产生影响。这种方式要求 UPS 电源的设备数量较多，运营后的维护检修工作量大。

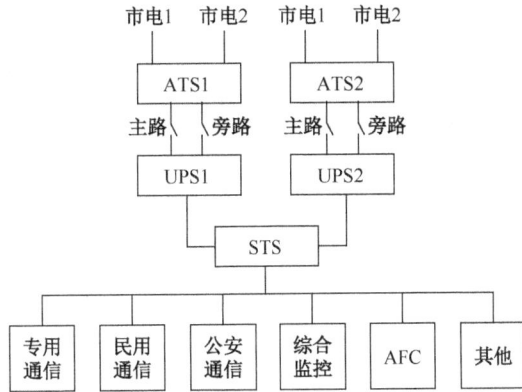

图 5-10　双机双总线集中供电方案的拓扑结构

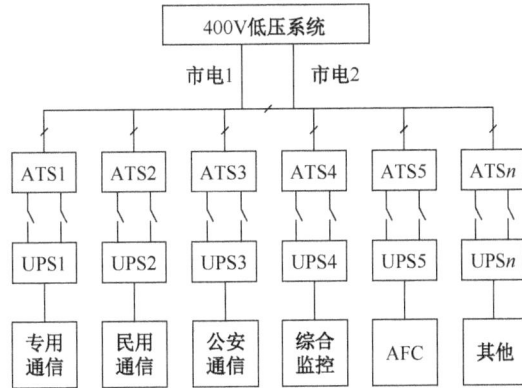

图 5-11　单机分散供电方案的拓扑结构

b．双机分散供电方案。

该供电方案的拓扑结构如图 5-12 所示，各系统分别由两台并联运行的 UPS 向其负载供电，两台 UPS 均分负载，互为备份。这种方式要求 UPS 电源的设备数量大，设备采购费用高，设备房面积要求大，但这种方式的可靠性较单机分散供电方式有很大提高。

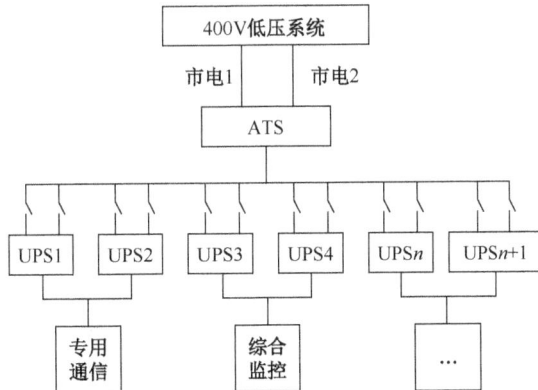

图 5-12　双机分散供电方案的拓扑结构（ATS 部分仅为示意）

8. UPS 的使用与维护

（1）UPS 的性能指标。

① 输入特性。

a. 输入电压。UPS 的输入电压单相是 220V，三相是 380V，电压基本可允许±10%的变化范围。UPS 允许输入电压的变化范围表明 UPS 对市电电压变化的适应能力。UPS 所允许的输入电压变化范围越宽，表明 UPS 对市电的适应能力越强。

b. 旁路允许电压范围。典型为 10%以内。

c. 输入频率。输入频率是 50Hz，在±5%范围内变化都应适应。

d. 输入保护。输入电源故障或输入电源超出规定范围时，UPS 转到电池供电，保证负载供电的连续性，后备式小于 4ms，在线式应无间断。

② 输出特性

a. 容量。容量在 UPS 中是用伏安（V·A）表示的，UPS 的负载性质因设备的不同而不同，即 UPS 不但需要向负载提供有功功率[瓦（W）]，而且需要提供无功功率[乏（Var）]，所以就用视在功率（V·A）来表示。在 UPS 容量的选择上要留有余量，建议负载容量不超过 UPS 额定容量的 70%为佳。

b. 输出电压。根据负载的要求选用输出电压是单相的 220V 或三相的 380V UPS。

c. 输出电压稳定度。输出电压稳定度是指在额定输入电压下，输出电流在 0~100%变化输出电压偏离额定值的百分数。

d. 输出频率。大多为 50Hz±10%，对于在线式 UPS，输出频率在一定范围内要跟踪输入频率。

e. 输出波形。常见 UPS 有方波和正弦波输出两种。

f. 过载能力。在无故障情况下，UPS 允许有瞬间过载发生。当超过 UPS 允许的范围时，必须进入保护状态，逆变器停止工作。

g. 整机效率。UPS 输出功率与输入功率的比值称为整机效率。

h. 输出电压谐波失真度。典型的为 3%以内。

（2）UPS 的使用及维护注意事项。

UPS 如果操作使用不当或维护不到位，可能造成设备损坏，导致系统失电等后果，严重影响运营安全，所以必须高度重视 UPS 的正确使用和日常维护。UPS 的使用及维护注意事项如下：

① 不能按照 UPS 的额定容量来使用 UPS，长期满载或过度轻载都会影响 UPS 的使用寿命。

② 不应频繁启动或关闭 UPS 电源，否则会引起启动失败。

③ 注意防雷击，保证 UPS 的有效屏蔽和良好接地。

④ 应注意 UPS 的使用环境变化，环境温度过高将极大地缩短蓄电池的使用寿命，温度和湿度对 UPS 主机本身的寿命也有很大影响。

⑤ UPS 主机应定期清洁保养，勿沾染灰尘，延长设备使用寿命。

⑥ UPS 进、出风口要保持通畅，定期检查设备各连接线，并防止碰撞或松动及潮湿。

⑦ UPS 初次使用或长期闲置后使用，应先对蓄电池进行长时间充电后再使用。

⑧ 不要使 UPS 长期处于浮充状态而不放电，长期处于浮充状态会造成蓄电池内阻增大或永久性损坏。

⑨ 尽量避免蓄电池过放电，蓄电池放电亏损将可能导致蓄电池永久性损坏。

⑩ 平时维护保养时，应仔细查看蓄电池是否有变形、裂纹及漏液痕迹。

（3）UPS 的基本操作。

① 开机操作：闭合 UPS 在电源屏上的输出空开；闭合 UPS 旁路输入开关；闭合 UPS 市电输入开关；闭合 UPS 电池开关；闭合 UPS 前面板开关（长按 2s），使逆变器指示灯闪烁，UPS 处于逆变工作状态。

② 关机操作：断开 UPS 的所有输出负载；按住 UPS 前面板开关（长按 2s），逆变器指示灯熄灭；断开 UPS 市电输入开关；断开 UPS 旁路开关；断开 UPS 蓄电池开关。

③ UPS 紧急关机与恢复。紧急关机：面板上的紧急关机按钮长按 2s，系统将关闭整流器、逆变器并迅速切断负载供电和旁路，且电池停止充放电。恢复：按下故障清除按钮，或 UPS 完全断电后再重新上电。

（4）UPS 的检修内容及质量要求。

UPS 的检修周期、内容、方法及标准如表 5-3 所示。

表 5-3　UPS 的检修周期、内容、方法及标准

修　　程	周　　期	维 修 项 目	维修工艺方法	维 修 标 准
日常维护	集中站：日巡检 非集中站：周巡检	设备的外观检查	目测	机柜方正，安装牢固，表面无破损
		散热系统检查	目测	风扇转动时没有噪声，保持一定风量以起到散热作用
		设备运行，检查控制面板的显示	目测	显示正常且处于正常（双转换）方式供电状态，无报警信息
		设备清洁检查	目测，手动	设备表面干净、清洁、无灰尘
二级保养	半年检	同日常保养内容		
		内部部件检查，检查连接件	目测，手动	各连接件应连接牢固且密贴性好，连接线无断线，无接触不良，表皮无破损，UPS 接地良好
		内部部件检查，全面检查各部件	目测，手动	部件接口的螺钉应坚固，无松动
		内部部件检查，检查 UPS 内部元件	目测，手动	电路板外观无变形。电容外观完整，无发胀、爆裂、漏液。磁性元件外观完整，无过热。各类保险安装牢固，接触良好
		电气测试，正常工作状态下和电池供电状 UPS 的输入/输出电压	目测，手动	输入、输出电压为交流 380V。 测电流时注意不要短路
		检查 UPS 的运行模式转换	目测，手动	正常（双转换）方式、自动（静态）旁路、手动维修旁路之间可正常切换。 断电能自动转到电池供电状态，并不影响设备的使用，供电正常时能恢复正常状态。 正确操作下，各种状态的转换不会影响设备的正常使用

续表

修　程	周　期	维修项目	维修工艺方法	维修标准
小修	年检	同二级保养内容		
		全面检查各部件，插件检查	目测，手动	设备接插件接插牢固，不易晃动。 注意：UPS 要求工作在维修旁路
		全面检查各部件，各部件、元件检查	目测，手动	各部件、元件状态良好。 注意：UPS 要求工作在维修旁路
		UPS 机柜内除尘	目测，手动	用毛扫或鼓风机除尘，用吸尘机吸尘。设备内部和板件清洁，状态良好。 注意：清洁时 UPS 关机 5min 后进行，UPS 处于维修旁路
中修	5～10 年	更换风扇		
		全面检查各电子元件	目测，手动	拆卸板块，使用放大镜等工具检查。电路板外观无变形、无烧黑等不良现象。 电容外观完整，无发胀、爆裂、漏液。 磁性元件外观完整，无过热。 各类保险安装牢固，接触良好。 各接点接触良好，无虚焊，无锈蚀和接触不良现象。 检查温度检测元件是符合测量要求
大修	15 年	更换 UPS		电气参数和性能不低于原设计标准

5.2.3 相关规范、规程与标准

铁运〔2008〕19 号《关于客运专线信号系统若干问题的指导意见》，第 7 条"信号系统电源"相关条文。

项目小结

（1）铅酸蓄电池因具有电压稳、容量大等特点，在城市轨道交通领域中有着广泛而重要的运用。它可通过安装在蓄电池上的单向排气阀自动排出化学反应产生的气体，具有免维护的特点。

（2）UPS 广泛应用于由计算机、电子设备及网络设备构成的城市轨道交通信号及通信系统中。UPS 设备通常对电压过大和电压太低都提供保护，它可以保障计算机系统在停电之后继续工作一段时间以使用户能够紧急存盘，使用户不致因停电而影响工作或丢失数据。

（3）UPS 在两路供电电源停电后，实现两路电源之间的无间断切换，在一定时间内向信号设备提供持续、稳定、不间断的电压，同时具有稳压、变换和净化电源的功能。

（4）UPS 系统由 UPS 主机、蓄电池、市电、UPS 配电系统、后台监控系统等单元组成。UPS 按照电路主结构分为后备式 UPS、在线互动式 UPS 和在线式 UPS。

复习思考题

1. 简述阀控式密封铅酸蓄电池的结构及工作原理。

2. 简述 UPS 的功能及分类。

3. 简述 UPS 的基本组成及工作原理。

4. 简述逆变器的结构及工作原理。

5. 试比较后备式 UPS、在线互动式 UPS 及在线式 UPS 的优、缺点。

6. UPS 常见的工作模式有哪些?

7. 比较 UPS 常见的供电方式。

8. 简述 UPS 在城市轨道交通领域的应用。

项目6 防雷及接地装置维护

项目引导

  雷电可以使信号及通信系统设备损坏或失效、重要数据丢失，影响列车运行的正常秩序，同时带来较大的直接和间接经济损失。因此，信号及通信设备必须对雷电予以防护。其设备应设安全地线，防雷装置应设防雷地线。

任务6.1 防雷装置维护

6.1.1 工作任务

  认知城市轨道交通信号电源系统的防雷装置。

6.1.2 知识链接

1. 雷害

  雷电是指带电雷云放电这一自然现象。它从发生到结束作用时间极短，一般仅若干微秒，属于一种瞬态现象（浪涌），雷电又被称为雷浪涌。

  雷击放电在空间产生的电磁场效应，以脉冲形式出现在导体、电子、电气设备上则为雷电电磁脉冲；出现在电子和电气设备上，超过设备本身正常工作电压和电流的外来电压和电流则为过电压、过电流。

  雷电所造成的自然灾害即为雷害。雷种主要有直击雷、感应雷、球雷和雷电侵入波 4 种。直击雷是直接击在建筑物、构筑物、地面突出物或大地并产生电效应、热效应和机械力的雷电放电，又称雷电直击。直击雷电压可高达几十万伏，但袭击信号设备的概率很小。

  感应雷则是雷电放电的强大电磁场作用在邻近导线或电子、电气设备系统内产生的静电感应过电压和过电流，以及电磁感应过电压和过电流，又称雷电感应。

  感应雷又分为纵向感应雷和横向感应雷两种。纵向感应雷是感应到设备两侧（如钢轨）

上的极性相同、大小相等的感应电压，如图 6-1（a）所示；横向感应雷是感应到信号设备两侧的极性不同的感应电压，如图 6-1（b）所示。

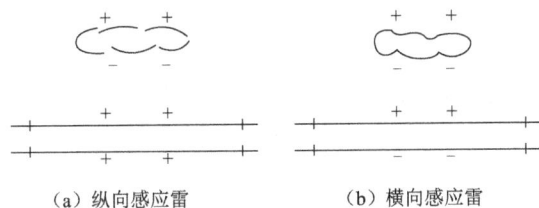

（a）纵向感应雷　　　　　　　　（b）横向感应雷

图 6-1　感应雷示意图

感应雷概率高，一般雷电直击点周围半径 1km 左右都会产生雷电电磁脉冲。

球雷是一种紫色或灰紫色的滚动雷，它能沿地面滚动或在空中飘动，能从门窗、烟囱等孔洞缝隙窜入室内，遇到人体或物体容易发生爆炸。

雷电侵入波是雷电发生时，雷电流经架空电线或空中金属管道等金属体产生冲击电压，冲击电压又随金属体的走向而迅速扩散，以致造成危害。

轨道交通电子信息设备主要包括信号、通信、信息、灾害监测、车辆安全防范预警等电子装置，采用了大量电子设备，耐过电压和过电流的能力很低，雷电感应引起的电磁感应脉冲可以造成雷害。因此，信号及通信设备主要是对感应雷进行防护。

2. 雷电侵入信号设备的主要途径

（1）空间电磁感应。

雷电直击装置有信号设备的建筑物及装置有信号设备场所附近的构筑物、地面突出物或大地时，雷电电磁脉冲将在信号系统内产生过电压和过电流。此种雷电侵入方式对信号设备的影响具有较大的不确定性，它与电磁感应的强弱、方向、持续时间及信号设备所处的位置都直接有关。

（2）由信号传输线侵入。

与信号系统设备相连的信号传输线路、钢轨等设施遭受直接雷击时产生的电磁脉冲，或与信号系统设备相连的信号传输线路附近遭受直接雷击时，感应在信号传输线上的电磁脉冲，经线路传导侵入信号系统内产生过电压和过电流。具体有由轨道电路侵入、由信号点灯电路侵入、由道岔控制回路侵入等方法。

（3）由供电电源侵入。

向信号设备供电的电源系统遭受直接雷击产生的电磁脉冲，或电源馈线附近遭受直接雷击时感应在电源线上的雷电电磁脉冲，经电源馈线传导，在信号系统电源设备上产生过电压和过电流。

（4）地电位反击。

雷击信号设备场地建筑物的避雷针（或避雷带、避雷网）时，雷电流沿避雷针（或避雷带、避雷网）引下线进入接地装置引起地电位升高，这时，在信号系统接地导体和其他导体间产生反击雷过电压。

（5）横向过电压与纵向过电压。

无论经由哪种途径侵入的雷电，从一开始作用到信号设备上都是以过电压的形式出现的，雷击造成两线间的过电压称为横向过电压，造成线对地的过电压称为纵向过电压。

3. 防雷元件

（1）避雷针。

避雷针又称防雷针，是用来保护建筑物等避免雷击的装置。保护范围按照45°角度考虑，或者按照滚球法计算，避雷针越高保护范围越大。

传统的避雷针是在高大建筑物顶端安装一根金属棒，用金属线与埋在地下的一块金属板连接起来，在雷击瞬间保证设备、大地、建筑物及其附属设备之间构成等电位体，并将雷电流迅速泄放入地，从而避免过电压的损害。

提前放电避雷针是在传统避雷针的基础上增加了一个主动触发系统，其能源来自大气电场，使避雷针主动迎接雷电进行主动放电，并把雷电流引入大地，实现提前放电。与普通避雷针相比，提前放电避雷针保护范围大，保护效果更好。

优化避雷针，既防止直击雷又防感应雷。

（2）金属陶瓷放电管。

金属陶瓷放电管是通过泄流，即将可能进入电气和电子设备的雷电流大部分泄放到大地中去，以减少雷过电流烧毁电气或电子设备的。

金属陶瓷放电管具有通流容量大、残压较低、雷击后使回路处于断路状态等优点，但响应时间慢，因此一般用于信号设备的防雷电路粗保护环节，主要起导线间和导线对大地间的隔离作用。金属陶瓷放电管按电极数量分为二极放电管和三极放电管。

① 金属陶瓷二极放电管。

金属陶瓷二极放电管是一种充气管，以R-250TA为例，其结构如图6-2所示，由管帽、陶瓷管、热屏、瓷座、钛钨丝、电极等组成。

金属陶瓷二极放电管具有在正常情况下不导电，出现过电压时电极间很快被击穿，过电压消失后立即恢复的特性。将其安装在线路与大地之间，在线路上出现过电压时，放电管被击穿，大部分雷电流对地泄放，降低了线路电位，设备得到保护。

当用两个二极管进行防雷时，如图6-3所示，如果它们的放电时间不一致，将在线路上产生横向冲击电压，并加到设备上。为克服二极放电管的缺陷，用一个金属陶瓷三极放电管来代替两个二极放电管。

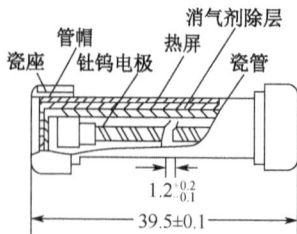

图6-2 金属陶瓷二极放电管

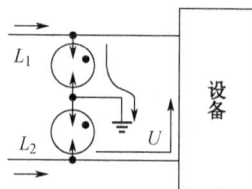

图6-3 二极放电管构成的防雷电路

② 金属陶瓷三极放电管。

金属陶瓷三极放电管的结构如图6-4所示。它有两个线路电极和一个接地电极。在三极放电管中，如果有一个电极放电，在管子中就产生并充满了离子和电子，从而诱发其他电极也放电，减小了各电极间的放电时间差，最大限度地抑制了两线间冲击电压的产生，提高了防护效果。三极放电管的接法如图 6-5 所示。

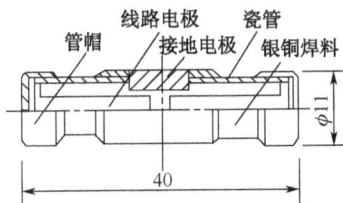

图 6-4 金属陶瓷三极放电管

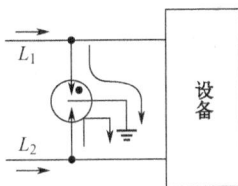

图 6-5 三极放电管构成的防雷电路

三极放电管除对称性能好外，还具有冲击放电电压低、通流容量大、遮光性能好、极间电容小、绝缘电阻高等优点。

（3）氧化锌压敏电阻器。

氧化锌压敏电阻器是通过限幅，即将可能进入电气和电子设备的雷电压幅值限制到被保护设备可以耐受的水平以下，来防止雷过电压击穿电气和电子设备的。氧化锌压敏电阻器包括一般的压敏电阻器和劣化指示压敏电阻器。

① 一般的氧化锌压敏电阻器。

氧化锌压敏电阻器是以氧化锌为主，添加氧化铋、氧化钴、氧化锰和氧化锑等金属氧化物，经过充分混合后造粒成型，再经烧结而成的，其微观结构如图 6-6 所示。

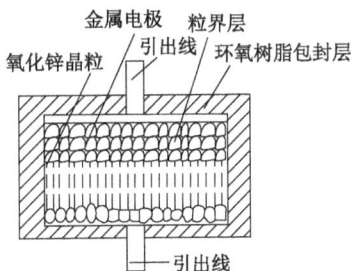

图 6-6 氧化锌压敏电阻器的微观结构

压敏电阻器的电阻值随所加电压而改变。在正常工作电压下，压敏电阻器呈高阻，只有微安级漏泄电流流过。侵入过电压时，压敏电阻变为低阻，过电压被抑制。

压敏电阻器具有通流容量大、非线性特性好、残压较低、响应时间快及抑制过电压能力强等特点，作为电子设备的防雷器件较为理想，也可作为电磁系统的防雷器件。

② 劣化指示压敏电阻器。

劣化指示压敏电阻器除具有压敏电阻器的性能外，它的通流容量更大（最大可达40kA），并具有热熔断器、大电流熔断器和报警装置，在失效时能自动脱离使用线路，给出明显指示，进行报警告示。

劣化指示压敏电阻在正常工作电压下，始终处于高阻状态，其各项特性参数均未劣化。热熔断器及大电流熔断器均不会脱扣，机械装置不动作，保护模块窗口显示绿色，表示工作在正常状态，如图 6-7（a）所示。

劣化指示压敏电阻器在遭受过电压侵袭时，处于导通状态，限制过电压，保护所防护的设备。当它长期遭受过电压时，特性有所劣化，表现为漏电流增大。当漏电流继续增大时，压敏电阻器的功耗不断增大，自身发热，当所发热量大于热熔断器熔化所需的热量时，热熔断器因受热而脱开，使压敏电阻器脱离所使用线路，防止发生火灾。同时，机械装置动作，防护模块显示窗口由绿色变为红色，表示发生故障，如图6-7（b）所示。

劣化指示压敏电阻器在遭受超出其能承受的额定电流脉冲侵袭时，大电流熔断器断开，使压敏电阻器脱离所使用的线路。同时，机械装置动作，防护模块显示窗口由绿色变为红色，表示出现故障，如图6-7（c）所示。

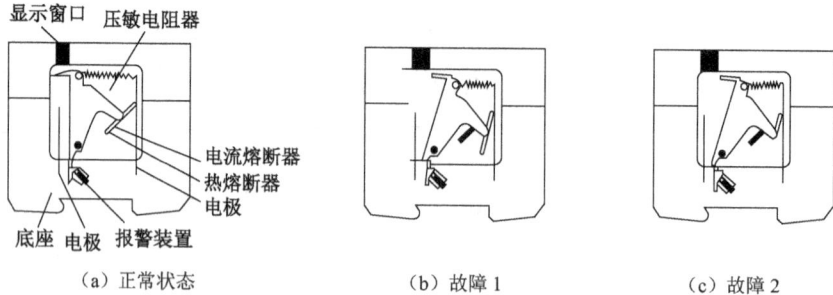

图6-7　劣化指示压敏电阻器的各种工作状态

（4）瞬变电压抑制器。

瞬变电压抑制器是一种齐纳二极管，又称瞬态电压抑制器。与普通稳压管相比，它的功率更大，响应速度快，保护性能好，但通流容量小。只能作为雷电细保护，适用于电子设备的防雷。

当工作电压低于瞬变电压抑制器的击穿电压时，呈现高阻，对跨接的电路没有影响。当雷电侵入出现过电压时，瞬变电压抑制器立即导通，将过电压限制到一定水平，保护了被保护的设备。

其中，瞬变电压抑制器的主要电气特性参数有以下几个：额定稳态电压——在标准工作温度范围内的最大持续直流工作电压；击穿电压——管子在通过测试电流导通时的电压；维持电流——维持管子导通时的最小电流。

（5）防雷变压器。

普通变压器在初、次级绕组间存在级间电容。级间电容由初级和铁芯间的电容 C_1、次级和铁芯间的电容 C_2、初级与次级间的电容 C_{12} 三部分组成。普通变压器的 C_{12} 为几十皮法，电压转换系数在 1/5 左右。因此，初级绕组的纵向电压可通过电容耦合到次级。当雷电波侵入初级时，次级可感应出相当高的电压。

防雷变压器实际是一种特殊的隔离变压器，它可将大部分雷电堵塞在外线侧，只有少量雷电漏入电气或电子设备。它在设计、取材和工艺上均采用特殊结构，最重要的是静电屏蔽接地，即在初、次级间串入面积足够大的金属板作为屏蔽体，如图6-8所示。

电压转移系数 $T_K = \dfrac{C_{12}}{C_2 + C_{12}}$，当 C_{12} 很小时，T_K 则必然很小。而 $U_2 = T_K U_1$，这样，由初级侵入的纵向雷电过电压只有极少部分耦合到次级。

防雷变压器采用静电屏蔽原理来防雷，屏蔽体自身必须接地良好。地线虽然不作为泄放雷电流的途径，但没有地线就无法实现静电屏蔽作用。

防雷变压器还必须能承受感应雷引起的冲击过电压对变压器的侵袭，即自身要有良好的耐压性能而不被击穿。防雷变压器实际上是隔离变压器和高绝缘变压器的综合。

防雷变压器除满足普通变压器的技术指标外，还应满足防雷变压器的技术指标。

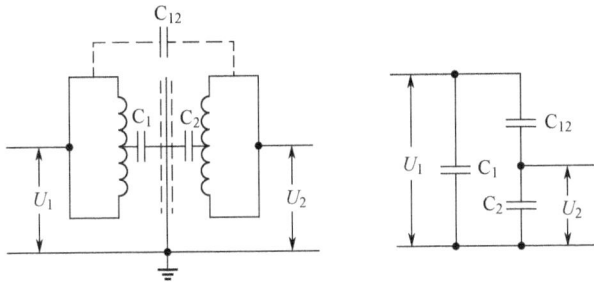

图 6-8　防雷变压器

4．信号设备防雷保安器

（1）防雷保安器及其分类。

浪涌是指沿线路传送的电流、电压或功率的瞬态波。

浪涌保护器（Surge Protective Device，SPD）是用来限制瞬态过电压及泄放相应的瞬态过电流的装置，它至少应含有一个非线性元件。

防雷保安器属于浪涌保护器中的一种，是由开关型、限压型等防护元件及辅助电路和箱体构成的防雷装置，用于防护雷浪涌。

防雷保安器根据其标称放电电流和限制电压的大小分为 1、2、3、4、5 五个级别，以适应不同安全防护需要。其中，标称放电电流 I_n 是指防雷保安器不发生实质性破坏而能通过规定次数、规定波形的最大限度的冲击电流峰值，又称冲击通流容量；限制电压 U_1 是指施加规定幅值、规定波形的冲击波时，在防雷保安器规定端子间测得的电压峰值。

防雷保安器应装有端子，通过螺丝钉、螺帽、插头、插孔或其他等效的方式实现电气连接。端子的设计应能承受相应的电流数值并适应最大或最小截面积的电缆连接。其结构应便于处理故障和维修。

① 根据用途分，防雷保安器分为电源防雷保安器、通道防雷保安器。

a．电源防雷保安器：用于限制由电源馈线侵入电源设备的雷电过电压及过电流的防雷保安器。电源防雷保安器可设断路装置（既可设在外部也可设在内部），装有断路器的电源防雷保安器，其运行应有指示，断路装置动作或电源防雷保安器故障时应有灯光报警。单独使用压敏电阻的电源防雷保安器应有失效显示功能。

b．通道防雷保安器：用于限制由数据线、通信线、信号线侵入信息技术设备的雷过电压及过电流的防雷保安器。

② 根据接入电路的方式分，防雷保安器分为串联型防雷保安器、并联型防雷保安器。

a．串联型防雷保安器：串入被防护电路的防雷保安器。串联型防雷保安器有输入和输出两组端子，在输入和输出端子间串联有规定值的阻抗。

b．并联型防雷保安器：和被防护电路并联的防雷保安器。并联型防雷保安器可以有分离的输入和输出端子，但在输入和输出端子间没有串联阻抗。

③ 根据设备安装的方法分，防雷保安器分为固定式和可移动式两类。

④ 根据防护原理分，防雷保安器分为电压开关型、电压限制型、综合型防雷保安器，如图6-9所示。

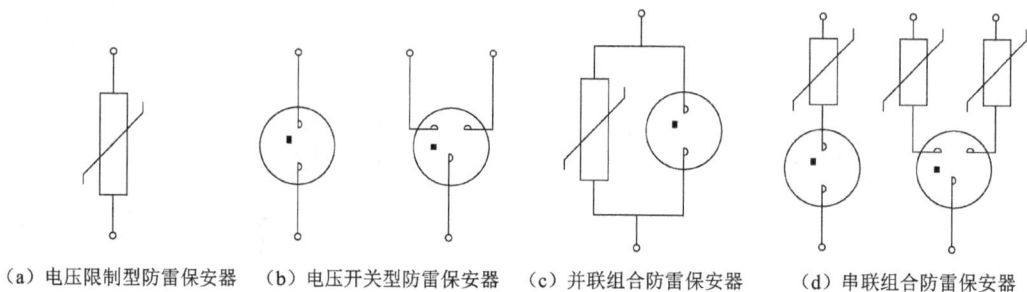

（a）电压限制型防雷保安器　　（b）电压开关型防雷保安器　　（c）并联组合防雷保安器　　（d）串联组合防雷保安器

图6-9　各类型防雷保安器

a. 电压限制型防雷保安器在无雷浪涌时为高阻抗，但阻抗随着浪涌电压和浪涌电流增加而减少。通常这种非线性设备使用的元件有压敏电阻器和瞬态抑制二极管。这种防雷保安器亦称"箝位型防雷保安器"。

b. 电压开关型防雷保安器在无雷浪涌时为高阻抗，但在响应雷浪涌时，阻抗突然变为零。电压开关型防雷保安器使用的元件有空气放电间隙、充气放电管、可控硅整流器、三端可控硅开关等。

c. 综合型防雷保安器既含有电压开关型元件，又含有电压限制型元件，并呈现电压开关特性和电压限制特性。

（2）信号传输线防雷保安器。

室内数据传输线长度在50～100m时，可在一端设备接口处设置防雷保安器；大于100m时，宜在两端设备接口处设置防雷保安器。室内信号传输线防雷保安器的选用应符合以下要求：

① 室内采集、驱动信号传输线防雷保安器的冲击通流容量不小于1.5kA，限制电压不大于60V，信号衰耗不大于0.5dB。

② 室内视频信号传输线防雷保安器的冲击通流容量不小于1.5kA，限制电压不大于10V，信号衰耗不大于0.5dB。

③ 室内RS-232、RS-422、RJ-45、G.703/V.35等通信接口信号传输线防雷保安器的冲击通流容量不小于1.5kA，限制电压不大于40V，信号衰耗不大于0.5dB。

④ 其他室内信号传输线防雷保安器的冲击通流容量不小于5kA。

（3）对信号设备防雷保安器的要求。

① 必须符合被保护设备的特定要求，并与被保护设备的绝缘相匹配。

② 接入信号系统后，不得改变原信号系统的性能，不得影响被防护设备的工作，受雷电电磁脉冲干扰时，应保证信号设备不得造成进路错误解锁、道岔错误转换、信号错误开放等状态。

③ 应在信号设备受雷电电磁脉冲干扰时不间断工作，雷击过后雷电防护设备应立即恢复正常状态。

5．防雷设计的一般规定

防雷设计应结合工程实际要求，根据下列因素采取综合防雷措施，如图 6-10 所示。

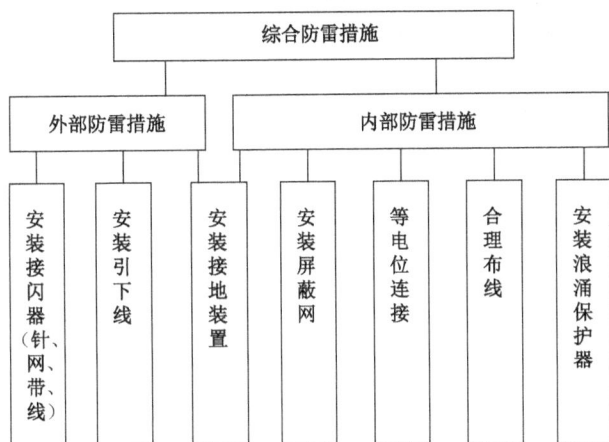

接闪器是指直接接受雷击的避雷针、避雷带（线）、避雷网，以及用作接闪的金属屋面和金属构件等；引下线是指用于将雷电流从接闪器传导至接地装置的导线。

图 6-10　综合防雷措施

（1）地区雷暴日。

雷暴日数是一个气象统计数，它规定为若 24 小时内凭听觉听到一次以上的雷声就称为一个雷暴日。某地区在一年中所记录到的雷暴日数就作为该地区的年雷暴日数。

根据年平均雷暴日，雷电活动地区分为：少雷区，年平均雷暴日数不超过 15 的地区；中雷区，年平均雷暴日数为 15～40 的地区；多雷区，年平均雷暴日数为 40～90 的地区；强雷区，年平均雷暴日数超过 90 的地区。

（2）建筑物、构筑物防雷分类。

根据使用性质、重要性及发生雷击后影响运输的严重程度，防雷建筑物、构筑物分为：第一类，有装卸炸药的站台和储存炸药的仓库；第二类，有信号、通信、信息、灾害监测、车辆安全防范预警等电子信息设备房屋所属的建筑物；第三类，中小型客运站站房及雨棚。

（3）建筑物雷电防护区（LPZ）划分。

雷电防护区（LPZ）是需要规定和控制雷电电磁环境的区域，又称防雷区，将雷电保护空间划为不同的区（LPZ），界定了各个空间不同的 LEMP 等级，从而明确各分区界面的等电位连接。

LZPA 区为建筑物直击雷防护装置保护范围之外的区域。本区内各类物体都可能遭到直接雷击，本区内的电磁场强度没有衰减。

LPZB 区为建筑物直击雷防护装置保护范围之内建筑物界面以外的区域。本区内的各物体不可能遭到直接雷击，但本区内的电磁场强度没有衰减。

LPZ1 区为信号设备所处建筑物内。本区内的各物体不可能遭到直接雷击，本区内的感应电磁场强度根据屏蔽程度有不同的衰减。

LPZ2 区为后续防雷区。必须进一步减少雷电电磁脉冲感应产生的脉冲电流和电磁场强度时，应设置后续防雷区，以保护敏感度水平高的设备。

（4）电子信息设备的防雷等级。

电子信息设备根据使用性质、重要性及发生雷击后影响运输的严重程度划分为以下3级。

① A级：涉及行车安全及严重影响运输效率的设备，包括调度指挥中心、大型计算中心、枢纽通信站、信号设备机房等内的电子信息设备。

② B级：影响运输效率的设备，包括中小型通信站、计算机中心的设备、灾害监测设备、车辆安全防范预警设备、车号自动识别设备。

③ C级：除A、B级以外为C级。

6. 信号楼综合防雷系统及其构建

信号楼电子信息系统雷电防护等级应为B级（二类），需要进行直击雷、感应雷的防护。

（1）信号楼综合防雷系统。

综合防雷系统是面向EMC（电磁兼容），包括外部防雷（防直击雷）、内部防雷（防雷电电磁脉冲），采用屏蔽、共地、等电位连接，分区、分级、分设备的防雷保安器保护，以及合理布线等的综合技术。具体方案如图6-11所示。

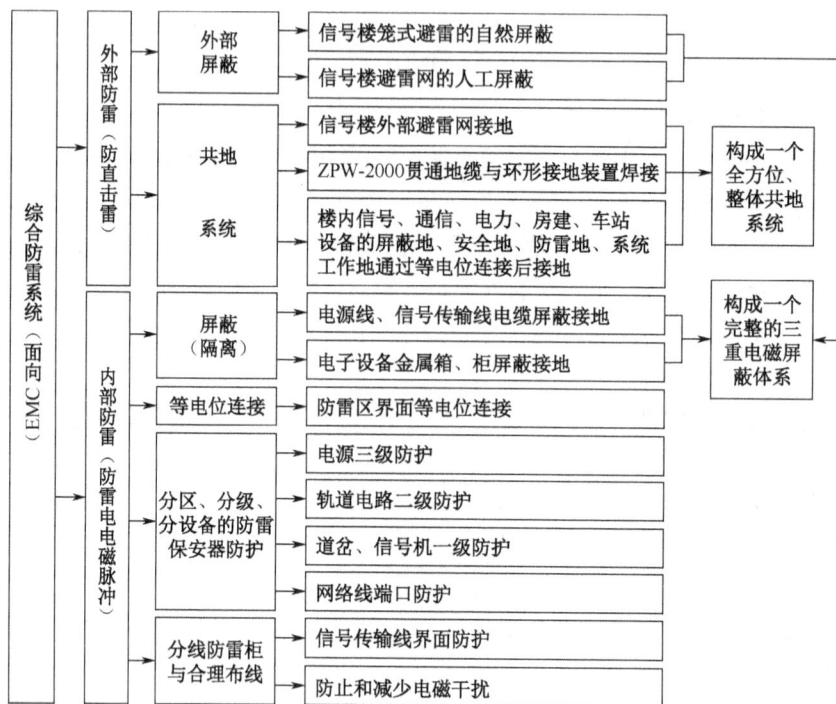

图6-11　信号楼综合防雷系统

（2）构筑完整的屏蔽体系。

① 建筑物笼式避雷网的自然屏蔽。它主要利用建筑物钢筋混凝土结构中的钢筋构成笼式避雷网，将整座建筑物罩住，可以全方位地保护被罩住的建筑顶部、侧面。对置于其中的电子系统，它相当于一个"屏蔽间"，具有对电磁干扰的屏蔽作用。另外，它也对雷击产生的瞬态电位升高起到均衡作用，使笼网各部位的瞬态对地悬浮电位均衡到大致相等的水平。

② 信号楼人工笼式避雷网屏蔽。由人工避雷网（带）、引下线、环形接地装置构成的信号楼人工避雷网的屏蔽防雷系统，也将极大减少其内部电子设备受到瞬态雷电电磁脉冲干扰的危险。

③ 电源线和信号传输线的屏蔽。进入信号楼内的两路 AC 380V/220V 电源线和信号传输线、通信及网络线都应采用有金属屏蔽层的电缆。当电源线采用架空线引入时，应首先在进入信号楼处穿钢管屏蔽引入。再者，电缆屏蔽层阻挡电磁脉冲的能力，除了与屏蔽层的材料和网眼大小等有关外，还与屏蔽层的接地方式密切相关。如果屏蔽层仅一端接地，另一端悬浮，则它只能防静电感应，防止不了磁场强度变化所感应的电压。因此，出于对防雷可靠性的考虑，当低频电磁干扰不严重时（如 6502 电气集中信号传输线），在需要保护的空间内，屏蔽电缆应至少在其两端，尤其应在室内防雷区界面处的分线防雷柜做接地。当低频电磁干扰严重时（如 ZPW2000 和 UM71 移频），一般采用双层屏蔽防雷电缆，并在两端做好接地。

④ 电子设备屏蔽。凡是对电磁脉冲干扰敏感的微电子设备，特别是一些计算机信息处理设备都应采用金属层。信号楼内智能电源屏、计算机联锁、ZPW-2000 和微机监测等微电子设备，除自身金属箱屏蔽外，还应将其置于屏蔽柜内，并在屏蔽柜（屏）内按 S 形星形结构或 M 形网形结构，接至共用接地系统的等电位排。

（3）等电位连接。

等电位连接指信号楼内所有金属物（混凝土内的钢筋、自来水管、煤气管及其他金属管道、机器基础金属物及其埋地金属物）、电缆金属屏蔽层、电力系统的中性线和设备柜、箱金属屏蔽体、电源线、信号传输线、网络线的防雷保安器接地等，应采用电气连通的方法连接，使整个信号楼成为一个良好的等电位体，为各级防雷保安器提供雷电过压泄流通道，建立各分区电磁屏蔽层。

电源线、信号传输线、金属管道通过防雷保安器或直接用导线进行等电位连接。各内层防护区的界面依次进行局部等电位连接，各局部等电位接地排与总等电位排连接。

（4）分区、分级、分设备防雷保安器防护。

根据信号楼各部分空间雷电电磁脉冲（LPMP）的程度，将信号楼需防护的空间由表及里划分为 3 个不同的防雷区（LPZ1、LPZ2、LPZ3），在防雷区交界面上设界面防雷保安器防护。信号机械室的防雷区划分如图 6-12 所示。

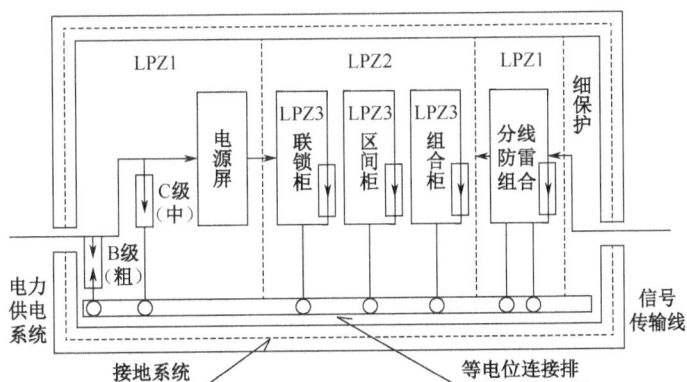

图 6-12 信号机械室的防雷区划分

第 1 级防雷保安器设在进入信号界面处，在电力电缆引入口防雷箱防雷保安器处做粗级保护，在信号传输线电缆引入室内分线防雷柜处做细级保护，以便承受高电压、大电流并能快速泄流；第 2 级防雷保安器用来降低残压；第 3 级为被保护对象内设备级的防雷保安器。

根据沿线车站雷暴日和信号设备的特点，对多雷区车站计算机联锁、区间 ZPW-2000 或 UM71 等电子设备信号楼内两路供电电源进行粗、中、细 3 级雷电防护；对中雷区设 1 级全模保护和设备终端细保护（电源防雷插座）的 2 级保护。

根据信号传输线的重要性和使用电子器材特性的不同，确定铁路信号传输线雷电防护等级；轨道电路为 B 级两级防护（LPZ1 和设备终端），道岔、信号机为 C 级 1 级防护（只做 LPZ1 界面区防护）。防雷分区与等电位连接如图 6-13 所示。

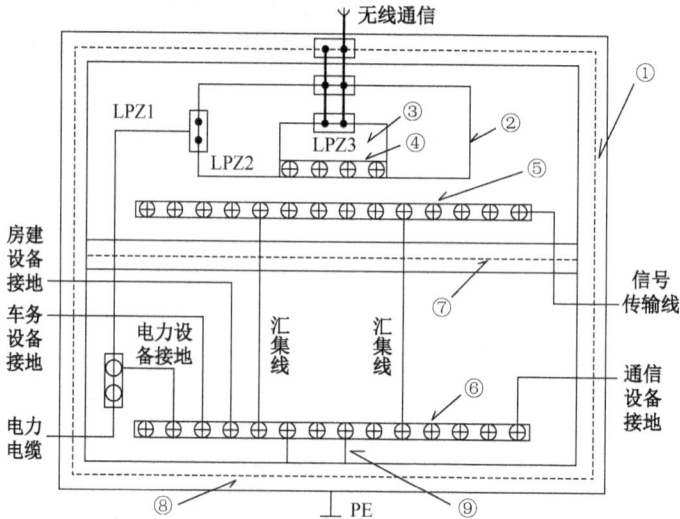

①——信号楼自然屏蔽网；②——屏蔽柜；③——屏蔽箱（盒）；④——分等电位排（设于屏蔽柜内）；⑤——总等电位排；⑥——总等电位接地箱；⑦——接地均压网；⑧——接地基础网；⑨——接地线。电力电缆和通信电缆金属芯线通过防雷保安器与等电位接地排连接。

图 6-13　防雷分区与等电位连接

7．室外信号设备的直击雷防护和屏蔽

（1）室外电子设备集中的区域，可在距电子设备和机房建筑物 30m 以外的地点安装多支独立避雷针。

（2）包含信号设备的箱、盒、柜等壳体应具有良好的电气贯通和电磁屏蔽性能，壳体内应设专用接地端子（板）。室外信号设备的金属箱、盒壳体必须接地。进出金属箱、盒的电源线、信号线宜采用屏蔽电缆或非屏蔽电缆穿钢管埋地敷设，屏蔽电缆的金属屏蔽层或钢管应接地。

（3）严禁用钢轨代替地线。

（4）高柱信号机点灯线缆应采用屏蔽线缆。

8．信号电源防雷

电源防雷属于信号室内设备防雷的范畴。电源防雷保安器应单独设置，必须具有阻断续流的性能，采用三级防雷措施，如图 6-14 所示。

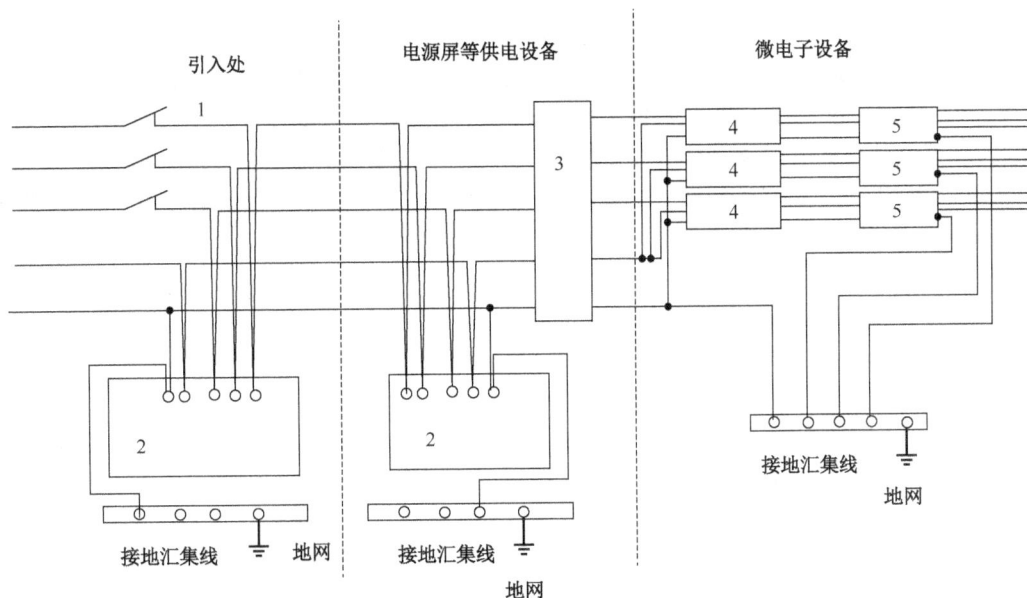

说明：（1）信号楼电源系统防雷设备安装在入户电源的配电盘前、电源屏交流电源输入、微电子设备电源 UPS 或开关电源前 3 个位置，也可称为三级防护。

（2）图例：1——配线盘；2——三相并联防雷箱；3——电源屏机柜；4——单相串联防雷箱；5——UPS

图 6-14　信号电源的三级防雷

（1）第Ⅰ级电源防雷箱设在户外交流电源馈线引入处（配电盘）（电力部门未做雷电防护时，第Ⅰ级设在电力开关箱后）。

采用通流容量为 40kA 的双路三相或单相电源全保护模式电源防雷箱，目的是将沿电源线路侵入的大部分雷电阻止在信号建筑物之外。这一级通常由电力专业实施。该防雷箱采用 L（相线）-L、L-PE（保护接地）和 N（中性线）-PE 全模防护模式，并具有故障声光报警、雷电计数和状态显示功能。主要防护指标为冲击通流量不小于 40kA，限制电压小于或等于 1500V，泄漏电流为 0，响应时间为 100ns。防雷箱内所采用的防雷单元具有阻断续流并能实现热插拔的功能。自带热脱扣装置，当处于劣化或损坏状态时，可立即自动脱离电路并给出劣化指标且不会影响电源设备的正常工作，符合故障导向安全原则。

第Ⅰ级信号电源防雷由电力专业设计、施工。第Ⅰ级电源防雷应有故障声光报警、雷电计数和状态显示（三相电源每一相线均应有状态显示）等功能。

防雷箱安装时可采用直接并联式或凯文式安装方式。如采用直接并联式安装方式，则相线连接在总配电箱主开关之后，电源相线和中性线截面积宜采用 $16mm^2$，连接长度要求小于 0.5m，地线直接接在下方专用接地汇集线上，地线截面积采用 $25mm^2$，连线长度小于 1m。

稳定工作电流小于 100A 的场所可采用凯文式安装方法，即电源相线和中性线先引到防雷箱内上方的接线端子上，再从连接端子引出接到电源屏，电源相线和中性线线径要求与进线一致，连接长度不做要求。地线直接接在下方专用接地汇集线上，地线截面积采用 $25mm^2$，连接长度要求小于 1m。

为将沿电源线路侵入的雷电流直接泄放入地，在防雷箱下方设置专用的接地汇集线，并采用截面积不小于 $25mm^2$ 有绝缘外护套的多芯铜导线与环形接地装置单点冗余连接。

（2）第Ⅱ级电源防雷箱设在信号电源屏电源引入侧。

进一步分流残余雷电流并将雷击残压控制在电源屏可以承受的范围之内。第Ⅱ级电源防雷箱技术标准同上述第Ⅰ级一致，冲击通流容量不小于 20kA，限制电压小于或等于 1000V，但要注意第Ⅱ级的防雷箱所用的空气开关要与第一级电力空气开关相配。

（3）第Ⅲ级电源防雷箱设在微电子设备（指计算机终端电源稳压器或 UPS 电源）前方。

采用 L（相线）-N、L-PE（保护地线）和 N（中性线）-PE 全模防护模式，防雷单元的主要防护指标为冲击电流容量大于或等于 10kA，限制电压小于或等于 500V，泄漏电流为 0，响应时间为 100ns。当处于劣化或损坏状态时，应能立即自动脱离电路并给出劣化指标，且不会影响电源设备的正常工作，符合故障导向安全原则。

（4）防雷单元安装时可采用直接并联式或凯文连接方式。

防雷单元连接线长度要求小于 1m。当小于 0.5m 时，可采用直接并联方式；当在 0.5～1m 时，应采用凯文式连接方式。地线线径采用 10mm²。

（5）室内信号电源防雷单元应按表选取冲击容量和限制电压。

信号电源采用压敏电阻串放电管纵横向防雷设置。当电网由于雷击而出现瞬时脉冲电压时，应在最短的时间内（纳秒级）能将被保护电路连入等电位系统中，使设备的各端口等电位，同时将电路上因雷击和其他原因而产生的大量脉冲能量短路泄放到大地，降低设备各接口端的电位差，从而保护电路上的设备。雷击过后又恢复为高阻状态而不影响用户设备的供电。

对于单相稳定电流小于 100A 的机房，电源线与防雷箱的连接线长度不得大于 50mm，受条件限制连接线长度大于 50mm 时，应采用凯文接线法连接。防雷箱接地线必须与电源保护地线连接，信号电源防雷保护地线应接入独立的电源接地汇集线，电源接地汇集线直接与水平接地装置连接。Ⅰ级与Ⅱ级配线长度不应小于 5m，如果小于 5m，采用补充至 5m 长电源线的方式达到退耦的作用。Ⅱ级与Ⅲ级配线长度不应小于 5m。连接线应采用截面积不小于 10mm² 的多股绝缘软线。

9. 防雷设备维护

（1）防雷保安器应逐步实现免维护，并纳入微机监测；需要日常检查测试的，应由供货企业提供测试方法及测试要求，并在改造时提供必要的仪器、仪表和相应的备品。

（2）信号设备防雷设施维护分为周期性维护和日常性维护。周期性维护的周期为一年。

（3）有劣化指示和报警功能的防雷保安器实行故障维修时，其他防雷保安器等防雷设施应在每年的雷雨季节前进行一次检测。

（4）日常性维护应在每次雷击之后进行。雷电活动强烈的地区，应增加防雷装置的检查次数。

（5）检测外部防雷装置的电气连续性，若发现有脱焊、松动和锈蚀等，应进行相应的处理，特别是在接地测试点，应对地网接地电阻进行测量。

（6）测试电缆芯线绝缘时，应拔除防雷保安器，以免影响测试结果。

（7）检查避雷带（网）、引下线、避雷针的腐蚀情况及机械损伤，包括由雷击放电所造成的损伤。若有损伤，应及时修复；锈蚀部位超过截面的 1/3 时，应更换。

（8）测试接地电阻，测试值大于规定范围时，应找出变化原因，并采取有效措施进行整改。

（9）检测室内的防雷设施和金属外壳、机架等电位连接的电气连续性，若发现连接处松动或断路，应及时修复。

（10）检查各类防雷保安器的运行质量，有故障指示、接触不良、漏电流过大、发热、绝缘不良、积尘等情况时应及时处理。

6.1.3　拓展知识——通信电源的防雷

1. 通信电源的动力环境

通信电源的典型动力环境如图 6-15 所示。交流供电变压器绝大多数为 10kV，容量为 20kV·A～2000kV·A 不等。220/380V 低压供电线短则几十米，长则数百上千米，乃至几十千米。市电油机转换屏用于市电和油机自发电的切换。交流稳压器有机械式和参数式两种，前者的响应时间和调节时间均较慢，一般各为 0.5s 左右。

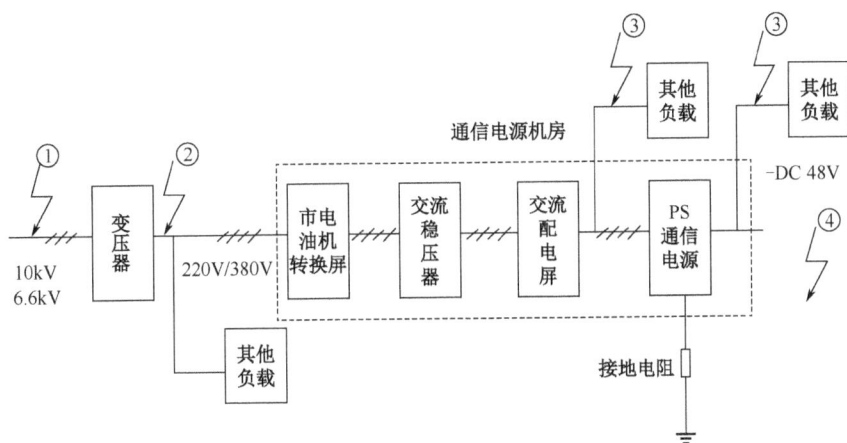

图 6-15　通信电源的典型动力环境

2. 雷击通信电源的主要途径

雷击通信电源的主要途径如图 6-16 所示。

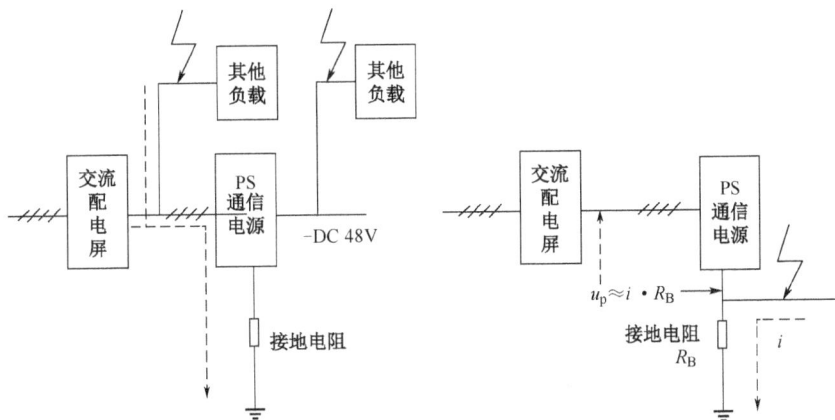

图 6-16　雷击通信电源的主要途径

（1）变压器高压侧输电线路遭直击雷，雷电流经"变压器→380V 供电线→…→交流屏"，最后窜入通信电源。

（2）220V/380V 供电线路遭直击雷或感应雷，雷电流经稳压器、交流屏等窜入通信电源。

（3）雷电流通过其他交流、直流负载或线路窜入通信电源。

（4）地电位升高反击通信电源，例如，为实现通信网的"防雷等电位连接"，现在的通信网接地系统几乎全部采用联合接地方式。这样当雷电击中已经接地的进出机房的金属管道（电缆）时，很有可能造成地电位升高。若这时交流供电线通信电源的交流输入端子对机壳的电压 u_p 近似等于地电位，雷电流一般在 10kA 以上，故 u_p 一般为几万伏乃至几十万伏。显然，地电位升高将轻而易举地击穿通信电源的绝缘。

3. 通信电源动力环境的防雷

通信局（站）尤其是微波站和移动基站，因雷击而造成设备损坏、通信中断是常有的事情，这其中雷电通过电力网和通信电源而造成设备损坏或通信中断的又占有较大的比例。

通信局（站）的防雷是一项系统工程，通信电源防雷只是这项系统工程的一部分。

根据国际电工委员会标准 IEC 664 给出的低压电气设备的绝缘配合水平，对雷电或其他瞬变电压的防护应分 A、B、C 等多级来实现，如图 6-17 所示。

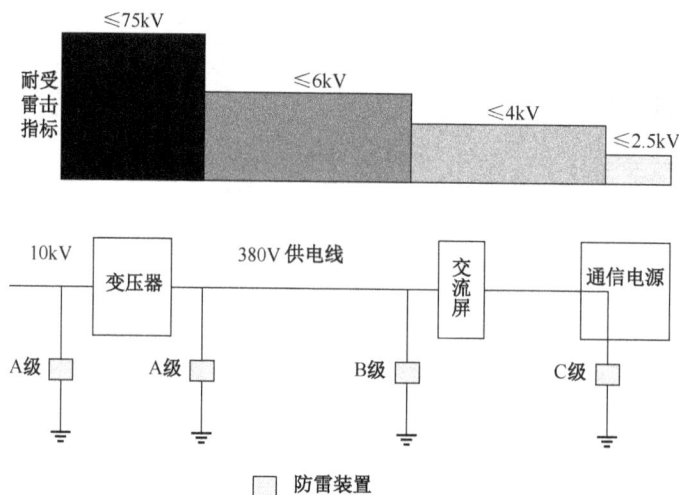

注：耐受雷击指标的波形为1.2/50μs，参照标准为IEC 664和GB 331.1—1983

图 6-17　通信电源动力环境的防雷

我国的通信行业标准也对变压器、220/380V 供电线、进出通信局（站）的金属体和通信局（站）机房等的防雷措施做出了相应规定。

变压器高、低压侧均应各装一组氧化锌避雷器，氧化锌避雷器应尽量靠近变压器装设。变压器低压侧第一级避雷器与第二级避雷器的距离应大于或等于 10m。

严禁采用架空交流、直流电力线进出通信局（站）。

埋地引入通信局站的电力电缆应选用金属铠装层电力电缆或穿钢管的护套电缆。埋地电力电缆的金属护套两端应就近接地。在架空电力线路与埋地电力电缆连接处应装设避雷器。避雷器、电力电缆金属防护层、绝缘子、铁脚、金具等应连在一起就近接地。

自通信机房引出的电力线应采用有金属护套的电力电缆或将其穿钢管，在屋外埋入地中的长度应在 10m 以上。

通信局（站）建筑物上的航空障碍信号灯、彩灯及其他用电设备的电源线，应采用具有金属护套的电力电缆，或将电源线穿入金属管内布放，其电缆金属护套或金属管道应每隔 10m 就近接地一次，电源芯线在机房入口处应就近对地加装避雷器。

通信局（站）内的工频低压配电线宜采用金属暗管穿线的布设方式。金属暗管两端及中间必须与通信局（站）地网焊接连通。

通信局（站）内的交流、直流配电设备及电源自动倒换控制架应选用机内有分级防雷措施的产品。即交流屏输入端、自动稳压稳流的控制电路，均应有防雷措施。

在市电油机转换屏（或交流稳压器）输入端、交流配电屏输入端 3 根相线及零线处分别对地加装避雷器，在整流器输入端、不间断电源设备输入端、通信用空调输入端处均应按上述要求增装避雷器。

太阳能电池的输出馈线应采用具有金属防护层的电缆线，其金属防护层在太阳能电池输出端和进入机房入口处应就近分别与房顶上的避雷器带焊接连通；芯线应在机房入口处一一对地就近安装相应电压等级的避雷器。太阳能电池支架至少有两处用 40×4 的镀锌扁钢就近和避雷带焊接连通。

风力发电机的交流引下电线应从金属竖杆里面引下，并在进入机房前的入口处安装避雷器，防止感应雷进入机房。

6.1.4　相关规范、规程与标准

铁路运输行业标准 TB 10180—2016《铁路防雷及接地工程技术规范》，第 2 条 "术语"、第 3 条 "防雷及接地设计" 相关条文。

铁路运输行业标准 TB/T 2311—2012《铁路电子设备用防雷保安器》，第 3 条 "定义"、第 4 条 "分类"、第 5 条 "分级"、第 6 条 "技术要求" 相关条文。

任务 6.2　接地装置维护

6.2.1　工作任务

认知城市轨道交通信号电源系统的接地装置。

6.2.2　知识链接

接地装置用来构成地的连接，由接地线、接地体和围绕接地体的大地（土壤）组成。接地线是指构成地的导线，该导线将设备、装置、布线系统或中性线与接地体连接。接

地体是为达到与地连接的目的，一根或一组与土壤（大地）密切接触并提供与土壤（大地）之间的电气连接的导体。地为导电性的土壤，具有等电位，且任意点的电位都可以看成零电位。

信号设备应设安全地线、屏蔽地线和防雷地线。信号设备的防雷装置应设防雷地线；信号机械室内的组合架（柜）、计算机联锁机柜、闭塞设备机柜、电源屏、控制台，以及电气化区段的继电器箱、信号机梯子等应设安全地线；电气化区段的电缆金属护套应设屏蔽地线。

信号楼的信号设备接地示意图如图 6-18 所示。

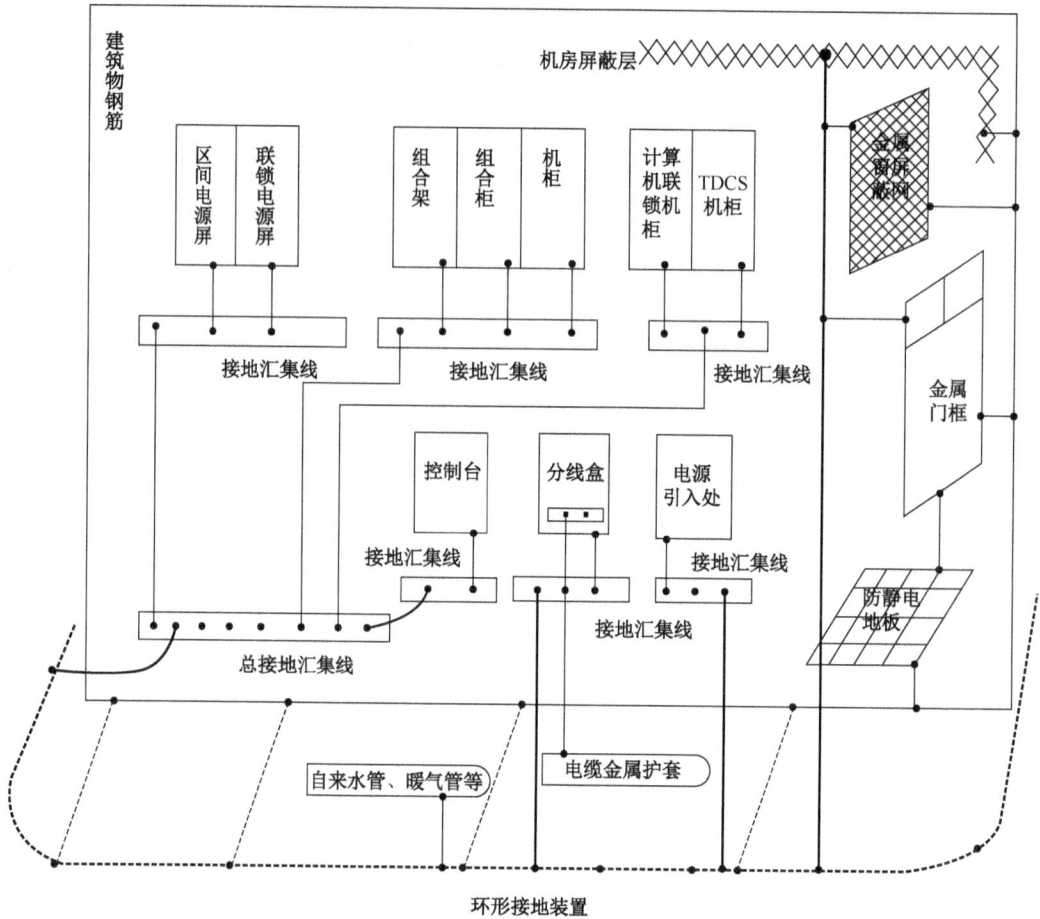

图 6-18　信号楼的信号设备接地示意图

1．地线

信号设备应设安全地线、屏蔽地线和防雷地线。

（1）信号设备的机架（柜）、控制台、箱盒、信号机梯子等应设安全地线，交流电力牵引区段的电缆金属护套应设屏蔽地线，防雷保安器应设防雷地线，安装防静电地板的机房应设防静电地线，微电子设备需要时可设置逻辑地线。上述地线均由共用接地系统的地网引出。

（2）室内信号设备的接地装置应构成网状（地网）。

（3）接地导线上严禁设置开关、熔断器或断路器。

2. 地网

接地网是由埋在地下的互相连接的裸导体构成的接地体群，用于为电气、电子设备和金属结构提供共同的地。

地网由各接地体、建筑物四周的环形接地装置、基础钢筋构成的接地体相互连接构成。对既有建筑物进行地网改造时，应了解建筑物结构、原有防直击雷装置、原有接地和接地体的分布等。

（1）基础接地网。

新建建筑物混凝土基础的钢筋必须焊接成基础接地网，网格宽度不大于 3m；既有建筑物为钢筋混凝土基础的，可利用混凝土基础钢筋作为基础接地网。

（2）环形接地装置。

环形接地装置一般由水平接地体和垂直接地体组成，应环绕建筑物外墙闭合成环，受条件限制时可不环周敷设，但应尽可能沿建筑物周围设置，以便与地网连接的各种引线就近连接。

环形接地装置必须与建筑物四角的主筋焊接，并应在地下每隔 5～10m 就近与建筑物基础接地网钢筋焊接一次。

建筑物内所有不带电的自来水管、暖气管道等金属物体都必须与环形接地装置（或与建筑物钢筋、机房屏蔽层）做等电位连接。

（3）接地体。

接地体应设置永久性明显标志。接地体分为水平接地体和垂直接地体。

① 水平接地体。

水平接地体距建筑物外墙间距不小于 1m，埋深不小于 0.7m。

水平接地体可采用以下材料：镀层厚度大于 60μm 的 40mm×4mm 的热镀锌扁钢；镀层厚度大于 250μm，直径大于 14mm 的镀铜圆钢；线径不小于 50mm² 的铜带或缠绕的电缆；与贯通地线材质相同的材料。

难以避开污水排放和土壤腐蚀性强的地点时，水平接地体应选用耐腐蚀性材料，采用热镀锌扁钢，镀层不宜小于 60μm。

② 垂直接地体。

在避雷带引下线处应设垂直接地体，垂直接地体必须与水平接地体可靠焊接。接地电阻不满足要求时，可增设垂直接地体，其间距不宜小于其长度的 2 倍并均匀布置。

垂直接地体可采用石墨电极、铜包钢、铜材、热镀锌钢材（钢管、圆钢、角钢、扁钢）或其他新型接地材料，电力牵引区段宜采用石墨接地体。采用热镀锌钢管时，钢管壁厚不小于 3.5mm；采用热镀锌角钢时，角钢不小于 50mm×50mm×5mm；采用热镀锌扁钢时，扁钢不小于 40mm×4mm；采用热镀锌圆钢时，圆钢直径不小于 8mm。

难以避开污水排放和土壤腐蚀性强的地点时，垂直接地体应采用石墨接地体。

接地电阻难以达到要求时，可采取深埋接地体、换土、设置外延接地体、在接地体周围添加经环保部门认可的降阻剂或其他新技术、新材料等措施。

3．贯通地线

电气化区段、繁忙干线、铁路枢纽、编组场、强雷区和埋设地线困难地区及微电子设备集中的区段，应设置贯通地线。

设置贯通地线的区段，铁路沿线及站内的各种室外信号设备的各种地线均应就近与贯通地线连接；贯通地线任一点的接地电阻不得大于 1Ω，以便各种信号设备的各种地线可靠接地。

贯通地线应采用截面积不小于铜当量 $35mm^2$、耐腐蚀并符合环保要求的镀锌裸铜材。

贯通地线与设备接地端子的连接线（引接线）采用 $25mm^2$ 的多股裸铜缆焊接或压接，焊接时焊接长度不小于 $10mm$，并套 $150mm$ 长热熔热缩带防护。

贯通地线与信号电缆同沟埋设于电缆（槽）下方土壤中，距电缆（槽）底小于 $300mm$。隧道、桥梁应两侧敷设贯通地线；与桥梁墩台接地装置的接地连接线应设置成无维修方式。上、下行线路分线时，应分别敷设贯通地线。

贯通地线在信号机房建筑物一侧每隔 $2\sim3m$ 用 $50mm^2$ 的裸铜线与环形接地装置连接，两端各连接两次。

未设贯通地线的区段，室内、室外信号设备可采用分散接地的方式，接地电阻值如表 6-1 所示。任意两种地线间隔距离应在 $20m$ 以上。两个接地系统之间不得互相连通。因条件限制以上两组接地不能分开时可共用一组接地体，接地电阻应小于 1Ω。接地电阻是指接地体和具有零电阻的远方接地体之间的欧姆电阻。

表 6-1　信号设备地线接地电阻值

序　号	接地装置使用处所	土壤分类	黑土、泥炭土	黄土、沙质黏土	土加砂	砂土	土加石
		土壤电阻率/$\Omega\cdot m$	50 以下	50～100	101～300	301～500	501 以上
		接地装置接地电阻小于/Ω					
1	室内信号设备	防雷地线	10	10	10	20	20
2		安全地线	10	10	10	20	20
3		屏蔽地线	10	10	10	20	20
4		微电子设备专用地线	4	4	4	4	4
5	室外信号设备		10	10	10	20	20

4．接地汇集线

接地汇集线是电子设备机房和配电室内用于完成等电位连接的金属带，也称公共接地母线。可以敷成环形或条形，所有接地线均由接地汇集线上引出。接地汇集线及其等电位连接如下：

（1）控制台室、继电器室、防雷分线柜（或分线盘）、机房和电源室（电源引入处）应设置接地汇集线。接地汇集线宜采用大于 $30mm\times30mm$ 紫铜排，可相互连接成条形、环形或网格状，环形设置时不得构成闭合回路。

（2）接地汇集线受制造长度限制需使用多根铜排时，铜排间直接连接的接触部分长度不少于 $60mm$，接触面应打磨后用 3 个铜螺栓双螺帽连接。

（3）电源室（电源引入处）、防雷箱处、防雷分线柜（或分线盘）处的接地汇集线应单独设置,并分别与环形接地装置单点冗余连接。其余接地汇集线可采用截面积不小于 $50mm^2$ 的有绝缘外护套的多芯铜导线或 30mm×30mm 紫铜排相互连接后,与环形接地装置单点冗余连接。

(4)接地汇集线及接地汇集线间的连接导体、接地汇集线与地网的连接线必须与墙体绝缘。接地汇集线一般在距地面 200～300mm(踢脚线紧上方)处设置;有防静电地板的机房,接地汇集线可在地板下方距地面 30～50mm 处设置,距墙面 100～150mm 处也可在地板下方设成条状或网格状。需要时,也可在机房房顶设置。接地汇集线上每隔 1～1.5mm 应预留接地螺栓供连接使用。

(5)室内走线架、组合架、电源屏、控制台、机架、机柜等所有室内设备必须与墙体绝缘,其安全地线、防雷地线、工作地线等必须以最短距离分别就近与接地汇集线连接。

(6)走线架不得布置成环形,已构成闭合回路的可加装绝缘。在不构成闭合回路的前提下,必须保持走线架在电气上的连续性(可利用剥开的 $25mm^2$ 铜导线,敷设在电缆走线架内,并将每段走线架至少在两点进行连接),30mm×30mm 紫铜排与接地汇集线拴接,连接螺栓采用 $\phi8mm$ 铜质或不锈钢质,并不得少于 3 枚。

(7)室内同一排不同的金属机架、柜之间用大于 $10mm^2$ 的多股铜导线拴接后,再用不小于 $50mm^2$ 的有绝缘外护套的多股铜线或 30mm×30mm 紫铜排就近与接地汇集线连接。

(8)机房面积较大时,可以设置与地网单点冗余连接的总接地汇集线。控制台室、继电器室、计算机房的接地汇集线可分别与总接地汇集线单点连接,也可相互连接后与总接地汇接线单点连接。

(9)机房分布在几个楼层时,各楼层可设置总接地汇集线,总接地汇集线间应采用 50～$95mm^2$ 的有绝缘外护套的多股铜导线焊接或加线鼻拴接。

(10)接地汇集线与地网的连接线应采用不小于 $50mm^2$ 的有绝缘护套铜导线。电源室防雷箱处(电源引入处)接地汇集线在环形接地装置上的连接点与分线盘处接地汇集线在环形接地装置上的连接点之间,以及与其余接地汇集线在环形接地装置上的连接点之间的距离宜大于 5m。

(11)无线天线避雷针的接地装置应单独设置,并距环形接地装置 15m 以上,特殊情况下不应小于 5m,确因条件限制距离达不到要求时,其接地引接线应与环形接地装置焊接,焊接点与接地汇集线在环形接地装置上的连接点的间距不小于 5m。

(12)建筑物内所有不带电的自来水管、暖气管道等金属物体都必须与环形接地装置(或与建筑物钢筋、机房屏蔽层)做等电位连接。

5.电源防雷器在不同接地系统中的配置

低压供电电源的接地方式有 TN 系统、TT 系统、IT 系统 3 种。IT 系统称为三相三线制,用户处专设回流地线,一般很少用。

TN 系统中有一点直接接地,用电设备的外露可导电部分通过保护地线接地。信号楼的配电变压器都在楼附近几十米以内,属于 TN 接地系统。对于三相电源防护,是在每条相线对保护地间和中性线对保护地间安装 4 个模块。TN 系统电源防雷保安器的配置如图 6-19 所示。

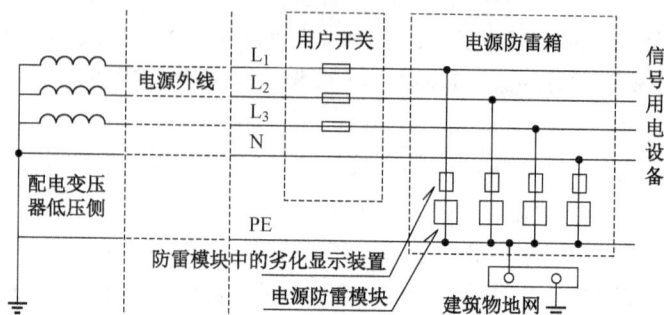

图 6-19　TN 系统电源防雷保安器的配置

TT 系统在用户处专设一个保护地线，该地线与配电变压器无关。一般用在配电变压器与用户间的距离较长，如山峰顶端的移动通信基站。在 TT 系统中，若防雷器使用的是纯压敏电阻器件，按照如图 6-20 所示的标准配置，压敏电阻劣化时的故障电流已可使劣化显示装置动作。

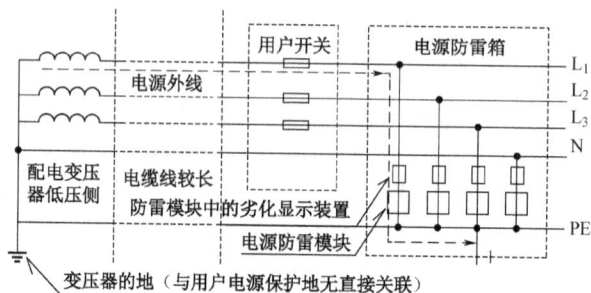

图 6-20　TT 系统的电源防雷保安器的配置

6．信号设备接地装置维护

（1）避雷网、避雷带、引下线、地网的检查：使用材料检查；安装、连接和防腐检查；地网埋设、标志及隐蔽工程记录检查。

（2）接地汇集线及机房屏蔽的检查：使用材料检查；安装、连接和防腐检查，其中，金属门窗与地网、防静电地板支柱与地网、机房屏蔽与地网、机房屏蔽的任两点之间用毫欧表测试，电阻应小于 0.1Ω。

7．接地装置接地电阻测试

接地体的接地电阻等于其在泄放电流时，接地体上的电位与泄放电流的比，可使用相关仪表进行测试。

（1）ZC 型接地电阻测试仪。

ZC 型接地电阻测试仪简称地阻仪。接地电阻测试的准确性与地阻仪电极布置的位置有直接关系。按测量电极的不同布置方式，有直线布极法和三角形布极法等，如图 6-21 所示。首选直线布极法，当场地受限时选择三角形布极法。

当被测接地装置面积较大而土壤电阻率不均匀时，为得到较可信的测试结果，宜将电流极与被测接地装置的距离增大，同时电压与被测接地装置的距离也相应增大。

（a）直线布极法

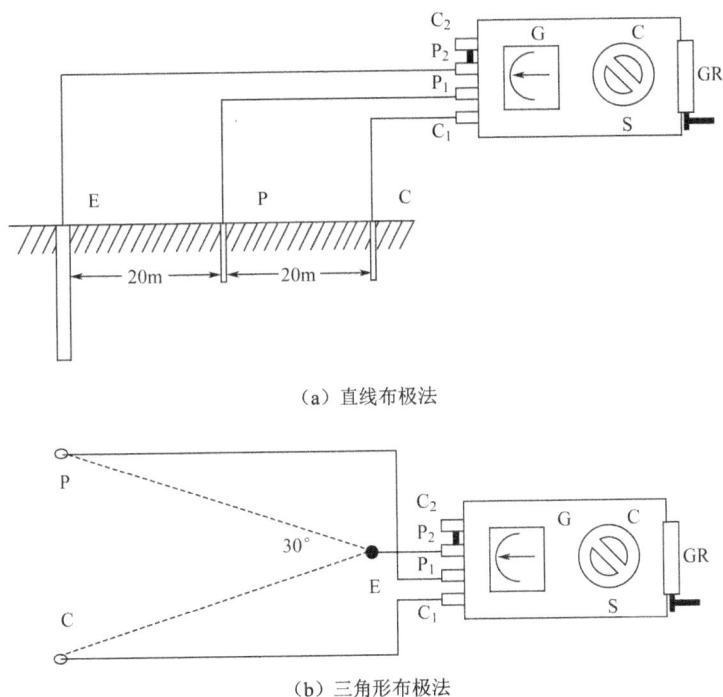

（b）三角形布极法

图 6-21 用 ZC 系列地阻仪测试接地电阻

使用地阻仪进行接地电阻测量时，应将地阻仪平放，调整 G 的指针至零位。然后将倍率调整旋钮 S 放在较高挡位，慢摇发电机 GR，同时转动测量度盘 C，使指针至零时测量度盘 C 的示数乘以倍率调整旋钮倍数之积即为接地电阻值。若 C 转至读数最小而不为零，这时应将倍率调整旋钮 S 换到较小倍率挡后继续调整测量度盘 C，直至指针正好为零。

对于地网，应当改变测试极棒的方向和测试点，至少测试 4 次后，每次记录，然后取平均值作为该地网的接地电阻值。

若测试现场不是平地而是斜坡时，测试电极棒距地网的距离应为水平距离投影到斜坡上的距离。

（2）ETCR2000 钳形接地电阻仪。

因桥梁、隧道在轨道交通线路中占比较大，不宜采用借助辅助接地极结构的仪表测试接地电阻，可采用 ETCR2000 钳形接地电阻仪进行接地电阻的测试。

ETCR2000 钳形接地电阻仪主要用于电力、电信、气象及其他电气设备的接地电阻测量。使用这种方法测量时，不用辅助电极，不存在布极误差。具有操作简单、测试精度高、使用范围广的特点，测试时只须将钳表的钳口钳绕被测接地线，即可从液晶屏上读出接地电阻值。

该仪器适用于多点接地的测试，开机自检正常后用随机的测试环检验显示值与测试环的标称值一致后，就可以将钳口钳绕被测接地线测试接地电阻值。

在某些场合下能测量出用传统方法无法测量的接地故障。例如，在多点接地系统中（如杆塔等。另外，有一些建筑物也是采用不止一个接地体），它们的接地体的接地电阻虽然合格，但接地体到架空地线间的连接线有可能使用日久后接触电阻过大甚至断路。尽管其接地体的接地电阻符合要求，但接地系统是不合格的。对于这种情形用传统方法是测量不出来的，而钳形接地电阻仪则能正确测出，因为钳形接地电阻仪测量的是接地体电阻和线路电阻的综合值。

6.2.3 拓展知识——ETCR2000 钳形接地电阻仪维护

1. 型号说明

ETCR2000 钳形接地电阻仪的型号说明如表 6-2 所示。

表 6-2　ETCR2000 钳形接地电阻仪的型号说明

型　　号	钳口规格/mm	电阻量程/Ω	数据存储	报警方式	说　　明
ETCR2000+	长 32×65	0.01～1000	99 组	声光	基本型
ETCR2000B+	长 32×65	0.01～1000	99 组	声光	防爆型
ETCR2000C+	长 32×65	0.01～1200	99 组	声光	多功能

2. 量限及准确度

ETCR2000 钳形接地电阻仪的量限及准确度如表 6-3 所示。

表 6-3　ETCR2000 钳形接地电阻仪的量限及准确度

测量范围/Ω	分辨力/Ω	准　确　度
0.010～0.099	0.001	±（1%+0.01Ω）
0.10～0.99	0.01	±（1%+0.01Ω）
1.0～49.9	0.1	±（1.5%+0.1Ω）
50.0～99.5	0.5	±（2%+0.5Ω）
100～199	1	±（3%+1Ω）
200～395	5	±（6%+5Ω）
400～590	10	±（10%+10Ω）
600～1000	20	±（20%+20Ω）
900～1200	30	±（25%+30Ω）

3. 基本参数

电源：DC 6V（4 节 5 号碱性干电池）。

液晶显示器：4 位 LCD 数字显示，尺寸为 47mm×28.5mm（长×宽）。

钳口张开尺寸：35mm。

钳表质量：1160g（含电池）。

钳表尺寸：285mm×85mm×56mm（长×宽×厚）。

挡位：全自动换挡；

单次测量时间：0.5s。

4. 外形结构

仪表结构如图 6-22 所示。

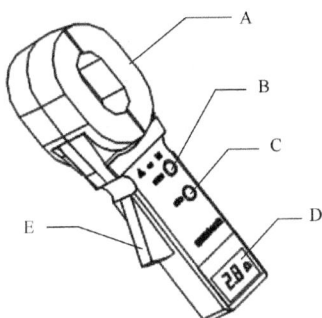

图 6-22　仪表结构

图 6-22 中，A 为钳口，可张开，用于钳绕被测接地线。

B（POWER）为电源开关按钮，控制电源的接通及断开。如果按下 POWER 按钮约 3s 再松开，则进入记忆数据状态。

C（HOLD）为保持按钮，按此钮可保持仪表的读数，再按一次则脱离 HOLD 状态。如果按下 HOLD 按钮约 3s 再松开，则进入读数据状态。

D 为液晶显示屏，用于显示测量结果及其他功能符号。

E 为钳柄，可控制钳口的张合。

5．显示部分

显示部分如图 6-23 所示。

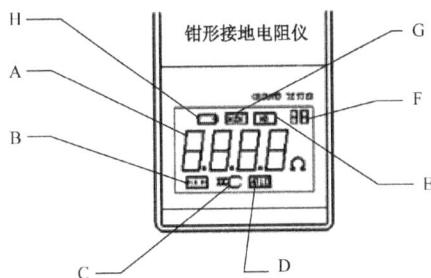

图 6-23　显示部分

图 6-23 中，A 为液晶屏，接地电阻显示区域。

B 为接地电阻小于 0.01Ω 的标志。

C 为钳口张开符号。钳口处于张开状态时，该符号出现。

D 为保持状态符号。说明仪表的读数处于保持状态（而非测量状态）。再按一次 HOLD 按钮，仪表将从 HOLD 状态进入测量状态。

E 为仪表进入读数据状态的标志。此时可从仪表中逐个读出先前所记忆的接地电阻。

F 在仪表进入记忆状态或读数状态后显示。它标志所记忆数据或所读出数据的编号。

G 为仪表进入记忆状态的标志。

H 为电池电压低符号。说明电池电压过低，已不能保证测量准确度，应更换电池。

6．使用方法及维护

（1）使用及注意事项。

① 按下 POWER 按钮后，仪表通电。此时钳表处于开机自检状态。应注意在开机自检状态时一定要保持钳表的自然静止状态，不可翻转钳表，钳表的手柄不可施加任何外力，更不可在钳口施加外力，否则将不能保证测量精度。

② 开机自检状态结束后，液晶的显示为"OL"，这是正常的开机自检结束符号。此时说明自检正常完成，并已进入测量状态。

③ 开机自检正常结束后（即显示"OL"），即可进行测量，也可用随机测试环检验一下。此时显示值应该与测试环上的标称值一致（如 5.1Ω）。因环境温度影响如显示为 5.0Ω 或 5.2Ω 都是正常的。

④ 短按（不超过 3s）HOLD 按钮可以保持数据，此时 HOLD 符号显示，数据不再更新。再按一次 HOLD 按钮，则重新进入测量状态，同时 HOLD 符号消失。

⑤ 长按（超过 3s）POWER 按钮，将显示"MEM"符号，仪表进入记忆状态。再短按（不超过 3s）POWER 按钮，则退出记忆状态，且将液晶屏上的数据记忆到右上角所示的存储器中。此数据在关机后仍然保留。本仪表最大可记忆 30 个数据。

⑥ 长按（超过 3s）HOLD 按钮，将显示"MR"符号，仪表进入读数据状态。此时右上角显示数据在存储器中的位置。每次进入读数据状态后，都是从第一个数据开始显示的。此时每短按（小于 3s）一次 HOLD 按钮即可得到下一个数据。30 个数据读完后又周而复始地回到第一个数据。

⑦ 仪表处于读数据状态后，如长按（超过 3s）HOLD 按钮，则仪表将退出读数据状态，进入测量状态。

注意事项：钳表在开机时，钳口不能钳绕任何金属导体，不能钳绕被测接地线，也不能钳绕随机测试环。

仪表在开机 5min 后，液晶屏即进入闪烁状态，持续 30s 后自动关机，以降低电池消耗。如果在闪烁状态按压 POWER 按钮，则仪表重新进入测量状态。

（2）故障及处置。

仪表的常见故障及处置如表 6-4 所示。

表 6-4　仪表的常见故障及处置

故 障 现 象	可 能 原 因	解 决 方 法
钳口在闭合状态下，显示屏出现钳口张开符号	钳口严重污染	请清洁钳口
显示屏出现电池符号，或自检后每当按压钳柄后即自动关机	电池电压过低	请更换电池
开机自检时，显示屏出现"E"符号	自检错误，不能进入测量状态	请检查自检时钳口是否钳绕了金属导体
开机自检后显示屏未出现"OL"，而是显示其他数字	钳口有污染，或仪表存在其他故障	清洁钳口，或送生产公司修理
测量过程中显示屏出现"OL"	被检测电阻超过 1000Ω	超出仪表测量范围
测量过程中显示屏出现"<0.01Ω"符号	被测电阻小于 0.01Ω	超出仪表测量范围

6.2.4　相关规范、规程与标准

铁路运输行业标准 TB 10180—2016《铁路防雷及接地工程技术规范》第 2 条"术语"、第 3 条"防雷及接地设计"、第 4 条"综合接地设计"相关条文。

项目小结

（1）由于现代铁路信号及通信系统设备采用了大量微电子设备，其耐过电压和过电流的能力很低，雷电所产生的雷电电磁脉冲对微电子设备的破坏已超过了雷击火灾的损失。

（2）雷电入侵楼内设备有两种途径：一是路入侵；二是场入侵。其中路是指设备的配电线路、信号线路、接地线路等，场是指雷击电磁场。

（3）金属陶瓷放电管等放电器件将可能进入电气和电子设备的雷电流大部分泄放到大地中去，以避免雷过电流烧毁电气或电子设备。

（4）氧化锌压敏电阻器、瞬态二极管或闸流管等固体器件将可能进入电气和电子设备的雷电压幅值限制到被保护设备可以耐受的水平以下，防止雷过电压击穿电气和电子设备。

（5）防雷变压器或低通滤波器可堵塞雷电，减少雷电对电气或电子设备的威胁。

（6）防雷器是用来保护电力系统中各种电器设备免受雷电过电压、操作过电压、工频暂态过电压冲击而损坏的一种电器。

（7）电源防雷器能在最短时间内释放电路上因雷击感应而产生的大量脉冲能量，短路泄放到大地，降低设备各接口间的电位差。

（8）信号设备防雷主要是防雷电电磁脉冲的影响，充分运用"屏蔽、等电位设置、合理布线、分区分级设置防雷保安器、良好接地"等技术措施，实现全方位综合防护。

复习思考题

1．铁路信号设备为什么要防雷？
2．简述雷电侵入信号设备的途径。
3．解释横向电压和纵向电压。
4．简述金属陶瓷放电管的结构和工作原理，说明二极放电管和三极放电管的异同点。
5．简述氧化锌压敏电阻器的结构和工作原理，说明劣化指示压敏电阻器的特点。
6．简述瞬变电压抑制器的工作原理。
7．简述防雷变压器的作用和工作原理。
8．电源引入处和信号传输线如何防雷？
9．简述铁路信号设备的防雷要求。
10．室外信号设备如何对直接雷击进行防护和屏蔽？
11．说明铁路信号设备雷电防护的原则。
12．什么是防雷保安器？简述其分类及工作原理。
13．哪些情况下要设置地线？
14．什么是地网？对其材质和连线有哪些要求？
15．哪些情况下要设贯通地线？对其要求是什么？
16．哪些情况下要设接地汇集线？对其有哪些要求？

参 考 文 献

[1] 中华人民共和国铁道部. 铁路信号维护规则（技术标准 I）. 北京：中国铁道出版社，2008.

[2] 林瑜筠. 铁路信号电源. 北京：中国铁道出版社，2007.

[3] 林瑜筠. 铁路信号智能电源屏. 北京：中国铁道出版社，2006.

[4] 宋保卫，鄂英华. 信号电源屏检修. 北京：北京交通大学出版社，2015.

[5] 蔡小平. 铁路信号电源设备维护. 北京：中国铁道出版社，2016.

[6] 韦成杰. 通信信号电源设备维护. 北京：化学工业出版社，2014.

[7] 张仕雄，薄宜勇. 铁路信号基础设备维护. 北京：中国铁道出版社，2015.

[8] 宋保卫，鄂英华. 信号电源检修. 北京：北京交通大学出版社，2015.

[9] 郑龙艺. 轨道交通系统电源子系统. 电源世界，2013（1）.

[10] 侯清江，张黎强，许栋刚. 开关电源的基本原理及发展趋势探析. 制造业自动化，2010，（9）.

[11] 梁明晖. UPS 在城市轨道交通中的应用. 通信电源技术，2012，（4）.

[12] 牛舵. 浅谈信号电源防雷设计. 科技创新与应用，2014，（7）.

[13] 董超，周嘉明. 铁路信号楼综合防雷系统方案设计. 铁道通信信号，2005，（7）.

反侵权盗版声明

电子工业出版社依法对本作品享有专有出版权。任何未经权利人书面许可，复制、销售或通过信息网络传播本作品的行为；歪曲、篡改、剽窃本作品的行为，均违反《中华人民共和国著作权法》，其行为人应承担相应的民事责任和行政责任，构成犯罪的，将被依法追究刑事责任。

为了维护市场秩序，保护权利人的合法权益，我社将依法查处和打击侵权盗版的单位和个人。欢迎社会各界人士积极举报侵权盗版行为，本社将奖励举报有功人员，并保证举报人的信息不被泄露。

举报电话：（010）88254396；（010）88258888

传　　真：（010）88254397

E-mail：　dbqq@phei.com.cn

通信地址：北京市万寿路 173 信箱

　　　　　电子工业出版社总编办公室

邮　　编：100036